本专著受"广西高等学校千名中青年骨干教师培育计划"第三期资助

优质乡村旅游助推幸福生活的实现路径研究

孟秋莉 ◎ 著

中国社会科学出版社

图书在版编目(CIP)数据

优质乡村旅游助推幸福生活的实现路径研究/孟秋莉著. —北京：中国社会科学出版社，2021.3
ISBN 978-7-5203-8046-1

Ⅰ.①优… Ⅱ.①孟… Ⅲ.①乡村旅游—旅游业发展—研究—中国 Ⅳ.①F592.3

中国版本图书馆 CIP 数据核字(2021)第 040713 号

出 版 人	赵剑英
责任编辑	王　曦
责任校对	张　硕
责任印制	戴　宽

出　　版	中国社会科学出版社
社　　址	北京鼓楼西大街甲 158 号
邮　　编	100720
网　　址	http://www.csspw.cn
发 行 部	010-84083685
门 市 部	010-84029450
经　　销	新华书店及其他书店
印刷装订	北京君升印刷有限公司
版　　次	2021 年 3 月第 1 版
印　　次	2021 年 3 月第 1 次印刷
开　　本	710×1000　1/16
印　　张	20.25
插　　页	2
字　　数	313 千字
定　　价	108.00 元

凡购买中国社会科学出版社图书，如有质量问题请与本社营销中心联系调换
电话：010-84083683
版权所有　侵权必究

前　言

党的十九大报告指出，"我国社会主要矛盾已经转化为人民日益增长的美好生活需要和不平衡不充分的发展之间的矛盾"。作为五大幸福产业之首的旅游业，在满足"人民日益增长的美好生活需要"并提升人们幸福感方面发挥着至关重要的作用，"旅游让生活更幸福"成为旅游业的使命与产业发展的方向。同时，在"美丽乡村""精准扶贫""乡村振兴战略"等宏观政策背景下，乡村成为大众旅游的重要目的地，乡村旅游凭借其资源优势得到高速发展。然而，为实现乡村旅游优质发展，乡村体验旅游地仍需进一步进行旅游资源的创意化、集约化利用，并通过开发优质乡村体验旅游产品及梳理乡村旅游体验价值结构体系，提升旅游者对乡村旅游体验价值的感知，提高游客满意度并增强其地方依恋，在此基础上，不断提升旅游者幸福感水平，从而真正实现以幸福为导向的乡村旅游产业发展目标。

"乡村旅游何以让生活更幸福"的研究应基于相应的理论建构。在文献回顾的基础上，本书发现学者们对乡村体验旅游、旅游体验价值、旅游者幸福感、游客满意度、地方依恋、旅游涉入等的理论建构与实证研究均取得了一定的进展，主要表现在："旅游让生活更幸福"的研究议题得到初步讨论与广泛认可；乡村体验旅游与旅游体验价值的理论建构取得了一定的研究成果；游客满意度为揭示乡村旅游体验价值与旅游者幸福感的关系提供了理论视角；地方依恋为揭示"乡村性"对旅游者幸福感的影响提供了分析框架；旅游涉入研究开启了旅游者情感及行为研究的新视域。但是，以往研究也存在一定的局限，主要表现在：

"旅游让生活更幸福"的研究较少扩展至乡村旅游研究领域；体验价值研究仍未扩展至乡村体验旅游研究领域；乡村旅游体验价值与旅游者幸福感的内在关系还未引起较多研究关注；旅游者"真实幸福感"及其差异研究仍较为缺乏。

前期研究理论发现及缺口为本书提供了切入点，本书基于顾客体验理论、顾客价值理论、幸福感理论、顾客满意理论和地方理论等基础理论，深入探讨乡村旅游体验价值的关键特征，构思乡村旅游体验价值维度，开发乡村旅游体验价值量表，并构建乡村旅游体验价值结构体系；在此基础上，探究乡村旅游体验价值与旅游者幸福感的内在关系及影响机制，厘清干扰其影响路径的因素，探讨游客满意度、地方依恋与旅游涉入对二者关系的中介与调节作用；分析乡村体验旅游者的人口统计特征和消费行为类型，以明晰乡村体验旅游者的行为特征及其对旅游者幸福感水平影响的差异性。

本书共分为八章。第一章为绪论，主要介绍了本书的研究背景与问题提出、研究目的与研究意义、研究框架与研究设计等方面的内容。第二章为文献综述，为探究"乡村体验旅游何以让生活更幸福"的研究议题，回顾了学者们对乡村体验旅游、旅游体验价值、旅游者幸福感、游客满意度、旅游涉入度、地方依恋等相关内容的研究。第三章为理论基础，基于顾客体验理论、顾客价值理论、幸福感理论、顾客满意理论和地方理论，深入探究乡村旅游体验价值与旅游者幸福感的内在关系。第四章为乡村旅游体验价值维度构思与量表设计，明晰乡村旅游体验价值的结构维度，并为后续研究提供测量基础。第五章为概念模型与研究假设，构建乡村旅游体验价值与旅游者幸福感内在关系假设模型，基于文献分析，初步得出乡村旅游体验价值与旅游者幸福感关系的概念模型；验证概念模型的合理性，并通过理论推理得出研究假设，构建研究假设模型。第六章为实证研究设计与分析，检验乡村旅游体验价值与旅游者幸福感内在关系假设模型，采用问卷调查法，明晰乡村旅游体验价值与旅游者幸福感的内在关系及影响机理。第七章为乡村体验旅游情境下旅游者幸福感差异研究，通过对大样本问卷调研数据进行分析，得出受访者的人口统计特征及消费行为特征，探讨性别、年龄、家庭结构等人口统计特征对旅游者幸福感影响的差异；通过聚类分析，研究不同消费行为特征（如出游时间、出游天数、出游频次、人均消费等）的旅游者幸福感差异，并得出旅游者幸福感在不同消费行为特征上的分布特征。第八章为结论与展望，探讨了本书的主要研究结论、理论进展、实践启示、研究局限与展望。

　　本书聚焦"旅游何以让生活更幸福"的研究议题，对于发挥旅游幸福产业在解决社会主要矛盾中的作用，具有重要的现实意义。着眼于优质乡村旅游视角，探讨乡村旅游体验价值与旅游者幸福感的关系，通过调研旅游者的乡村旅游体验，揭示乡村旅游消费行为。从提升旅游者幸福感的角度，为乡村旅游体验产品开发提供建议，探讨如何提升乡村旅游体验价值，营造良好的乡村人文环境，重新审视乡村旅游体验产品体系开发与升级，完善基础设施与服务设施建设，加强信息宣传与营销，以提升游客满意度和旅游涉入度，并进一步研究不同消费行为特征（如出游动机、出游方式、同行客群、出游天数等）的旅游者幸福感差异，从而推动优质乡村旅游持续健康发展，具有重要的现实意义。在后续研究中，仍需进一步将乡村旅游体验价值量表应用于乡村体验旅游地体验价值评价，并需基于不同旅游情境和具体研究区域进一步验证本书结论。

目 录

第一章 绪论 ·· (1)
　第一节 研究背景与问题提出 ·· (1)
　第二节 研究目的与研究意义 ·· (8)
　第三节 研究框架与研究设计 ·· (11)

第二章 文献综述 ··· (21)
　第一节 乡村体验旅游研究 ·· (21)
　第二节 旅游体验价值研究 ·· (32)
　第三节 旅游者幸福感研究 ·· (45)
　第四节 游客满意度研究 ··· (53)
　第五节 地方依恋研究 ··· (61)
　第六节 旅游涉入研究 ··· (67)
　第七节 以往研究述评 ··· (74)

第三章 理论基础 ·· (81)
　第一节 顾客体验理论 ··· (81)
　第二节 顾客价值理论 ··· (87)
　第三节 幸福感理论 ··· (91)
　第四节 顾客满意理论 ··· (94)
　第五节 地方理论 ·· (100)

第四章 乡村旅游体验价值维度构思与量表设计 ……（106）
  第一节 乡村旅游体验价值的维度构思 ……（106）
  第二节 乡村旅游体验价值量表开发与验证 ……（119）

第五章 概念模型与研究假设 ……（138）
  第一节 研究目的 ……（138）
  第二节 研究变量与概念模型 ……（138）
  第三节 理论与假设 ……（141）

第六章 实证研究设计与分析 ……（159）
  第一节 研究目的 ……（159）
  第二节 研究方法——问卷调查 ……（159）
  第三节 问卷预试 ……（164）
  第四节 数据收集 ……（167）
  第五节 量表信度和效度检验 ……（176）
  第六节 结构方程模型分析与假设检验 ……（191）
  第七节 研究结论与讨论 ……（217）

第七章 乡村体验旅游情境下旅游者幸福感差异研究 ……（223）
  第一节 研究目的 ……（223）
  第二节 乡村体验旅游者人口统计和消费行为特征 ……（223）
  第三节 不同人口统计特征的旅游者幸福感差异分析 ……（231）
  第四节 不同消费行为特征的旅游者幸福感差异分析 ……（236）
  第五节 研究结论 ……（241）

第八章 结论与展望 ……（243）
  第一节 主要研究结论 ……（243）
  第二节 理论进展 ……（248）
  第三节 实践启示 ……（253）
  第四节 研究局限与展望 ……（263）

参考文献 ……………………………………………（265）

附录 ………………………………………………（300）

后记 ………………………………………………（314）

第一章 绪论

第一节 研究背景与问题提出

一 研究背景

(一) 我国社会主要矛盾的转变

党的十九大报告指出,"我国社会主要矛盾已经转化为人民日益增长的美好生活需要和不平衡不充分的发展之间的矛盾"。满足人们美好生活的需要是现阶段社会发展的主要任务之一,各行各业在实际发展中都应秉承这一宗旨,致力于满足人们美好生活的需要。尤其对于旅游业而言,习近平总书记强调,"旅游是传播文明、交流文化、增进友谊的桥梁,是人民生活水平提高的一个重要指标……旅游是修身养性之道,中华民族自古就把旅游和读书结合在一起,崇尚'读万卷书、行万里路'"。人们在旅游过程中得以愉悦心灵、增长知识、开阔眼界、陶冶情操,旅游作为健康生活的标志,体现了人们的生活心态,是衡量大众生存条件、大众生活质量的重要标准,成为人们实现美好生活最直接的方式。随着我国经济的高速发展以及城乡居民消费结构的升级,旅游已成为大众生活的必需消费,旅游业肩负起了时代赋予的历史使命——满足人民日益增长的美好生活需要。

(二) 旅游业成为五大幸福产业之首

旅游让生活更幸福。作为幸福产业的旅游业,在满足"人民日益增长的美好生活需要"并提升人们幸福感方面发挥着至关重要的作用。

2016年6月，李克强总理在夏季达沃斯论坛讲话中指出，旅游、文化、体育、健康、养老作为五大幸福产业，拉动并促进了消费增长与升级。2016年11月，《国务院办公厅关于进一步扩大旅游文化体育健康养老教育培训等领域消费的意见》提出，着力推进旅游、文化、体育、健康、养老等幸福产业服务消费提质扩容，旅游产业的幸福功能得到充分肯定。[1] 并且，"2016中国幸福小康指数"调查结果表明，62.6%的被调查者认为旅游已成为生活必需消费，90.8%的被调查者认为在以往旅游中曾感知到了幸福。[2] 同时，携程网发布的《中国旅游者点评与幸福指数报告2017》表明，我国旅游者在旅游中获得了强烈的幸福感，且幸福指数仍处于持续上升态势。

因此，"旅游让生活更幸福"成为旅游业的使命与产业方向，也是人们对美好生活的诉求。正如阿兰·德波顿在《旅行的艺术》[3] 中说："如果生活的要义在于追求幸福，那么，除却旅行，很少有别的行为能呈现这一追求过程中的热情和矛盾。不论是多么的不清晰，旅行仍能表达出紧张工作和辛苦谋生之外的另一种生活意义。"《马尼拉世界旅游宣言》[4] 指出，旅游作为人的基本权利，是人类实现自我精神解放的重要途径。因此，随着大众旅游时代的来临，旅游业作为民生产业，应将提升旅游者幸福感作为产业发展的根本出发点，在旅游产品开发、旅游服务提供、市场营销推广等方面践行幸福理念，"让旅游更安全、更便利、更文明、更舒心，为推动经济提质增效升级、人民群众生活水平跃升作出新贡献"。

（三）乡村振兴战略等政策的实施

随着旅游业的高速发展，近年来，在美丽乡村、精准扶贫、乡村振

---

[1] http://www.gov.cn/zhengce/content/2016-11/28/content_5138843.htm，2018年5月11日。

[2] 于靖园：《幸福产业如何"制造幸福"》，http://finance.sina.com.cn/roll/2016-11-07/doc-ifxxneua4327260.shtml，2018年5月11日。

[3] 阿兰·德波顿认为旅行加深了人们的幸福体验，而这种幸福是"由理性支配的积极生活所带来的幸福"，从而揭示了旅行的深层意义。De Botton A., *The art of travel*, Pantheon Books, 2002, pp. 23-78.

[4] 1980年9月27日—10月10日，世界旅游组织（UNWTO）在马尼拉召开世界旅游大会，大会一致通过了《马尼拉世界旅游宣言》，全面提出旅游权利、旅游环境和国内旅游地位三方面的问题，并指出："发展旅游的根本目的是提高生活质量并为所有的人创造更好的生活条件。"

兴战略等宏观政策背景下，乡村旅游通过进一步继承和挖掘乡村乡土景观价值、乡村文化价值、自然生态价值与土地利用价值等，盘活了乡村旅游经济，乡村旅游业凭借其特色产业优势和资源优势得到高速发展，为旅游者提供了类型多样的乡村旅游目的地。中国产业调研网发布的2018年《中国休闲农业与乡村旅游行业现状研究分析及市场前景预测报告》显示，截至2018年4月底，全国共有95万个村开展休闲农业与乡村旅游活动，休闲农业与乡村旅游经营单位达193万家，其中，农家乐达220万家，规模以上园区超过41万家，年接待游客接近84亿人次，年营业收入超过3200亿元。[①] 随着乡村旅游的发展，乡村种植业、特色养殖业、农产品加工业、特色手工业等不断发展，使乡村产业链不断延伸且产业体系不断完善。乡村旅游因其产业综合性与带动性，在实施乡村振兴战略中发挥日益重要的作用。

（四）乡村体验旅游高速发展

"乡村性"[②]是旅游者赖以追寻的乡村之魂，因此，乡村旅游资源的开发与设计应体现独特的"乡村性"，悠闲的生活方式、淳朴的民风民俗、传统的乡土文化、特色的乡村民宿、健康的有机食材、优美的环境、清新的空气等均是"乡村性"的重要体现；乡村休闲度假、民俗风情体验、生态餐厅、养生度假、智慧养老、亲子农场等多元化的乡村体验旅游产品，不断满足多元化的客源市场需求，"养心""养生""养老"等乡村体验旅游备受关注。2017年，我国国内旅游游客总量为50.01亿人次，国内旅游收入为4.57万亿元，同时，乡村旅游游客已达25亿人次，约占国内游客总量的一半，乡村旅游收入为1.4万亿元，占国内旅游收入的近1/3。[③] 因此，乡村旅游作为一种重要的大众旅游休闲方式，正在成为人们新的生活方式，对满足人民美好生活的向往、

---

① http://www.cir.cn，2018年5月12日。
② "乡村性"是乡村旅游的本质特性，主要是指地域辽阔、人口密度小的乡村，以农业、林业等产业为主，季节性较强；并具有典型的乡村自然景观，且社会变迁及生活节奏相对缓慢。何景明、李立华：《关于"乡村旅游"概念的探讨》，《西南大学学报》（社会科学版）2002年第5期。
③ 《2018年全国旅游工作报告》，http://travel.china.com.cn/txt/2018-01/09/content_50205965.htm，2018年5月12日。

提升人民幸福感有极其重要的作用。

然而，我国乡村旅游正处于提质增效、转型升级时期，从乡村旅游发展到乡村旅居，传统的田园观光、"农家乐"等乡村旅游产品已不能满足游客深度体验、休闲度假、养生养老等高层次旅游需求，因而，需进一步实现乡村旅游资源创意化、集约化利用，进一步梳理乡村旅游体验价值结构体系，并通过乡村体验旅游产品的开发提升乡村旅游体验价值，提高游客满意度与旅游涉入度，发展优质乡村旅游，增强旅游者地方感、地方认同与地方依恋，通过乡村体验旅游进一步提升旅游者幸福感，真正实现"乡村旅游让生活更幸福"。因此，"乡村旅游何以让生活更幸福"即乡村旅游与旅游者幸福感的内部关系及影响机制，成为值得深入探讨的研究议题。

二　问题提出

基于以上研究背景，本书拟探究"乡村体验旅游何以让生活更幸福"的内在关系及作用机制。在乡村体验旅游情境下，并非每一次旅游活动都能让旅游者提升幸福感水平，因此，有必要进一步探讨影响旅游者幸福感的关键因素。基于文献分析，本书推断乡村旅游体验价值、游客满意度、地方依恋、旅游涉入等是影响旅游者幸福感的可能因素。鉴于此，本书深入探讨乡村旅游体验价值的维度与测量；探究乡村旅游体验价值与旅游者幸福感二者之间的作用机制与边界条件，探讨游客满意度与旅游涉入对二者关系的中介与调节作用，并引入"地方理论"，从对"乡村性"的地方感知及由此形成的地方依恋，探讨其对乡村旅游体验价值与旅游者幸福感关系的中介作用；并在此基础上，进一步探究不同人口统计特征与消费行为特征的旅游者幸福感水平的差异。因此，研究乡村旅游体验价值与旅游者幸福感的内在关系及影响机制，需探讨并解决如下问题。

（一）乡村旅游体验价值的维度、测量及结构体系

旅游体验价值是顾客体验价值研究的延伸，旅游体验价值包含了感性与理性相结合的旅游者感知与评价，不仅注重旅游产品的功能性与经

济性价值,更加注重旅游产品及服务给旅游者带来的积极情感体验,这种情感性和社会性价值是旅游体验价值的重要组成部分(Babin, Darden & Griffin, 1994; Ruyter, 1997; Michie, 2005)。并且,不少学者探讨了顾客体验价值的维度与测量,部分学者将其划分为两个测量维度,即内在价值和外在价值(Babin, 1994);亦有些学者将其划分为三个或多个维度进行测量,比如,Ruyter(1997)认为顾客体验价值除了包括内在和外在价值以外,还包括体现顾客对付出与收益相抵认知的系统价值;而 Michie(2005)提出顾客体验价值包括实用价值、享乐价值和象征性价值三个维度。多数学者对顾客体验价值的衡量都包含了产品外在价值(功能性价值)和内在价值(享乐价值)两个维度,并且在研究中更注重顾客对产品内在价值的心理感受测度。乡村旅游体验价值是旅游体验价值在乡村旅游研究领域的延伸与拓展,并且,我国现阶段乡村体验旅游需在开发优质乡村体验旅游产品的基础上,进一步提升旅游者乡村旅游体验价值。因此,需进一步科学、合理地梳理乡村旅游体验价值的结构体系,并对其结构维度与测量进行理论与实证研究。

(二)旅游者幸福感的内涵、维度与测量

近年来,随着旅游业由功能性消费为主向体验性消费为主转变,旅游研究开始由满意度向积极心理学[1]转变,幸福感理论取得了多元化的研究进展。幸福感可以分为以快乐论(Hedonism Theory)为基础的主观幸福感,以自我实现论(Eudaimonism Theory)为基础的心理幸福感,以及Seligman(2002)提出的以快乐论、自我实现论和流畅感理论(Flow Theory)为基础的"真实幸福感"(Authentic Happiness)[2]。旅游者幸福感更接近"真实幸福感",不仅包含获得"积极情绪",也包括通过"体验参

---

[1] 积极心理学(Positive Psychology)是利用心理学的实验方法与测量手段研究人类的优势、美德等积极方面的心理学思潮,并主张心理学需要用一种更加开放、欣赏性的眼光看待人类的潜能、动机和能力等。李金珍、王文忠、施建农:《积极心理学:一种新的研究方向》,《心理科学进展》2003 年第 3 期。

[2] "真正的幸福来源于对自身所拥有的优势的辨别和运用,来源于对生活意义的理解和追求。幸福感是可以持久的,优势和美德会帮助我们抵挡不幸的心理疾病,应培育自己的优势和美德。假如你发现自己山穷水尽,请你不要放弃,只要进入优势和美德的高原,最后便会到达持久性自我实现的高峰:生命意义和生命目的。"马丁·塞利格曼:《真实的幸福》,洪兰译,万卷出版公司 2010 年版。

与"而获得美好体验，并通过体验参与最终产生"意义获得"（Filep，2012）。本书正是基于真实幸福感探讨乡村体验旅游中的旅游者幸福感。

（三）乡村旅游体验价值与旅游者幸福感的内在关系

在乡村体验旅游过程中，旅游者对体验价值的感知可能会影响旅游者幸福感的获得。并且，游客满意度是旅游产品是否能达到或超出旅游者期望的主观评价（Blackwell，Miniard & Engel，1990；Chon，2005），当旅游者认为旅游产品已满足或超过其期望值时，就产生了满意的认知评价。因此，旅游者对乡村旅游体验价值的感知影响了游客满意度（Pizam，1978；Bowen，2001）。游客是否满意会直接影响其情感感受与情绪表达，影响其是否会产生积极情绪、能否主动体验参与，以及能否获得旅游意义。因此，游客满意度可能会影响旅游者真实幸福感的获得。

在乡村体验旅游过程中，最能体现乡村特色的是其"地方性"与"乡村性"。旅游者对"地方性"与"乡村性"等乡村旅游体验价值的感知评价影响了其对乡村的地方感[①]，即旅游者基于乡村的固有特征而产生的依附感（Johnston，1993）；当旅游者对乡村体验旅游地产生了情感和依附，旅游者的个人特质与乡村体验旅游地的信仰、价值观、目标、感受因相似而发生联系（Proshansky，1978），产生了旅游者个体与乡村之间的象征性联系（Stedman，2016），即旅游者产生了地方认同[②]；于是，旅游者与乡村环境产生积极的情感联系，并把自己视为乡村环境的一部分，在乡村体验旅游地感到舒适和安心（Hidalgo & Hernández，2001），即旅游者产生了地方依恋[③]；旅游者在旅游过程中

---

① "地方感是人与地方相互作用的产物，是由地方产生的并由人赋予的一种体验，从某种程度上说是人创造了地方，地方不能脱离人而独立存在。"Steele，F.，Steele，F.，The Sense of Place，*Iee Review*，1981，33（11－12）：686.

② "地方认同是自我的一部分，是通过人们意识和无意识中存在的想法、信念、偏好、情感、价值观、目标、行为趋势以及技能的复杂交互作用，确定的与物理环境有关的个人认同。"庄春萍、张建新：《地方认同：环境心理学视角下的分析》，《心理科学进展》2011年第9期。Proshansky，H. M.，The City and Self-identity，*Environment & Behavior*，1978，10（2）：147－169.

③ "地方依恋是人与地方之间基于感情（情绪、感觉）、认知（思想、知识、信仰）和实践（行动、行为）的一种联系，其中，感情因素是第一位的。"Gieryn，T. F.，A Space for Place in Sociology，*Annual Review of Sociology*，2000，26（1）：463－496.

不断融入乡村环境而获得积极情绪、体验参与旅游活动并获得旅游意义，从而获得真实幸福感。因此，地方依恋可能会中介乡村旅游体验价值对旅游者幸福感的影响。并且，旅游涉入作为旅游者对旅游活动或旅游产品投入程度的衡量，涉入程度的高低会引发旅游兴趣并产生激励作用，进而影响旅游者体验价值的感知评价，并影响旅游者幸福感的获得。因此，旅游涉入可能会调节乡村旅游体验价值对旅游者幸福感的影响。

（四）旅游涉入、游客满意度与地方依恋的作用机制

影响乡村旅游体验价值与旅游者幸福感关系的变量之间是否存在影响作用？旅游涉入往往被认为是旅游者参与旅游活动时获得的愉悦程度与自我表现程度（Sclin & Howard，1988），是基于旅游动机与旅游兴趣的个体潜在心理状态。因此，旅游者的这种愉悦程度与自我表现程度会对其满意度产生影响（Hwang et al.，2005；Kim，2008）。并且，作为旅游者期望与真实旅游体验比较评价的结果，游客满意度会影响旅游者对乡村体验旅游地的地方感知、认同与评价，进而影响旅游者是否会对旅游地产生依附感与地方依恋（贾衍菊、林德荣，2016、2017）。因此，本书认为影响乡村旅游体验价值与旅游者幸福感关系的变量间可能存在影响关系，仍需进一步探讨与验证。

（五）乡村体验旅游者幸福感水平的差异

以往学者基于旅游者人格特质、人口统计特征、旅游动机及消费观念等探讨了旅游者幸福感的影响因素（Mihaly，Jeremy，2003；Jeroen，2010），为本书提供了研究基础。Jeroen（2010）认为性别、收入、年龄等人口统计特征与旅游者旅途中的快乐感受不相关；Luo Lu（2005）探讨了人格特质对旅游休闲幸福感的影响，以不同人格特质的大学生为研究对象，研究结果发现，相对来说，外倾性特质的人其幸福感较高，而神经质特质的人其幸福感相对较低；Neal 和 Sirgy（2004）研究了出游大数与旅游者幸福感的关系，研究结果表明，短期旅游较之于长期旅游较易提升幸福感水平。只有厘清旅游者幸福感的差异，才能有针对性地提出旅游者幸福感提升的策略建议。因此，在乡村体验旅游中，不同人口统计特征与消费行为特征的旅游者其幸福感是否存在差异，以及如何提升旅游者幸福感，成为值得研究的课题。

第二节 研究目的与研究意义

一 研究目的

(一)构建乡村旅游体验价值结构维度并进行量表开发与验证

基于相关文献综述,通过深度访谈获取研究资料,并采用扎根理论分析方法构思乡村旅游体验价值结构维度,构建乡村旅游体验价值结构体系,开发乡村旅游体验价值测量量表,在此基础上,通过专家咨询、文献分析、问卷调查等方法对测量量表进行验证。首先,采用扎根理论分析构思乡村旅游体验价值结构维度并设计量表测量题项,通过与以往研究的测量题项进行不断比较,并采用专家咨询的方法以保证量表的内容效度,形成初始量表;其次,进行初始量表的探索性因子分析(EFA),对初始量表题项进行筛选与保留,并抽取特征值大于1的因素;最后,进行量表的验证性因子分析(CFA),检验量表的信度与效度,探究量表各因子与其测量题项是否符合设计的理论关系,形成确定的乡村旅游体验价值测量量表。

(二)揭示乡村旅游体验价值与旅游者幸福感的内在关系及作用机制

基于深度访谈资料分析与理论研究,构建乡村旅游体验价值与旅游者幸福感内在关系假设模型,并进行实证研究检验。首先,通过深度访谈资料的质性研究,初步证实乡村旅游体验价值与旅游者幸福感的内在关系;其次,通过文献分析得出概念模型,并通过理论推理构建研究假设模型;最后,结合前期研究成果以及专家咨询方法,设计整体量表并进行问卷调研,收集研究样本数据并进行数据分析,检验量表的信度与效度以及结构方程模型的拟合指标,并进行假设检验,探究乡村旅游体验价值与旅游者幸福感的内在关系及影响机理。

(三)探究乡村体验旅游者幸福感水平的差异

基于前期问卷调研数据,探究不同人口统计特征及消费行为特征的旅游者幸福感的差异。首先,分析旅游者的人口统计特征,如性别、年龄、家庭结构、教育水平、收入水平等,并分析乡村体验旅游者消费行为特征，如出游动机和出游方式、出游天数和同行客群、出游时间和人均花费等；其次，通过独立样本 T 检验和方差分析，探究不同人口统计特征的旅游者幸福感的差异；最后，通过 SPSS 聚类分析，进一步研究不同的旅游者幸福感在消费行为类型上的分布特征，探究旅游者幸福感较高的乡村体验旅游消费行为特征，从而得出不同消费行为特征的旅游者幸福感的差异，并为乡村体验旅游产品开发与市场营销提供借鉴思路。

二 研究意义

（一）现实意义

首先，本书聚焦"旅游何以让生活更幸福"，探讨旅游与幸福感的关系及作用机制。党的十九大报告提出，"我国社会主要矛盾已经转化为人民日益增长的美好生活需要和不平衡不充分的发展之间的矛盾。"同时，旅游业作为具有幸福、健康与文明导向的幸福产业，应肩负起满足人民日益增长的美好生活需要、满足人民过上美好生活新期待的时代使命。因此，从旅游视角探讨"如何让人民更幸福"，对于发挥旅游幸福产业在解决社会主要矛盾中的作用，具有重要的现实意义。

其次，本书着眼于乡村体验旅游视角，探讨乡村旅游体验价值与旅游者幸福感的关系。在"乡村振兴战略"的时代背景下，我国乡村旅游高速发展。乡村旅游作为一种重要的大众旅游方式，已建成一批功能多样的乡村休闲观光园区、乡村民宿、特色小镇、康养基地等，对满足人民美好生活的向往、提升人民幸福感有极其重要的作用。因此，基于乡村旅游体验价值探讨旅游者幸福感的影响机制，具有重要的现实意义。

再次，本书基于旅游者幸福感提升，探讨如何发展"优质乡村旅游"以提升旅游者乡村旅游体验价值。我国乡村旅游正处于转型升级时期，传统的田园观光、"农家乐"等乡村旅游产品并未给乡村旅游发展带来持续冲击力，因而，需进一步实现乡村旅游资源创意化、集约化利用，发展优质乡村旅游，从而提升乡村旅游体验价值。因此，本书通过调研旅游者的乡村旅游体验，揭示其乡村旅游消费行为，研究结论从旅游者幸福感提升的角度为乡村旅游体验产品开发提供建议，探讨如何提升乡村旅游体验价值，营造良好的乡村人文环境，重新审视乡村旅游体验产品体系开发与升级，完善基础设施与服务设施建设，加强信息宣传与营销，以提升游客满意度和旅游涉入度，具有重要的现实意义。

最后，本书基于旅游者幸福感的差异研究，可为乡村体验旅游产品开发、乡村旅游市场的发展与营销提供有针对性的建议。本书通过分析被调研者不同的人口统计特征及消费行为特征，运用方差分析，探讨人口统计特征对乡村旅游体验价值、游客满意度、旅游涉入度、地方依恋、旅游者幸福感影响的差异；并运用聚类分析，研究不同消费行为特征（如不同出游动机、出游方式、同行客群、出游天数等）的旅游者幸福感的差异，从而指导乡村体验旅游的持续健康发展。

（二）理论意义

首先，本书期望突破前期研究局限，深层揭示乡村旅游体验价值与旅游者幸福感的内在关系及影响机理。第一，旅游者旅游体验价值的获得，关系到旅游过程中游客是否满意，从而影响了旅游者幸福感的获得。因此，需探讨游客满意度对乡村旅游体验价值与旅游者幸福感关系的中介作用。第二，引入地方理论揭示乡村旅游体验价值与旅游者幸福感的内在关系，探讨地方依恋对乡村旅游体验价值与旅游者幸福感关系的中介作用。第三，旅游者游前是否能积极获取旅游信息、游中是否能够积极体验参与等旅游涉入程度，均影响了旅游体验价值以及旅游者幸福感的获得。一般而言，旅游涉入度高的旅游者其旅游体验价值对旅游者幸福感的影响较强烈，反之亦然，因此，需探讨旅游涉入对乡村旅游体验价值与旅游者幸福感关系的调节作用。第四，进一步揭示影响乡村旅游体验价值与旅游者幸福感关系的变量即旅游涉入度、游客满意度、地方依恋之间的影响作用。以往有关旅游体验价值的研究，学者们大多探讨旅游体验价值的分类，阐释其与游客满意度及行为意向的关系，或探讨旅游体验对旅游者主观幸福感的影响。本书通过对乡村旅游体验价值与旅游者幸福感的内在关系及影响机理的阐释，清晰地揭示了二者之间的关联，是对"乡村旅游让生活更幸福"研究内容的突破，并为乡村旅游体验价值和旅游者幸福感研究提供了不同于以往的研究思路。

其次，本书将体验价值拓展至乡村旅游研究领域，通过实证研究进行维度构思与结构体系构建，并设计乡村旅游体验价值量表，是对相关领域的开创性研究。以往对体验价值的研究内容较为广泛，综合涵盖了顾客对产品价格、质量、功能、情感、认知等方面的体验感知及价值评价。虽有不少学者对其进行了体验价值结构维度的研究，但仍未形成统一的维度划分方法，因此，仍需基于不同研究情境进行体验价值的维度构思，并继续开发设计相关测量量表。本书将体验价值引入乡村体验旅游，并基于扎根理论分析方法，通过深度访谈对其进行维度构思与量表设计，用以评价乡村旅游体验价值，是对以往研究的拓展。

最后，本书将"真实幸福感"引入旅游者幸福感研究，是对以往旅游者幸福感研究的补充和突破。随着旅游消费由功能性为主向体验性为主转变，学者们开始将研究视角转向积极心理学，旅游者幸福感研究备受关注。以往对旅游者幸福感的研究大多基于主观幸福感，主观幸福感的理论基础是快乐论，往往只注重幸福的主观形式，强调获得快乐的主观体验，而忽视了诸如个体的主观能动性与生命意义等幸福的客观内容。因此，在某种程度上，个体获得的幸福感往往是短暂的，主观幸福感并未能全面反映个体幸福感。Seligman 等（2002）基于积极心理学视角，以快乐论、自我实现论和流畅感理论为基础，提出"真实幸福感"，认为幸福生活的三种方式为愉悦的生活、美好的生活、有意义的生活，认为"真实幸福感"不仅包含享乐等愉悦生活的"积极情绪"，也包括沉浸在有意义的活动中，通过"体验参与"获得美好体验，并最终产生"意义获得"，从而获得比主观幸福感较为长久的幸福感（Filep，2012）。本书将"真实幸福感"引入旅游者幸福感研究，认为旅游者对乡村旅游体验价值的感知评价，会影响游客的"积极情绪""体验参与""意义获得"等真实幸福感，是对以往旅游者幸福感研究的补充与突破。

第三节 研究框架与研究设计

一 拟解决的关键问题

本书基于满足人们美好旅游生活的需要、发展旅游幸福产业、实施乡村振兴战略等研究背景，依据问题驱动研究范式，聚焦"乡村体验旅游何以让生活更幸福"的关键问题，在回顾乡村体验旅游、旅游体验价值、旅游者幸福感、游客满意度、旅游涉入度等相关文献的基础上，通过访谈资料分析与理论推理构建假设模型并进行实证分析，深层揭示乡村旅游体验价值与旅游者幸福感的内在关系。拟解决以下三个关键问题。

（一）构建乡村旅游体验价值的维度、测量及其结构体系

本书将运用扎根理论分析的方法，深度挖掘乡村旅游体验价值的内涵，捕捉乡村旅游体验价值的关键特征，进而构思乡村旅游体验价值结构维度，开发乡村旅游体验价值量表，构建乡村旅游体验价值结构体系，并采用专家咨询、问卷调查等实证研究方法验证乡村旅游体验价值的结构维度、测量量表与结构体系的合理性。

（二）探究乡村旅游体验价值与旅游者幸福感的内在关系及作用机制

探究乡村旅游体验价值是否以及如何影响旅游者幸福感是本书的核心内容。在实施乡村振兴战略的背景下，乡村旅游高速发展，乡村成为游客重点选择的旅游目的地，因此，乡村旅游者幸福感的获得成为值得探讨的研究议题。而顾客体验理论、顾客满意理论、地方理论等相关理论为深入揭示乡村旅游体验价值对旅游者幸福感的影响提供了理论分析框架，本书将基于旅游涉入、游客满意度、地方依恋探究乡村旅游体验价值对旅游者幸福感的影响，并通过实证研究检验乡村旅游体验价值对旅游者幸福感的影响；检验游客满意度和地方依恋的中介作用以及旅游涉入的调节作用；并进一步揭示影响乡村旅游体验价值与旅游者幸福感二者之间关系的变量即旅游涉入、游客满意度、地方依恋之间的影响作用。

（三）探讨乡村体验旅游者幸福感水平的差异性

本书将通过样本数据的独立样本 T 检验、单因素方差分析和 SPSS 聚类分析，验证不同人口统计特征（性别、年龄、家庭结构、教育水平、收入水平）及不同消费行为特征（出游方式、出游天数、同行客群、出游时间、人均花费）的旅游者幸福感水平是否存在差异性。

二 研究内容

为探究"乡村体验旅游何以让生活更幸福"的研究议题，本书通

过回顾乡村体验旅游、旅游体验价值、旅游者幸福感、游客满意度、旅游涉入度、地方依恋等相关研究（第二章），基于顾客体验理论、顾客满意理论和地方理论（第三章），深入探究乡村旅游体验价值与旅游者幸福感的内在关系。主要探讨了三个关键的理论问题：第一，乡村旅游体验价值的关键特征、维度、测量及其结构体系；第二，乡村旅游体验价值与旅游者幸福感二者之间的内在关系及作用机制，游客满意度、地方依恋与旅游涉入对二者关系的中介与调节作用，以及游客满意度、地方依恋与旅游涉入等中介与调节变量之间的作用机制；第三，不同人口统计特征及消费行为特征的旅游者幸福感水平的差异。为解决以上三个理论问题，本书展开了以下四个方面的研究。

第一，构思乡村旅游体验价值的结构维度，设计乡村旅游体验价值量表，并构建乡村旅游体验价值结构体系（第四章）。乡村旅游体验价值多维度构思与结构体系构建是本书研究的起点。首先，通过深度访谈，采用扎根理论分析方法探究乡村旅游体验价值的关键特征，并建构其结构维度；其次，基于扎根理论分析开发乡村旅游体验价值量表，采用专家咨询法保证其内容效度；再次，通过探索性因子分析（EFA）验证乡村旅游体验价值量表的因子结构；最后，通过验证性因子分析（CFA）验证乡村旅游体验价值量表具有良好的收敛效度和区分效度。通过此项研究，明晰乡村旅游体验价值的结构维度，并为后续研究提供测量基础。

第二，构建乡村旅游体验价值与旅游者幸福感的内在关系的假设模型（第五章）。首先，基于文献分析，初步得出乡村旅游体验价值与旅游者幸福感关系的概念模型；其次，得出并验证概念模型的合理性即乡村旅游体验价值与旅游者幸福感关系模型的合理性，并通过理论推理得出研究假设，即乡村旅游体验价值各维度对旅游者幸福感各维度的影响假设、游客满意度和地方依恋的中介作用假设、旅游涉入度调节作用假设，并进一步推理影响乡村旅游体验价值与旅游者幸福感关系的变量，即游客满意度与地方依恋、旅游涉入度之间的影响假设，形成假设模型。

第三，检验乡村旅游体验价值与旅游者幸福感的内在关系的假设模型（第六章）。采用问卷调查法，通过构建结构方程模型实证研究乡村旅游体验价值与旅游者幸福感内在关系的影响机理，检验乡村旅游体验价值对旅游者幸福感的影响、游客满意度和地方依恋的中介作用、旅游涉入度的调节作用,并根据检验结果确立乡村旅游体验价值与旅游者幸福感关系模型。并且,为使本书在全国范围内具有普适性,大样本问卷调研采取网络问卷发放和实地问卷发放相结合的方式。在调研对象的选择上,选取全国范围内、在过去三个月内有乡村体验旅游经历且印象深刻的游客,采取网络问卷发放的方式进行问卷调研,并选择不同的乡村体验旅游景区进行实地问卷发放,以增加其外部效度;在问卷发放方面,尽量选择不同人口统计及消费行为特征的游客进行调研,以便进行旅游者幸福感差异分析。通过此项研究,明晰了乡村旅游体验价值与旅游者幸福感的内在关系及影响机理。

第四,探究乡村体验旅游情境下旅游者幸福感的差异(第七章)。首先,通过对大样本问卷调研数据进行分析,得出受访者的人口统计特征及消费行为特征;其次,通过独立样本 T 检验和单因素方差分析,探讨性别、年龄、家庭结构等人口统计特征对旅游者幸福感影响的差异;最后,通过聚类分析,研究不同消费行为特征(如不同出游时间、出游天数、出游频次、人均消费等)的旅游者幸福感差异,并得出旅游者幸福感在不同消费行为特征上的分布特征。通过此项研究,明晰了乡村体验旅游情境下旅游者幸福感的差异。本书研究框架与研究内容如图 1-1 所示。

三 研究思路

(一)文献综述与理论基础

回顾乡村体验旅游、旅游体验价值、旅游者幸福感、游客满意度、旅游涉入、地方依恋等前期相关研究,厘清可解释乡村旅游体验价值与旅游者幸福感内在关系的基础理论即顾客体验理论、顾客价值理论、幸福感理论、顾客满意理论、地方理论,并界定相关概念。

(二)质性研究设计与分析

通过深度访谈了解旅游者对乡村旅游体验价值的感知,采用扎根理论分析方法对访谈资料进行编码,通过质性研究构思乡村旅游体验价值的维度,开发并验证乡村旅游体验价值测量量表,最终构建乡村旅游体

1. 研究背景与问题提出； 2. 研究目的与研究意义； 3. 研究框架与研究设计	第一章 绪论
1. 乡村体验旅游研究；2. 旅游体验价值研究； 3. 旅游者幸福感研究；4. 游客满意度研究； 5. 地方依恋研究；6. 旅游涉入研究； 7. 以往研究述评	第二章 文献综述
1. 顾客体验理论；2. 顾客价值理论； 3. 幸福感理论；4. 顾客满意理论； 5. 地方理论	第三章 理论基础
1. 乡村旅游体验价值的维度构思； 2. 乡村旅游体验价值量表开发与验证	第四章 乡村旅游体验价值维度构思与量表设计
1. 研究目标；2. 研究变量与概念模型； 3. 理论与假设	第五章 概念模型与研究假设
1. 研究目的；2. 研究方法；3. 问卷预试； 4. 数据收集；5. 量表信度和效度检验； 6. 结构方程模型分析与假设检验； 7. 研究结论与讨论	第六章 实证研究设计与分析
1. 研究目的； 2. 乡村体验旅游者人口统计和消费行为特征； 3. 不同人口统计特征的旅游者幸福感差异分析； 4. 不同消费行为特征的旅游者幸福感差异分析； 5. 研究结论	第七章 乡村体验旅游情境下旅游者幸福感差异研究
1. 主要研究结论；2. 理论进展； 3. 实践启示；4. 研究局限与展望	第八章 结论与展望

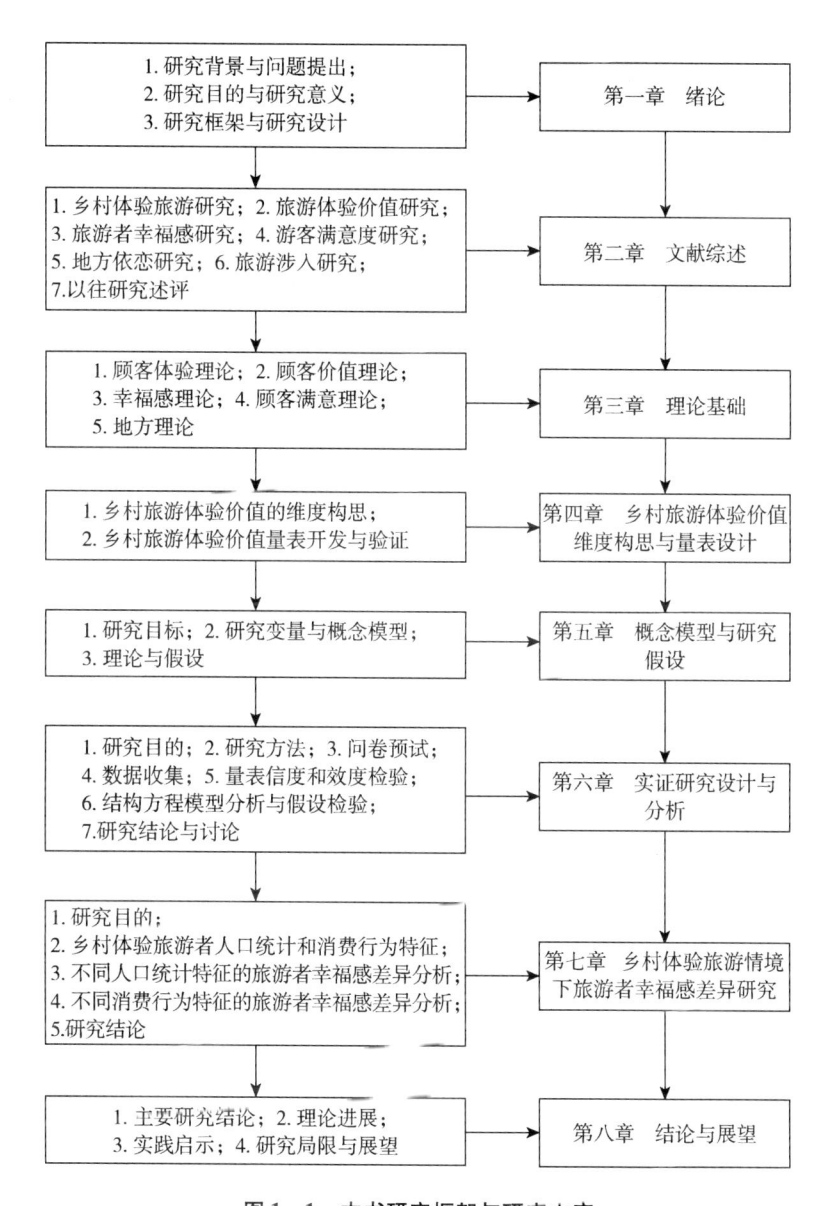

图 1-1 本书研究框架与研究内容

验价值体系。

(三) 构建研究假设模型

基于前期质性研究分析，并在文献分析的基础上，构建乡村旅游体验价值与旅游者幸福感关系的概念模型，通过进一步的理论推理，构建乡村旅游体验价值与旅游者幸福感的关系假设模型。

（四）实证研究设计与分析

设计整体结构量表，并通过问卷预测确定量表；在调查样本方面，选择不同的乡村旅游景区进行调查，以增加其外部效度；在问卷发放方面，尽量选择不同人口统计特征及消费行为特征的游客进行调研，以便进行旅游者幸福感差异分析；进行样本的描述性统计分析、整体量表信度和效度检验，并构建结构方程模型实证研究乡村旅游体验价值与旅游者幸福感的内在关系与作用机制，检验乡村旅游体验价值对旅游者幸福感的影响、游客满意度与地方依恋的中介作用以及旅游涉入的调节作用等，并得出研究结论。

（五）旅游者幸福感差异研究

基于对研究样本人口统计特征及消费行为特征的分析，通过方差分析探讨人口统计特征对旅游者幸福感影响的差异；通过 SPSS 聚类分析，探究不同消费行为特征旅游者幸福感水平的差异，并探讨旅游者幸福感水平在不同消费行为特征上的分布特征。

（六）结论与展望

基于以上研究结果得出研究结论，分析讨论本书的理论进展，并为开发乡村体验旅游产品、提升游客满意度、增强旅游者地方依恋、关注旅游者旅游涉入、提升旅游者幸福感水平等提供合理可行的管理建议；总结本书的研究局限及未来研究展望。

本书的研究思路与研究方法如图 1-2 所示。

四 研究方法

本书通过回顾乡村旅游体验价值、游客满意度、旅游涉入、地方依恋、旅游者幸福感等的相关研究，基于旅游学、营销学、积极心理学等相关理论，在乡村体验旅游情境下，采用文献分析、深度访谈、专家咨询、问卷调查等研究方法（见图 1-2），探讨乡村旅游体验价值与旅游者幸福感的内在关系及影响机理。

（一）文献分析

本书借助 Web of Science、EBSCO、ISI Web of Knowledge、EI、Elsevier

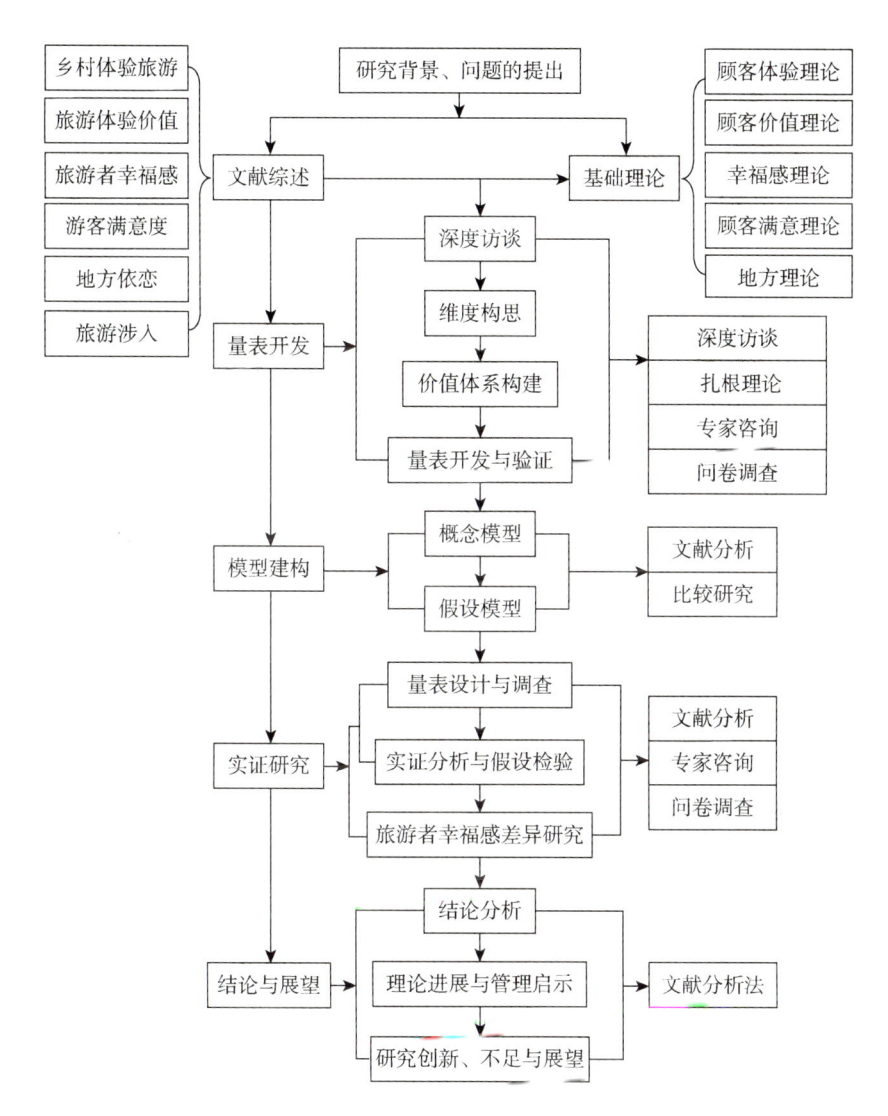

图 1-2　本书的研究思路与研究方法

以及 CNKI 数据库，搜索国内外有关乡村体验旅游、旅游体验价值、游客满意度、旅游涉入、地方感、地方认同与地方依恋、旅游者幸福感及理论基础等方面的相关文献，深入了解这些相关领域的已有研究成果、研究方法与研究不足等，在此基础上，完成相关研究领域和理论基础的文献综述，为本书选择研究切入点、创新定位等提供了有益借鉴。

(二) 深度访谈

首先，基于明确的研究选题（乡村旅游体验价值与旅游者幸福感关系研究）、研究内容与研究思路，制定深度访谈提纲，通过专家咨询验证访谈提纲的合理性，并对已进行乡村体验旅游的游客进行咨询，以此验证访谈提纲的全面性；其次，通过对已进行乡村体验旅游的游客开展半结构化访谈，初步了解乡村旅游体验价值的结构体系，以及游客满意度、旅游涉入、地方依恋、旅游者幸福感的实际情况，初步构建五者之间的内在关系与影响机理。本次深度访谈计划访谈人数为 25 人，预计每人访谈时间为 1—1.5 小时；访谈对象主要通过朋友推荐、招募等方式进行选择，并提前邀约访谈的时间与地点，或进行电话访谈，访谈过程全程录音。

(三) 扎根理论

本书在深度访谈的基础上，采用扎根理论分析方法对访谈资料进行编码，以构思乡村旅游体验价值的维度，构建乡村旅游体验价值结构体系，并为乡村旅游体验价值量表开发做前期研究基础。扎根理论作为一种研究路径或"方法论"（Strauss & Corbin，2014），是质性研究领域中研究路径的一种，已被广泛应用于社会科学各领域的研究。扎根理论是由美国学者 Barney Glaser 和 Anselm Strauss 在其合著《扎根理论之发现：质化研究的策略》中首次提出，并主张在没有理论假设的前提下，研究者不断地对原始资料进行归纳和概括以提炼新理论（Glaser & Strauss，1967）。因此，扎根理论的研究目的是从原始资料分析中形成理论，而不仅仅是解释或描述研究现象。因而，研究者应在已有文献、原始资料和个人知识的基础上，系统地收集并分析资料，采取"理论性抽样"的标准，从资料中发现、发展理论并检验理论，且通过概括性的语言对新理论进行一定程度上的抽象表述。

Glaser（1978，1992）对扎根理论研究程序进行了系统研究与详细阐述，通过理论性取样、开放编码、选择性编码和理论性编码等，进行理论建构。之后，Strauss 和 Corbin（1990）增加了一些提高研究者理论敏感度的新技术，比如，将类属进行连接提出编码范式模式、维度化和条件矩阵等。而有研究者认为 Corbin 提出的扎根理论分析方法过于程序化和技术化（Melia，1996：370），有违扎根理论的实质。其后，在建构主义的影响下，Strauss 和 Corbin（2014）在其专著《质性研究的基础：形成扎根理论的程序与方法》中，虽保留了三级编码的概念定义，但未涉及具体编码程序和技术，而采用了形式灵活多样的"备忘录"形式，阐述了扎根理论分析的具体过程：形成概念、阐明分析过程、分析情境、将过程纳入分析、整合类属。

由于"扎根理论是提出一个自然呈现的、概念化的、互相结合的、由范畴及特征所组成的行为模式"（Glaser，1992，1998，2000），故更适用于研究人际关系等的动态作用（Charmaz，2006）。本书将遵循 Glaser 和 Strauss（1967）构建的经典扎根理论分析研究程序，深入探究乡村旅游体验价值的维度与价值结构体系。

（四）专家咨询

基于研究问题，本书需至少进行三次专家咨询。第一次：深度访谈提纲的制定；第二次：乡村旅游体验价值初始题项的筛选；第三次：假设模型实证研究中的整体量表设计。对于咨询专家的选择，应选取乡村旅游研究领域、相关研究方法研究较为深入的学者、旅游经历丰富的乡村旅游爱好者、相关经验较为丰富的旅游企业市场营销人员等；对于专家意见的处理，综合比较分析专家意见，积极采纳一致的专家意见，详尽分析不一致的专家意见，必要时进行第二轮专家咨询。

（五）问卷调查

基于研究问题和研究目的，本书需进行两次问卷调研。第一次：通过深度访谈资料的扎根理论分析，初步构思乡村旅游体验价值的维度与价值结构体系，在此基础上，开发乡村旅游体验价值量表，然后，通过问卷调查法验证乡村旅游体验价值量表，并验证乡村旅游体验价值结构体系的合理性；第二次：在质性研究分析、构建假设模型的基础上，以过去三个月内有乡村体验旅游经历的游客为调研对象，进行大样本问卷调查，预计发放问卷 650 份，以验证乡村旅游体验价值与旅游者幸福感的内在关系及影响机理。

五 研究技术路线

根据前文所述研究内容、研究思路与研究方法，本书技术路线如

图 1-3 所示。

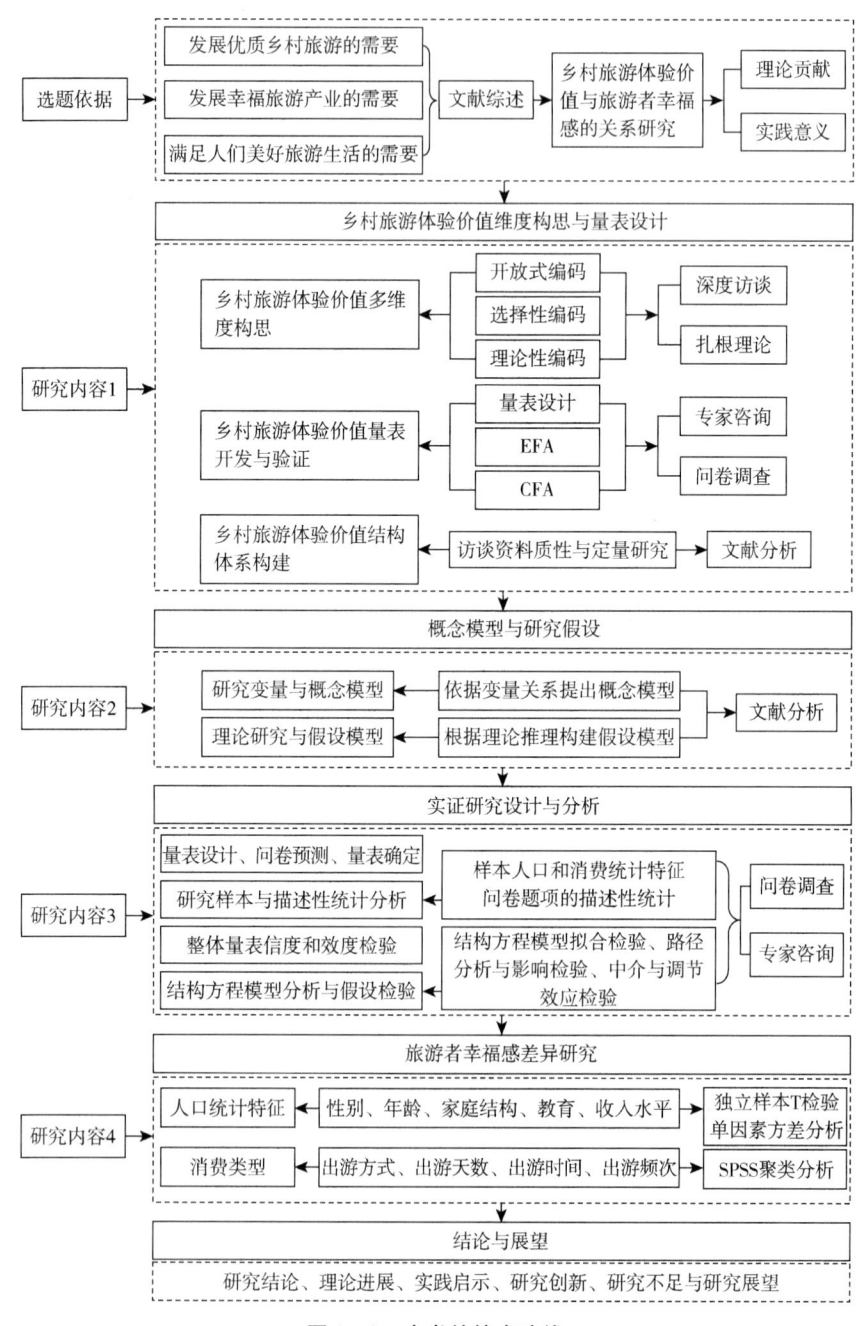

图 1-3 本书的技术路线

第二章 文献综述

第一节 乡村体验旅游研究

"体验"（experience）作为心理学研究领域的基本概念之一，是指主体基于某种特定情境而产生的心理过程及由此引发的结果，是行为个体情感活动的心理形式（Csikszentmihalyi，1988）。在经济学研究领域，阿尔文·托夫勒在其《未来的冲击》[①] 一书中，诠释了"体验经济"的理念及其未来发展预测。之后，约瑟夫·派恩和詹姆斯·吉尔摩合著出版《体验经济》[②] 一书，厘清了体验经济的研究框架，认为体验经济是继农业、工业、服务业之后的第四种经济形式，由于体验是个体生理、心理等受到高度刺激而形成的，因此，体验因人而异。在旅游研究领域，Boorstin（1964）首次提出了"旅游体验"的概念，国内外学者基于不同研究视角对其进行了探讨（谢彦君、吴凯，2000；Quan et al., 2004），形成了"本真性"的旅游研究范式。并且，在乡村旅游研究领域，随着乡村旅游的发展，传统以观光为主的乡村观光、景观种植已无

[①] 美国学者阿尔文·托夫勒（Alvin Toffler）在其著作《未来的冲击》（*Future Shock*）一书中论证了后工业时代的一种生存状态，并认为"变化是未来侵入我们生活的一种过程，因此，我们有必要不只是从历史的大视角、更是从活生生的个人所经历的变化的角度，来对其加以审视"。Toffler, A., *Future Shock*, Bantam Books, 1970, pp. 27 – 109.

[②] 美国学者约瑟夫·派恩和詹姆斯·吉尔摩合著的《体验经济》（*The Experience Economy*）一书，将到目前为止的社会经济形态分为产品经济、商品经济和服务经济三种基本类型，并认为体验经济是比前三种基本类型更高、更新的经济形态。Pine, B. J., Gilmore, J. H., *The Experience Economy*, Harvard University Press, 1999, pp. 12 – 65.

法满足游客回归自然、体验文化、慰藉乡愁等精神需求,因此,以"体验"乡村自然生态、乡土民俗文化、乡村生活氛围为核心的旅游形式不断涌现并获得发展,乡村旅游与"体验"天然耦合,乡村体验旅游逐渐成为学者们关注的重要研究课题之一。以往学者对乡村体验旅游的研究主要集中在乡村体验旅游的内涵与特点、动力机制、乡村体验旅游产品的开发与评价等方面。

一 乡村体验旅游的内涵与特点

在体验经济背景下,史密斯提出"体验旅游"的概念,并认为体验旅游是旅游业的重要变化与发展趋势(Smith,2006)。前期对乡村体验旅游内涵的研究,主要从开发乡村体验旅游资源与实现旅游者旅游目的等方面进行阐释(见表2-1),主要体现为"乡村性""体验性""个性化""差异化"。

表2-1　　乡村体验旅游的定义

研究者	定义或看法
Smith, W. L. (2006); 郑辽吉(2006)	乡村体验旅游以乡村农业资源为载体,以乡村生态环境为体验主题,利用田园风光、农业生产和乡村生活等为具体场景,吸引旅游者观光、休闲、度假、习作、购物等,并提供满足旅游者情感需求的体验活动等
Dernoi, L. A. (1991)	乡村体验旅游是传统乡村观光旅游的延伸与升级,是在乡村"场域"中凭借乡村风光、风俗、风情,营造旅游者亲身体验的乡村氛围与"场景",侧重体验互动性项目,以实现旅游者休闲、度假、养生、养老、亲子、审美、体验文化、逃避现实等旅游目的
罗明义(2006)	"领略乡村文化,体验农村生活,进行休闲度假",是乡村旅游发展的核心
安贺新等(2010); Dernoi, L. A. (2014)	乡村体验旅游需要在视、听、味、嗅、触觉等方面寻求个性与差异,并使旅游者通过全方位参与旅游体验而产生情感共鸣

续表

研究者	定义或看法
伍卓（2010）	乡村体验旅游是以乡村生态环境、田园风光、乡村生活、农耕文化、农业生态与科技等为基础开发乡村体验旅游产品，旅游企业为乡村旅游者打造体验舞台，旅游者到乡村体验旅游地缓解工作压力、体验乡村休闲、回归自然
郑海燕（2010）	乡村旅游应与体验经济融合发展，为旅游者打造远离城市喧嚣与压力、回归自然、体验乡村生活、感受乡土民风民俗等的旅游产品，以发挥乡村体验旅游的特色
丁培卫（2011）	乡村体验旅游是乡村生态旅游与体验旅游相结合的现代旅游模式，其核心是"乡村性"与"地方性"
吕丽辉、李明辉（2011）	乡村体验旅游应打造彰显乡村特色、增强旅游者参与度、整合旅游者感官刺激、提高乡村旅游服务质量、满足不同目标市场需要的乡村旅游体验产品，打造个性化的乡村体验旅游产品以满足旅游者个性化需求
B. H. Eom（2015）	基于乡村旅游的体验活动及行为意愿偏好的研究，认为乡村体验旅游应注重"生态文化体验"与"乡村生活体验"
J. Bessière（2017）	乡村体验旅游的主要内容应包括乡村美食体验，美食体验是旅游者旅游追求的一部分，乡村休闲度假是旅游者的一种意义和身份追求

资料来源：笔者根据资料整理。

"乡村性"是乡村体验旅游发展的基础。近年来，乡村体验旅游从最初"吃农家饭、住农家屋、干农家活、享农家乐"，发展为现阶段的旅游者全方位参与乡村活动的旅游形态，乡村旅游逐渐发展为以乡村度假与乡村旅居为主题的乡村体验旅游。旅游者选择乡村旅游目的地的动机是亲近自然与情感回归，乡村地区有丰富的传统文化资源、历史遗存，且生态环境优良、乡村休闲项目多样，乡村旅游是乡村生态旅游与体验旅游相结合的现代旅游模式，其核心是"乡村性"与"地方性"（丁培卫，2011）。乡村旅游与旅游体验紧密结合，乡村体验旅游不断发展（Wu, Cheng & Ai, 2017）。此外，J. Bessière（2017）基于法国西南部4个乡村地区探讨了其旅游和美食潜力，把乡村美食体验作为旅游追求的一部分，并把乡村度假作为一种意义和身份的追求。

"体验性"是乡村体验旅游的天然属性。乡村体验旅游是传统乡村观光旅游的延伸与升级,是在乡村"场域"① 中凭借乡村风光、风俗、风情,营造旅游者亲身体验的乡村氛围与场景,广泛利用各种乡村资源,让旅游者暂时融入期盼已久的乡村生活,逗留时间较长、空间较为集中,侧重体验互动性项目、参与乡村生活,以实现旅游者休闲、度假、养生、养老、亲子、审美、体验文化、逃避现实等旅游目的(Dernoi,2014)。郑海燕(2010)认为旅游业是以体验为卖点的行业,乡村旅游应与体验经济融合发展,为旅游者打造远离城市喧嚣与压力、回归自然、体验乡村生活、感受乡土民风民俗等的旅游产品,以发挥乡村体验旅游的特色。Eom(2015)以小学生家长群体为研究对象,对其乡村旅游的体验活动及行为意愿的偏好进行研究,研究结果发现,"生态文化体验"与"乡村生活体验"对其满意度、参与意愿和推荐有显著影响。

"个性化"是乡村体验旅游者的旅游需求。部分学者基于旅游者旅游目的探讨了乡村体验旅游的内涵,认为乡村体验旅游是以乡村生态环境、田园风光、乡村生活、农耕文化、农业生态与科技等为基础开发乡村体验旅游产品,旅游企业为乡村旅游者打造体验舞台,旅游者到乡村体验旅游地缓解工作压力、体验乡村休闲、回归自然,乡村体验旅游地应以游客需求为核心,开发乡村体验旅游产品(伍卓,2010)。吕丽辉、李明辉(2011)基于体验经济视角,探讨了乡村体验旅游产品的缺失,提出应打造彰显乡村特色、增强旅游者参与度、整合旅游者感官刺激、提高乡村旅游服务质量、满足不同目标市场需要的乡村旅游体验产品,打造个性化的乡村体验旅游产品以满足旅游者个性化需求。

"差异化"是乡村体验旅游产品的设计特色。Campbell、Elliott 和 Sharp 等(2002)基于旅游体验研究,对乡村体验旅游的活动形式与发展模式进行了研究。乡村体验旅游者往往较重视乡村旅游过程中的互动

---

① "场域理论"是由库尔特·考夫卡提出的社会心理学理论,作为关于人类行为的一种概念模式,是指人的行动都会受到行动发生的场域影响,而场域不仅包括物理环境,也包括他人的行为以及与此相连的因素。Koffka, K., *Principles of Gestalt Psychology*, London:K. Paul, Trench, Trubner & Co. Ltd., 1936:623-628.

和感受并重视参与体验，因此，乡村体验旅游需要在视、听、味、嗅、触觉等方面寻求个性与差异，并使旅游者通过全方位参与旅游体验而产生情感共鸣（安贺新、张立晓，2010）。Dernoi（1991）探讨了如何升级与优化加拿大乡村旅游产品及其旅游服务；郑辽吉（2006）认为，乡村体验旅游以乡村农业资源为载体，以乡村生态环境为体验主题，利用田园风光、农业生产和乡村生活等为具体场景，吸引旅游者观光、休闲、度假、习作、购物等，并提供满足旅游者情感需求的体验活动等；罗明义（2006）认为"领略乡村文化，体验农村生活，进行休闲度假"，是乡村旅游发展的核心。同时，由于乡村体验旅游地自然环境、乡土文化、民风民俗、气候节气等资源特点存在差异，因此，乡村体验旅游产品与项目设计体现出差异性，并探讨了云南乡村旅游的特点与模式。

综上，以往学者依据乡村体验旅游的"乡村性""体验性""个性化""差异化"，基于不同研究视角，从开发乡村体验旅游产品与实现旅游者旅游目的等方面阐释了乡村体验旅游的内涵，并形成了大体一致的见解，认为乡村体验旅游的核心是强调旅游者在乡村旅游活动中的参与性，重视人际互动及旅游者的情绪、情感体验，旅游者在乡村回归自然、体验文化与乡村氛围，全方位体验异于惯常环境的乡村生活方式，从而获得精神享受并产生内心情感共鸣。

二 乡村体验旅游的动力机制

乡村体验旅游是旅游者满足自身潜在需要的外在形式，反映了旅游者自身的内在价值与高层次需求。旅游体验的产生是人的需要发展到更高层次上的要求，是旅游者自我实现需要的表现形式。并且，旅游者乡村体验旅游的实现取决于旅游者自身的内部驱动力与旅游地的外部吸引力（Gray，1970；Iso-Ahola，1982；谢彦君，2005）。乡村体验旅游是旅游者自身及其生活环境的驱动力与乡村体验的吸引力二者共同作用的结果，旅游者自身的驱动力主要表现为不断增强的健康意识、异质文化的体验需求、休闲观念的转变、乡土情结等方面，并且，在体验经济背景下，旅游者更为关注实现快乐的情感体验；旅游者自身生活环境的驱动力主要表现为不断恶化的生活环境、较大的工作压力、加快的生活节奏、复杂的人际关系等；与此同时，乡村拥有闲适的田园生活、简单的生活方式、幽美的自然环境、淳朴的民风民俗、独特的乡土文化等，乡村体验成为旅游者追寻的生活方式之一。旅游者及其生活环境的驱动力与乡村体验的吸引力共同促进了乡村体验旅游的快速发展（见图2-1）。以往学者对于乡村体验旅游动力机制的研究主要集中在旅游者旅游动机、乡村体验旅游吸引力等方面。

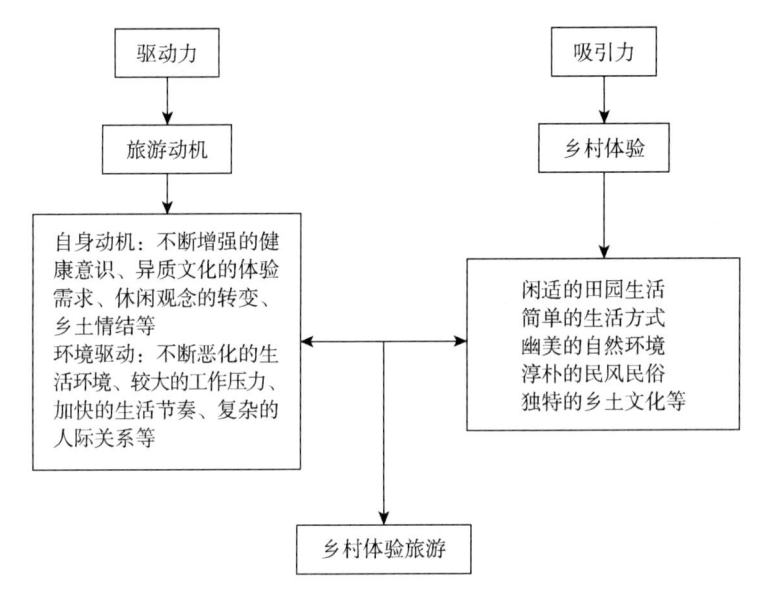

图 2-1 乡村体验旅游发展动力机制

资料来源：笔者根据资料整理。

对于乡村体验旅游动力机制的研究，一些学者探讨了旅游者乡村体验旅游的动机。一些研究认为随着乡村旅游更加普遍化与多样化，乡村旅游者的旅游动机可以分为亲近和接触自然、寻求内心宁静、享用乡村特色美食、体验乡村乡土文化等方面（Devesa, Laguna & Palacios, 2010；Choi, 2018）；Dong 等（2013）基于北美地区研究了乡村旅游者的旅游动机，及旅游者的旅游动机与乡村地区"乡村性"的关系，研究发现，有些乡村旅游动机与"乡村性"有关，而有些动机却与其联系不大。此外，Rid 与 Ezeuduji（2014）基于冈比亚乡村旅游的研究，认为乡村旅游者的旅游动机主要包括旅游者追寻多样化的体验与经历、探寻乡村自然与文化遗产等。此外，我国学者基于案例地的研究对乡村体验旅游动机进行了探讨，研究结果表明，对于上海和南京等大城市而言，乡村旅游者的旅游动机主要是回归和亲近自然、体验田园风光与特色乡村文化等（张春花、卢松、魏军，2007）。部分研究发现，乡村旅游的动机不仅是回归自然并享受乡村环境，对于乡村环境卫生设施与环境生态性要求较高（杨敏、骆静珊，2006）。并且，杨新军和李佳（2013）通过对西安地区农家乐旅游者的研究，认为一般乡村旅游者的旅游动机主要包括乡村休闲放松、户外活动体验以及探亲访友等。

对于乡村体验旅游吸引力的研究，学者们也进行了探讨。比如，Bessière 与 Tibere（2013）基于法国乡村旅游的研究，认为乡村旅游目的地以其欢愉的户外活动、独特的乡土景观和传统的乡村美食吸引了消费水平较高的旅游者；并且，李玉新和靳乐山（2016）基于旅游者行为探讨了旅游者对旅游目的地的选择行为、消费行为以及乡村体验旅游地的游憩价值，认为旅游者在乡村旅游目的地选择方面更重视亲近和享受自然。此外，周杨、何军红和荣浩（2016）基于游客满意度的评估，研究了乡村旅游中影响游客满意度的因素，认为乡村旅游构成要素中，按照满意度高低分别是乡村旅游环境、旅游支持系统、旅游吸引物、服务便利性、投诉便利性等。这些研究成果反映了乡村体验旅游吸引力的构成，为后续相关研究提供了基础。

三 乡村体验旅游产品开发

在乡村旅游与体验经济不断发展的背景下，乡村体验旅游产品开发成为学界和业界的重要研究领域（Otto & Ritxhie，1996；Stamboulis & Skayannis，2003）。对于乡村体验旅游产品开发的研究，学者们大多基于某一案例地进行探讨，认为应对乡村旅游产品及服务进行"体验化"设计，以提升旅游者乡村旅游体验质量，让旅游者获得独特乡村感受与生活体验（Kastenholz，Carneiro，Marques，et al.，2012）。并且,一些学者认为应将乡村体验旅游产品进行"主题化"设计,并提出开发策略与建议(Priatmoko,2018)。以往学者对乡村体验旅游产品开发的研究主要集中在产品开发类型、开发设计及开发策略研究上(见表2-2)。

表2-2 乡村体验旅游产品开发研究

	研究者	研究内容
产品开发类型	王云才(2006)	以体验为基础的乡村旅游产品主要有主题农庄、乡村主题博物馆、乡村民俗体验与主题文化村落、乡村俱乐部、现代商务度假与企业庄园、农业产业化与产业庄园、区域景观整体与乡村意境梦幻体验等
	Otto,Ritxhie(1996)	乡村体验旅游产品应从"食住行游购娱"六要素出发,开发深层次的、高参与性的乡村旅游产品
	赵承华(2011)	要注重乡村文化体验的互动性与真实性,开发娱乐型、逃避型、教育型、审美型等乡村文化体验旅游产品
	Stamboulis,Skayannis(2003);郭风华、王琨、张建立等(2015)	乡村体验旅游地形象塑造以乡村体验式田园风光和乡村氛围为载体,打造乡村美食、乡土风俗、乡村文化等乡村体验旅游产品
	胡美娟、李在军(2015)	根据乡村体验旅游地的性质将其分为休闲体验类、文化体验类和特色村镇等
	Priatmoko(2018)	基于日惹(Yogyakarta)乡村生态旅游规划,认为日惹应开发乡村生态体验旅游
产品开发设计	王云才(2006);冯娴慧、戴光全(2012)	打造乡村多功能景观(Multifunctional Landscape,ML)是乡村体验旅游产品开发设计的关键,乡村多功能景观聚焦乡村景观意象与文化意象,应是乡村体验旅游发展的主题
	张艳、张勇(2007)	乡村体验旅游产品开发设计应以乡村文化体验为核心,开发观光型、体验型等文化旅游产品,以满足乡村旅游者文化体验需求
	安贺新、张立晓(2010);Kastenholz,Carneiro,Marques,et al.(2012)	乡村体验旅游产品的设计需要在视、听、味、嗅、触觉等方面寻求个性与差异,并使旅游者通过全方位参与旅游体验而产生情感共鸣
	郑海燕(2010)	乡村体验旅游产品开发设计的程序主要包括体验主题、载体和项目等三个环节

续表

	研究者	研究内容
产品开发设计	张立助（2015）	基于乡村体验旅游产品开发设计的原则与模式，提出农庄运营、合作社运营、公司+合作社+农户等模式
产品开发策略	Stamboulis，Skayannis（2003）	基于宏观视角，认为乡村体验旅游产品开发需重新布局旅游战略，让旅游产品设计者预先组织设计，并让旅游者主动参与体验
	邓爱民（2010）	认为与乡村观光休闲相比，乡村体验旅游是乡村旅游发展的高级阶段，可让旅游者通过参与旅游活动而获得独特体验
	许峰、吕秋琳、秦晓楠等（2011）	基于真实性视角研究了乡村旅游经济的可持续开发，认为乡村体验旅游以乡村田园生活方式、乡村民风民俗体验等为主要内容，其核心吸引力是真实"乡村性"（Rurality）体验
	高爱颖（2014）	认为乡村旅游应在尊重乡村风貌的基础上，重视开发乡村体验旅游产品，以延续乡村地方文脉，彰显自身特色
	张文萍（2016）	认为乡村体验旅游者在乡村旅游中体验农业生产劳作和特色农耕文化，既满足了旅游者追求参与性、体验性的需求，又满足了乡村旅游回归本质的需要
	赵琴琴、许林玉、刘烨铭（2017）	认为乡村旅游的本质是回归并重建乡土和人性结构，提出需发展乡村生态旅游，提高其服务质量，开发品质较高的体验旅游产品，以实现建设美丽乡村的主要目标
	Priatmoko（2018）	应将乡村体验旅游产品进行"主题化"设计

资料来源：笔者根据资料整理。

对于乡村体验旅游产品开发类型的研究，学者们大多在乡村旅游资源分析的基础上，从宏观或从案例地视角研究其开发类型，主要包括乡村文化体验旅游、乡村生态体验旅游等。王云才（2006）探究了乡村旅游发展的新形态和新模式；赵承华（2011）研究了基于文化体验的乡村旅游产品开发；胡美娟、李在军（2015）研究江苏乡村旅游，等等。

对于乡村体验旅游产品开发设计的研究，主要集中在乡村体验旅游产品开发设计的内容、方法、原则、模式、程序等方面。如王云才（2006）、冯娴慧、戴光全（2012）、张艳、张勇（2007）、安贺新和张立晓（2010）、郑海燕（2010）、张立助（2015）。

对于乡村体验旅游产品开发策略的研究，一些学者基于宏观视角，认为乡村体验旅游产品开发需重新布局旅游战略，让旅游产品设计者预先组织设计，并让旅游者主动参与体验，乡村体验旅游产品是为了满足旅游者的精神感受与乡村生活体验；并认为乡村体验旅游产品开发应以田园风光和乡村氛围为载体，打造乡村美食、乡土风俗、乡村文化等乡村体验旅游产品，以增加旅游者对旅游地的形象认知，并利于乡村体验旅游地形象塑造与传播（郭风华、王琨、张建立等，2015）。此外，许峰、吕秋琳和秦晓楠等（2011）、赵琴琴、许林玉和刘烊铭（2017）也进行了相关研究（见表2-2）。

同时，对于乡村体验旅游产品开发策略的研究，一些学者基于某个案例地进行探讨。比如，邹宏霞和李培红（2007）研究了长沙城郊乡村体验旅游的开发，并认为乡村体验旅游是旅游者参与乡村生产和生活方式，体验乡村乡土文化的旅游过程；卢政营、张威和唐静（2009）以罗平油菜花节为例，研究了乡村节事文化体验旅游的品牌形象塑造，并得出尊重度、熟悉度、关注度、归属度、信任度、忠诚度和发展度7个品牌形象因子。此外，邓爱民（2010）以武汉市石榴红村为例研究了乡村体验式旅游项目开发；王祥武（2012）在界定乡村体验旅游概念的基础上，研究了皖西乡村体验旅游发展的优势、劣势、机遇与挑战，并指出乡村旅游应与旅游体验紧密结合以发展乡村体验旅游；王俊文（2012）研究了我国贫困地区乡村旅游的可持续发展，认为乡村旅游的发展应把生态环境与乡村民俗文化相融合，突出乡村地方性与乡村性，发展深度乡村体验旅游，走特色化与品牌化的旅游发展方式。并且，张启、董墨菲（2013）在分析国内外乡村旅游先进经验的基础上，认为实现河北省乡村旅游的可持续发展，需开发参与性较强的乡村体验旅游产品；麻新华（2016）基于体验经济背景以广西崇左市大新县明仕田园为例，在分析明仕田园发展乡村体验生态旅游的资源优势与存在的问题的基础上，探讨了乡村生态旅游产品的开发对策；高爱颖（2014）研究了新型城镇化视野下的山东省旅游小镇建设；张文萍（2016）以重庆市中梁村为例，研究了乡村体验旅游产品的开发策略；张杉和赵川（2016）基于大香格里拉地区多元乡村文化的保护与传承，分析了乡村文化体验旅游及其开发的特殊性，并提出通过乡村体验旅游产品开发与产业融合等促进乡村旅游产业供给侧结构性改革。

四 乡村体验旅游产品评价

如何评价乡村体验旅游产品？以往学者基于ASEB栅格分析法[①]、层次分析法、模糊综合评价法等对其进行了大量研究。一些学者从游客体验视角，采用ASEB栅格分析法，探讨了乡村体验旅游产品在活动、环境、体验和利益等方面存在的优势与劣势、机遇与挑战（Alison, Beeho & Richard, 1995；刘晨, 2017），并探讨了乡村休验旅游产品的开发理念与方法以及旅游者的体验层次需求（伍海琳, 2011）。

对于乡村体验旅游产品的评价研究，学者们大多基于ASEB栅格分析法、模糊综合评价法等对某一案例地进行研究。比如，夏芬（2011）基于木兰清凉寨刘家山村乡村体验旅游开发，采用ASEB栅格分析法探讨了乡村旅游体验主题的设计，如何营造乡村体验旅游氛围与塑造意象，以及如何设计体验意象等；许文聪、郭海（2016）以阳泉市小河村为例，采用ASEB栅格分析法对其乡村体验旅游产品开发进行了深入探讨，并分析了小河村乡村旅游的发展与产业选择，认为在乡村体验旅游发展中应关注村落内生发展，并合理利用旅游资源以带动乡村经济的发展；刘晨（2017）以陕西渭南天刘村为例，采用ASEB栅格分析法探讨了天刘村乡村体验旅游产品的开发，并认为应以游客体验为基础，打造爱国主义教育与自然山水体验旅游产品，以及乡土文化体验与休闲度假旅游产品；方亮、韦张利和刘倩男（2016）对黄山市乡村旅游资源的评价进行了研究，基于层次分析法综合评价了黄山市的古村落、自然以及文化旅游资源等，并在此基础上认为黄山应坚持"环境为主导、文化为主体、古村落为特色、土特产品为支撑"的开发思路。

---

① ASEB（Activity, Setting, Experience, Benefit）栅格分析法是以顾客需求为导向的市场分析方法，它将曼宁—哈斯—德赖弗—布朗的需求层次分析即活动、环境、体验和利益与SWOT分析中的优势、劣势、机遇、挑战对应结合起来，从而形成包括16个单元的矩阵，并按顺序从"对活动的优势评估"到"对利益的威胁评估"，分别对矩阵单元进行研究分析，最终达到更好满足顾客需求的目标。

五 研究小结

研究内容。以往学者对于乡村体验旅游的研究主要包括乡村体验旅游的内涵、特点、动力机制、乡村体验旅游产品的开发与评价等方面,学者们大多基于某一案例地有针对性地探讨乡村体验旅游的开发及其提升策略等,亦有部分学者基于宏观视角研究了乡村体验旅游的内涵、类型与发展策略等,前期研究成果较为丰富,为本书提供了可供借鉴的理论基础。但是,以往研究中基于旅游者体验价值感知的乡村体验旅游开发研究仍处于起步阶段,较少学者关注乡村旅游者体验价值视角下的乡村体验旅游产品开发与评价;并且,在以资源开发为基础、市场需求为导向的行业发展背景下,如何开发设计满足旅游者体验价值感知的乡村体验旅游产品,显得尤为重要。本书在乡村体验旅游研究的基础上,进一步探讨乡村旅游体验价值的结构体系,并在结论的实践意义中探讨如何开发满足旅游者体验价值需求的旅游产品。

研究方法。以往学者对于乡村体验旅游的研究大多以定性描述研究为主,以定量研究为基础的实证研究较少,仅有部分学者采用访谈、问卷调研与内容分析等研究方法探究乡村体验旅游的发展策略;但是,对于研究样本选择与数据收集过程的科学性解释不够,有待进一步深入探讨研究程序的合理性。本书拟在借鉴前期研究方法的基础上,通过对乡村旅游者进行深度访谈获取研究资料,并采用扎根理论分析研究资料,探讨乡村旅游体验价值的结构体系及其维度划分,并通过结构方程模型验证其合理性。

第二节 旅游体验价值研究

在体验经济背景下,顾客参与并体验整个消费过程,体验价值成为消费活动中的新型顾客价值观,是顾客通过对消费对象的购买体验而产生的综合感知评价(Babin & Barden,1994;Mathwick,2001,2002)。将体验价值引入旅游研究领域,旅游体验价值是旅游者对旅游产品及服务的综合感知与评价，并且，旅游体验价值强调"互动性"，旅游者与旅游产品及服务的互动会影响旅游者的感知评价；旅游体验价值是"相对的"，因人而异并与旅游消费情境相关；旅游体验价值具有"偏好性"，旅游者的感知与评价受旅游者旅游偏好的影响；旅游体验价值表现为"经验性"，往往来自旅游者的旅游消费经验；旅游体验价值凸显"精神性"，表现为旅游者"游中"的愉悦与满足以及"游后"的回忆与震撼（Holbrook，1994，1999）。以往学者对旅游体验价值的研究主要包括旅游体验价值的内涵、维度、测量、影响因素等，也有部分学者探讨了旅游体验价值与游客满意度、幸福感的相关研究。

一　旅游体验价值的内涵

（一）体验价值与顾客价值、顾客感知价值

体验价值是顾客价值理论的延伸，顾客价值作为影响顾客消费决策的关键因素（Zeithaml，1988），主要包括两个方面的含义。其一，理性观点：基于经济学视角的顾客利得与利失，即评估企业带给顾客的利益多少；其二，经验观点：基于顾客感知视角的产品或服务评价，即顾客对产品或服务的感知与评价（Hou & Tang，2010）。

有关顾客价值的早期研究，大多从"买方价值链"[①] 视角探讨顾客利益的得与失（Poter，1985），有些学者认为顾客价值是顾客感知利益与顾客成本的差额，其中，顾客感知利益包括顾客对产品、服务、员工、形象等的价值感知，顾客成本包括顾客购买商品所花费的货币成本以及时间、体力和精力等非货币成本，顾客价值是二者之间的差额（Lovelock，2001）。但是，在长期的研究中，此种顾客价值不能完全适用于服务行业，学者们发现服务行业顾客价值的衡量应偏重于顾客体验

[①] 波特在其《竞争优势》一书中首次提出"价值链"概念，认为顾客也有自己的价值链，即买方价值链。在其买方价值理论中，价值是指客户愿意支付的价钱，买方成本包括财务、时间或精力等成本，并认为提高买方效益或减少买方成本等是创造买方价值的方式。Porter, M., *Competitive Advantage*: *Creating and Sustaining Superior Performance*, Simon & Schuster Inc, 1985, pp. 25 – 92.

价值的感知与评价即"顾客感知价值",这种顾客价值并非由企业所决定,而是顾客根据自身感知对产品或服务进行的认知评价(Zeithaml,1988)。因此,顾客价值理论逐步得到扩展,学者们从不同的研究视角聚焦顾客感知价值研究,Woodruff(1997)对顾客价值的多层结构进行研究,并对其进行动态评价。

基于体验经济的背景,"体验价值"这个与"顾客感知价值"相类似的概念开始在研究中运用并逐渐推广。体验价值与顾客感知价值都关注顾客对产品及服务的体验感知与评价,但体验价值更关注顾客对消费过程中"情感体验"的感知评价,这与服务行业的情绪与情感体验特征相一致,这就说明了体验价值理论在服务研究领域(如旅游研究领域)的适用性与重要性。也有一些学者将体验价值作为与实用价值相对的顾客价值形式,并将顾客价值分为实用(理性消费)价值和体验(消费)价值(Holbrook & Hirschman,1982),这些研究都将情感体验作为体验价值感知与评价的重要内容,是顾客价值的重要组成部分。在此基础上,有些学者探讨了服务质量与体验价值的相互关系,认为服务质量应是体验价值的组成部分,服务质量与价格均是体验价值的不同维度。本书基于体验价值,对服务行业的代表——旅游业进行乡村旅游体验价值研究,是对以往研究的拓展。

(二)旅游体验与旅游体验价值

在旅游研究领域,Boorstin(1964)提出旅游体验的概念,认为旅游体验作为时尚的消费行为发生在大众旅游的范围内;基于旅游者视角,Mac Cannell(1973)认为旅游体验是旅游者面对困境时所寻求的、用以战胜困难的积极反应;然而,Cohen(1979)认为旅游体验与旅游者个人世界观相联系,旅游者往往采取不同的行为模式来满足个人需求,旅游体验能够区分旅游者行为模式,此体验模式成为旅游体验研究后续探讨的内容之一。此后,学者们对旅游体验进行了大量研究,Ryan(1997)认为旅游体验应包括学习或娱乐或二者兼顾;Li(2000)从旅游地经营者视角进行研究,认为旅游体验是一种由经营者主导的行为,旅游地的自然、历史和传统等多种旅游资源构成了旅游者的意识框架,旅游者的旅游过程就是对其进行经验学习的过程。此外,谢彦君(2005)

认为旅游体验是个体通过旅游活动与外部世界进行联系，从而改变个体心理水平并对其自身心理结构进行调整的过程，是个体内在的心理活动与旅游吸引物所呈现的形态与含义进行相互作用的结果，旅游的本质应是旅游者个体的心理体验过程。

旅游体验价值是体验价值在旅游研究领域的拓展，也是旅游体验研究的延伸（Prebensen, Kim & Uysal, 2016; Amoah, Radder & Eyk, 2017）。学者们对于旅游体验价值的内涵研究大多基于两个视角：其一，感知利益视角；其二，感知利益与成本比较视角。基于感知利益视角，认为旅游体验价值是旅游者在旅游过程中感知到的总体利益，是旅游者对旅游产品及服务的总体体验感受与综合评价，受到所有关键点之间的互动接触与连接协调的影响，体现了互动接触中交织的体验感受（Amoah, Radder & Eyk, 2017）；基于感知利益与成本比较视角，认为旅游体验价值是旅游地向旅游者提供有价值的产品及服务，旅游者可以通过购买获得观赏和享用等权利，并在旅游体验后感到所获价值大于付出成本，从而实现旅游体验的满足感，而感到物有所值甚至是物超所值（Prebensen, Woo & Uysal, 2014）。

不同学者对体验价值的定义见表2-3。

表2-3　　　　　　　　不同学者对体验价值的定义

研究者	定义或看法
Babin & Darden (1994)	体验价值包括给顾客提供的内在和外在价值，内在价值来源于顾客在消费过程中得到的愉悦和享乐，外在价值通常由一个任务或工作开始，并由任务和工作完成实现
Holbrook (1999)	体验价值是消费者互动的、相对的以及偏好的体验
Mathwick (2001, 2002)	体验价值是顾客对产品属性与服务绩效的认知及相对偏好，是为了促进或帮助消费者达到消费目标和意图，在消费过程中由互动引起的对产品态度及消费绩效的偏好程度
舒伯阳 (2004)	体验价值是顾客主观感知的价值，体现为顾客精神状态的改变，从本质上讲，消费体验商品所获得的是精神效用，体验价值取决于顾客精神状态的改变程度与所付出的成本之间的差距

续表

研究者	定义或看法
Prebensen, Kim & Uysal（2016）	顾客体验价值是消费者在购买及使用产品的过程中进行信息交互时所得到的信息反馈价值，这个价值由顾客体验感觉所决定，可以是正面积极的，也可能是负面消极的
Prebensen, Woo & Uysal（2014）	旅游体验价值是旅游地向旅游者提供有价值的产品及服务，旅游者可以通过购买获得观赏和享用等权利，并在旅游体验后感到所获价值大于付出成本，从而实现旅游体验的满足感，而感到物有所值甚至是物超所值
Amoah, Radder & Eyk（2017）	旅游体验价值是旅游者在旅游过程中感知到的总体利益，是旅游者对旅游产品及服务的总体感受与综合评价，受到所有关键点之间的互动接触与连接协调的影响，体现了互动接触中交织的体验感受

资料来源：笔者根据资料整理。

在借鉴以往相关研究的基础上，本书认为旅游体验价值是旅游者在旅游过程中通过体验感受旅游产品及服务，并与旅游产品及服务进行互动接触，从而获得积极情感体验，最终形成对整体旅游活动的综合感知与评价。

二 旅游体验价值的维度与测量

体验价值研究的基础是其维度结构的探讨，以往学者对于体验价值维度结构的研究成果较为丰富，为乡村旅游体验价值的研究提供了借鉴和思考。以往学者大都基于不同的研究对象探讨体验价值的结构维度，因而其划分结果各异，至今未形成统一划分方法。总体而言，学者们基本认同基于顾客视角的体验价值可大致分为内部价值（愉悦享乐价值）与外部价值（实用功能性价值）（Batra & Ahtola, 1991; Babin & Darden, 1994; Ruyter, 1997），比如，Gallarza 和 Arteaga（2015）基于酒店业将顾客体验价值分为外在价值（效率、服务质量）和内在价值（游玩、美学）两个维度，并探讨了体验价值对顾客满意度与忠诚度的影响机制。并且，张凤超、尤树洋（2009）将体验价值维度结构的研究路径及维度划分研究进行梳理，总结出三种不同的维度模型：其一，"感知型"体验价值结构维度模型；其二，"情境关联型"体验价值结构维度模型；其三，"层次型"体验价值结构维度模型。

（一）"感知型"体验价值结构维度模型

以往学者对于"感知型"体验价值结构维度的研究，大多基于内省式体验价值理论强调顾客的主观感知。Massimini 和 Carli（1988）根据消费者心理上感知的挑战与技能是否相匹配来判断流畅体验的状态，将体验价值划分为流畅、激发、控制、放松、厌倦、冷漠、担忧、焦虑八个维度；Sheth 等（1991）将顾客体验价值分为功能性、社会性、情感性、认知性和情境性价值五个维度；Kotler（2001）认为顾客体验价值由产品、服务、个人、形象四个价值维度构成；Pendleton（2001）认为顾客的感知体验价值可分为社会、功利、情感或享乐价值三个维度；Takatalo 等（2008）基于顾客心理感知视角，探讨了虚拟环境下的消费者体验价值结构维度，建构了以内省式体验价值理论为基础的"感知型"体验价值结构维度模型，认为顾客体验价值主要受到与顾客心理感知有关的"身临其境""情境联系"和"胜任感"等的影响。

此外，我国学者郑锐洪等（2016）通过地区体验营销研究，将体验价值分为经济体验价值、审美体验价值、娱乐休闲体验价值、历史文化体验价值、环境体验价值、形象体验价值六个维度；向坚持（2017）基于酒店业 O2O 模式研究，探讨了 O2O 模式的体验价值可分为网站功能价值、店家服务价值、成本价值、情感价值四个维度。"感知型"体验价值结构维度模型以顾客的心理感知为基础，却往往忽略了环境因素与顾客体验价值的客观联系，因此，该模型较适用于虚拟环境下的体验价值结构维度研究（见图 2-2）。

（二）"情境关联型"体验价值结构维度模型

基于顾客与消费情境如何关联，学者们探讨了体验价值的"情境关联型"维度模型。Holbrook（2000）提出以主动/被动、外在/内在、自我导向/他人导向为基础的体验价值三维度模型，并将体验价值的三个维度细分为效率、优越性、地位、尊敬、游戏、美感、伦理与心灵八个

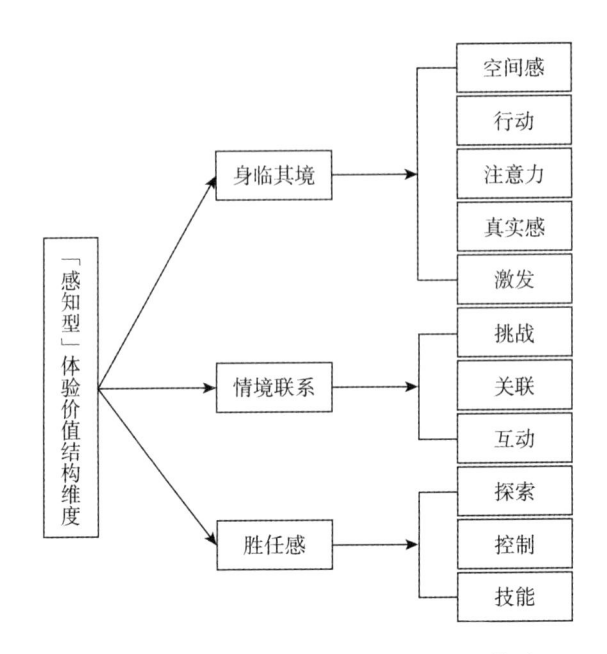

图 2-2 "感知型"体验价值结构维度模型

资料来源：张凤超、尤树洋（2009）。

类别（见表2-4）；在Holbrook研究的基础上，Mathwick等（2001）以趣味性、美感性、顾客投资报酬、服务优越性等为内容，设计了以主动价值/被动价值为横轴、内在价值/外在价值为纵轴的四象限矩阵，并认为趣味性属于内在主动价值、美感性属于内在被动价值、顾客投资报酬属于外在主动价值、服务优越性属于外在被动价值（见图2-3）。

Heskett和Sasser（2010）认为顾客的体验价值由员工循环、员工与顾客互动交往、营销沟通三个维度构成，顾客的体验价值感知受到这三个维度的影响，服务质量与服务结果两方面决定了顾客体验价值。此外，我国学者魏遐、潘益听（2012）基于湿地公园体验价值研究，将体验价值分为服务、特色、教育、成本、生态、信任、关怀七个体验因子。总之，"情境关联型"体验价值结构维度模型强调了体验价值维度的影响因素，却忽视了体验价值的变化与顾客间关联的影响作用。

表 2-4　　　　　"情境关联型"体验价值结构维度模型

	自我导向（Self-oriented）		他人导向（Other-oriented）	
	主动（Reactive）	被动（Passive）	主动（Reactive）	被动（Passive）
外在（Extrinsic）	效率（投入产出便利性）	优越性（品质）	地位（成功）	尊敬（名誉）
内在（Intrinsic）	游戏（乐趣）	美感（优美）	伦理（道德）	心灵（忠诚）

资料来源：Holbrook（2000）。

```
                    外在价值
                      ↑
         顾客投资报酬 │ 服务优越性
                      │
主动价值 ←────────────┼────────────→ 被动价值
                      │
              趣味性  │  美感性
                      │
                      ↓
                    内在价值
```

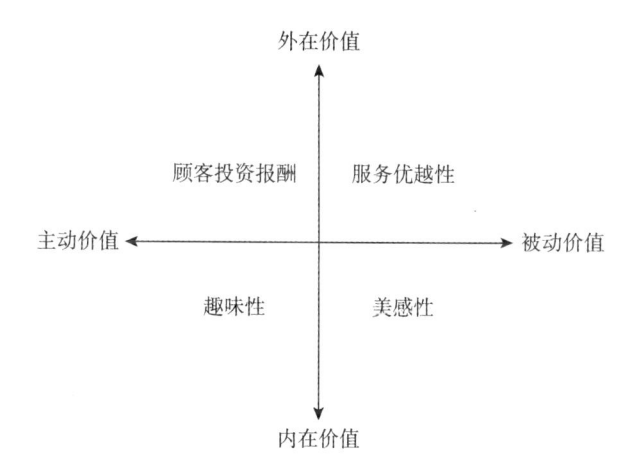

图 2-3　"情境关联型"体验价值结构维度模型

资料来源：Mathwick, Malhotra & Rigdon（2001）。

（三）"层次型"体验价值结构维度模型

基于马斯洛需求层次理论，学者们认为顾客体验价值的不同维度之间是层次型的（见图 2-4）。Sweeney 和 Souter（2001）认为顾客体验价值具有层次性特征，将顾客的感知价值分为以价格/实惠为基础的功能性价值、以表现/质量为基础的功能性价值、情感价值、社会价值等层次型维度结构；Caru 等（2007）在其研究中认为体验价值包含多种类型的价值层次；Gentile 等（2007）研究发现顾客体验价值包括实用性、感觉、情感、认知、生活方式和关联六个方面的具体内涵。

此外，李建州、范秀成（2006）将体验价值分为功能性、情感性和社会性价值三个层次型结构维度；郭红丽（2006）基于餐饮业探讨

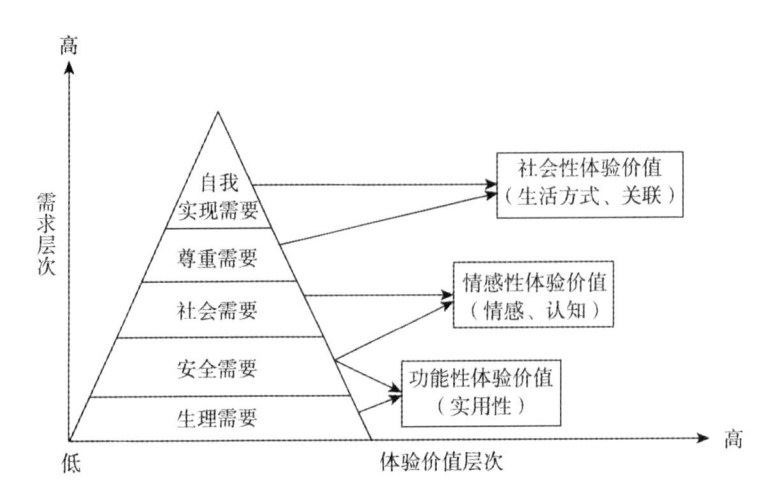

图 2-4 "层次型"体验价值结构维度模型

了层次型体验价值与顾客满意的内在关系;皮平凡和刘晓斌(2009)将体验价值分为功能性价值、情感性价值和盈溢效应三个维度,并认为功能性价值是指酒店产品的使用价值与顾客的感受价值,情感性价值主要包括形象、效应和关系价值等,盈溢效应作为体验价值的延伸是顾客购买后的价值评价与主动传播;徐虹、李秋云(2017)基于主题公园体验价值研究,将体验价值分为层次、极性、强度、时间性四个维度;彭晓东和申光龙(2016)基于层次体验模型虚拟品牌社区顾客体验价值,认为顾客体验价值可以分为功能、情感和社会体验价值。总之,"层次型"体验价值结构维度模型强调体验价值与顾客满意的内在关系,并基于服务业进行了实证研究,但忽视了时空差异性、变化规律与混合体验的作用规律。

上述三种体验价值的维度模型有所侧重,基于顾客主观感知的"感知型"体验价值结构维度模型,忽略了环境因素与顾客体验价值的客观联系;基于体验价值影响因素的"情境关联型"体验价值结构维度模型,忽视了体验价值的变化与顾客间关联的影响作用;基于马斯洛需求层次理论的"层次型"体验价值结构维度模型,强调了体验价值对顾客满意的作用机理,较为准确地反映了顾客需求层次及其差异性,忽视了时空差异性、变化规律与混合体验的作用规律。三种模型各有其侧重点，在具体研究中可选用合适的结构维度模型。

本书拟将"感知型"体验价值结构维度模型和"情境关联型"体验价值结构维度模型相结合，在强调顾客心理感知的基础上，结合乡村情境关联因素探讨乡村旅游体验价值。虽有国外学者探讨了产品体验价值量表的开发设计，但这些量表大多基于产品的功能性价值，然而，作为服务行业的旅游业，旅游者更关注情感性、社会性等体验价值，因此，仍需完善已有量表并继续开发适合旅游情境的新量表。总之，要深入探究乡村旅游体验价值与旅游者幸福感的关系，应首先厘清乡村旅游体验价值的结构维度及其价值结构体系，这是二者内在关系研究的基础。

三　旅游体验价值的影响因素

旅游体验价值是旅游者对其购买的旅游产品及服务的价值感知，这种价值感知往往受到多种因素的影响，其中，既包括旅游者个体的性格、身份、需求、情绪、心理状态等主观与个性化特质，又包括环境、价格、服务及态度、项目设计、活动构思等客观因素，旅游体验价值更多表现为受到主观与客观两方面因素的综合影响。以往学者基于不同研究视角，探讨了旅游体验价值的影响因素，学者们对于旅游体验价值影响因素的研究主要基于内部主观因素、外部客观因素和综合因素等视角进行探讨。

基于内部主观因素的探讨，学者们认为旅游供应商并不能直接决定旅游者的体验价值，它更多取决于旅游者的性格、身份等主观因素。这是因为旅游体验并非由旅游供应商预先安排并出售，而是旅游者在真实旅游过程中创造获得的（Mcintosh & Thyne，2005），旅游供应商只能提供体验平台，正如 Mcintosh 和 Siggs（2005）研究认为服务人员只能基于游客自身特点、社会认同与旅游计划帮助游客获得旅游体验，这就意味着旅游体验价值受多种因素影响，并与旅游者的情绪与情感、自身需求等社会心理状态息息相关，同时受到同属游客间人际互动和产品互动的影响。有些学者研究发现，旅游者的人口统计特征、个性特征、身份、性格等内部主观因素均会影响旅游者的体验价值（李丽娟，2012；周芳，2013）。总体而言，学者们对于体验价值主观影响因素的研究探讨仍较缺乏。

基于外部客观因素的探讨，学者们认为旅游体验价值受到旅游者感知的服务质量、旅游环境设施、旅游品牌形象、旅游景区产品供给与信息交流等因素的影响（李丽娟，2012）。此外，俞海滨（2005）在其研究中，基于外部客观影响因素认为环境、主题、服务、态度等是影响体验价值的重要因素；温韬（2009）研究发现促销、便利、价格正向影响顾客体验价值，预期质量负向影响顾客体验价值；李丽娟（2012）研究认为旅游景区供给与旅游信息交流影响旅游体验价值；皮平凡、关新华（2016）认为旅游地品牌是影响旅游体验价值的重要因素。

基于主观与客观因素综合影响的探讨，多数学者认为旅游体验价值受到内部主观因素（情绪、情感、人口统计特征、个性特征、身份、性格等）与外部客观因素（服务质量、环境设施、品牌形象、景区产品供给与信息交流）的综合影响。此外，周芳（2013）基于餐饮业的顾客互动研究，认为功利与享乐倾向、食品、环境与服务是影响顾客体验价值的重要因素；徐立红、黄正正、尹红（2016）基于O2O模式酒店消费情境，认为线上和线下体验、渠道收益和情感感知等因素综合影响顾客体验价值。

四 旅游体验价值与游客满意度、幸福感的相关研究

旅游者感知到的旅游体验价值的实现程度是影响游客满意度、幸福感的重要因素（Miniard，2001），旅游体验价值还会影响旅游者的购买意愿，可从游客满意度、幸福感获得等方面预测旅游者的口碑推荐或重购等行为意向（Yi，1990；Rese，Blieme & Eggert，2002）。通过系统梳理顾客体验价值结果变量的相关研究，本书发现前期研究成果大多基于实证研究，验证了顾客体验价值对游客满意度、幸福感等的正向影响。

（一）旅游体验价值与游客满意度的关系研究

旅游体验价值对游客满意度有正向影响。有些学者基于不同的研究

领域，验证了旅游体验价值对顾客满意度的正向影响。于锦华、张建涛（2015）基于温泉旅游的研究，探讨了功能性和享乐性体验价值显著正向影响游客满意度；杨艳、朱丽、石华瑀等（2016）以餐饮业为例，探讨了体验价值的服务属性对顾客满意度的影响，研究结果显示，餐饮业的核心和外围服务正向影响顾客满意度，体验价值起到中介作用；向坚持（2017）探讨了O2O模式体验价值的维度及其对游客满意度的影响作用，体验价值是由网站功能、酒店服务、成本和情感四维度构成，且四维度均影响顾客满意度（见图2-5）。

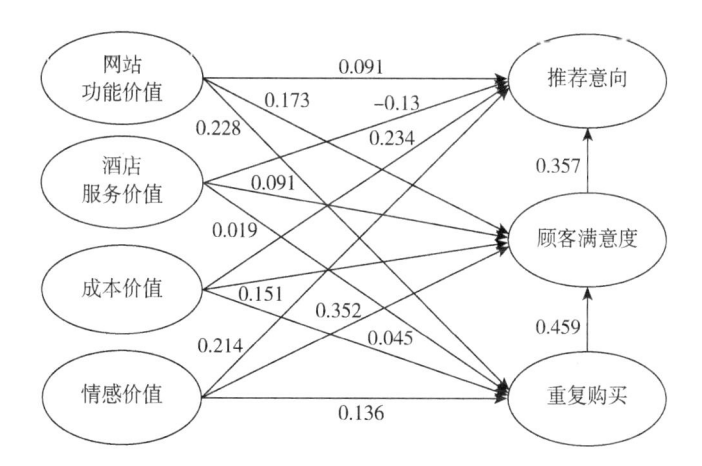

图2-5 酒店业O2O模式体验价值、顾客满意度与行为意向的关系模型

资料来源：向坚持（2017）。

此外，在其他研究领域，Kim和Lee等（2004）基于顾客的网购体验价值研究，认为顾客体验价值与其满意度显著正相关，并进而影响其忠诚度；蒋廉雄和卢泰宏（2006）研究认为顾客体验价值显著影响顾客满意度，但未验证顾客体验价值对顾客忠诚度的显著影响。

（二）旅游体验价值与旅游者幸福感的相关研究

旅游者对旅游体验价值的感知在一定程度上影响了旅游者的情绪、体验参与及意义获得。学者们对旅游体验价值与旅游者幸福感的关系做了一定的研究，Kim（2010）基于社会认知变量研究，探讨了旅游休闲感知与旅游者幸福感的内在关系，并认为内在社会认知变量（旅游者情绪体验、满意度）会影响旅游者的休闲感知，外在社会认知变量（休闲知识）与旅游者休闲感知呈正相关，且认为旅游者休闲感知与其幸福感显著相关；此外，陈怡琛、柏智勇（2017）基于森林游憩旅游者研究了旅游体验与旅游者幸福感的关系，并认为旅游体验对旅游者幸福感有正向影响；马鹏、张威（2017）基于服务接触理论研究了旅游体验价值对旅游者主观幸福感的影响，研究结果显示，情感性和社会性体验价值显著正向影响旅游者主观幸福感，而认知性体验价值对旅游者主观幸福感的影响不显著。

通过上述文献综述发现，旅游体验价值研究的结果变量主要有顾客满意度、忠诚度、行为意向、幸福感，且多数学者研究表明顾客体验价值对其满意度、幸福感有正向影响，但旅游体验价值对旅游者幸福感的影响研究较为缺乏。并且，不同研究领域相关变量的关系路径均有所不同，因此，需对旅游体验价值及其与游客满意度、旅游者幸福感的内在关系进行深入探讨。本书拟在深度访谈的基础上，采用扎根理论分析方法，探究乡村旅游体验价值的结构维度及其价值结构体系，并进行乡村旅游体验价值测量量表开发与验证，在此基础上，探讨乡村旅游体验价值与旅游者幸福感的内在关系，以及游客满意度对二者关系的中介作用。

五 研究小结

研究内容。以往学者对于旅游体验价值的研究主要包括旅游体验价值的内涵、测量维度、影响因素及其与游客满意度、旅游者幸福感的相关研究等方面。其研究内容较为广泛，涵盖旅游者对旅游产品功能、情感、价格、认知等多方面的体验与感受；但对于旅游体验价值的测量维度研究，学者们还未形成一致的划分方法，仍需基于不同研究问题继续探讨其测量维度；对于旅游体验价值影响因素的探讨，学者们也未能形成一致意见，主要基于内部主观因素、外部客观因素和综合因素等视角进行探讨；并且，在旅游体验价值相关研究上，旅游体验价值研究的主要结果变量为游客满意度、游客忠诚度、旅游者幸福感等，大多研究结果显示，旅游体验价值对游客满意度、游客忠诚度、旅游者幸福感有正向影响，但基于不同研究问题其影响路径有所不同。总之，旅游体验价值逐渐成为学者们关注的热点，并开始逐步深入探讨旅游体验价值各维度对结果变量各维度的影响。本书拟深入探讨乡村旅游体验价值的结构维度与测量，并深入探究乡村旅游体验价值各维度与旅游者幸福感各维度的影响关系。

研究方法。以往学者对于旅游体验价值的研究大多基于定性描述或辅之以访谈、问卷调查等研究方法，进行了大量的实证研究；但是，由于研究对象和研究样本的局限，仍有待进一步探讨其研究结果以及研究程序的普遍适用性。本书拟在借鉴前期研究方法的基础上，采用扎根理论分析方法，研究乡村旅游体验价值的维度与测量，并辅之以深度访谈、专家咨询、问卷调查等研究方法对其进行验证，然后，构建乡村旅游体验价值与旅游者幸福感内在关系的结构方程模型，并采用问卷调查等方法进行假设验证。

第三节 旅游者幸福感研究

幸福一直是人们追求的最佳生活目标，柏拉图认为"幸福是灵魂各部分达到有序、和谐、恰当状态时的产物"[①]，亚里士多德认为"幸福就是达到至善的境界"[②]。幸福感作为一种心理状态，是个体情绪状态、心理特征的体现，学者们基于认知理论、目标理论、自我决定理论等，逐步提出幸福感理论体系，而旅游者幸福感是幸福感理论在旅游研究领域的延伸，有关幸福和幸福感的前期研究成果为旅游者幸福感研究提供了可供借鉴的理论和实证基础。以往学者对于旅游者幸福感的研究主要集中在幸福感的内涵与分类、维度与测量、影响因素、旅游与幸福感的

---

① 柏拉图在其著作《理想国》一书中阐述了"幸福是一种和谐的状态，并从个人心灵的和谐亦即个人正义出发，认为幸福是个人灵魂的一种和谐状态。"董晨阳：《柏拉图幸福观浅析》，《戏剧之家》2014年第8期。

② "幸福由德性的实现活动构成，道德德性和理智德性都是灵魂之善。关于善的类型，亚里士多德认为可从外在的善、灵魂的善和身体的善三个维度来理解，并进一步认为只有灵魂的善才是最恰当意义上的、最真实的善。"陈庆超：《亚里士多德幸福观的论争与反思——基于"哲学—政治"张力的视角》，《哲学动态》2017年第10期。

相关研究等方面。

一 幸福感的内涵与分类

何为幸福感？学者们基于不同研究视角对其内涵和分类进行了探讨。Ryff、Singer 和 Love（2004）认为心理学视角下的幸福感研究主要基于"快乐论"或"实现论"进行探讨，快乐论关注积极情绪的最大化与消极情绪的最小化，而实现论则更加关注个体功能的健全与个体自我潜能的实现等。幸福感可以分为主观幸福感、心理幸福感与真实幸福感（见表2-5）。

表2-5　　　　　　　　　　　幸福感的内涵和分类

分类	研究者	内涵和分类	不同之处
主观幸福感	Diener（1999）	主观幸福感是个体积极和消极的情感体验以及对生活的认知评价	以"快乐论"为基础，更为关注个体积极情绪的最大化与消极情绪的最小化，以及对生活满意度的认知评价
	Kubovy（1999）；Mccabe, Johnson（2013）	幸福感主要由主观快乐构成，是个体通过评判生活事件的好坏，而产生愉快（积极情绪）或悲伤（消极情绪）的情感体验	
	Andrews（1976）；Hyelin, Seugwoo 等（2015）；陈晔，张辉等（2017）	基于情感视角，认为主观幸福感是个体对较多积极情绪和较少消极情绪的体验	
	Keyes & Waterman（1993）；Deci & Ryan（2008）；Vogt（2016）	主观幸福感水平较高的个体，往往具有较高的生活满意度，能较多地体验积极情绪，并能较少地体验消极情绪	
心理幸福感	Keyes & Waterman（1993）	个体基于单纯的快乐并不能获得心理的幸福，只有获得自身发展、实现自我价值并实现个人生活的意义，才能获得心理幸福感	以"实现论"为基础，更加关注个体功能的健全与个体自我潜能的实现；认为个体应充分发挥自身潜能并实现人生意义的完美体验
	Ryff & Singer（2008）	幸福感是个体与真实自我的相互协调，并在行为上展现出个体的真实潜力	

续表

分类	研究者	内涵和分类	不同之处
心理幸福感	Ryff & Keyes（1995）	心理幸福感主要是指个体的心理机能处于良好状态，能够完美实现个体的自我潜能，完成自我完善并实现自我成就	以"实现论"为基础，更加关注个体功能的健全与个体自我潜能的实现；认为个体应充分发挥自身潜能并实现人生意义的完美体验
	李双双、张永春等（2017）；连灵（2017）	幸福感不仅仅是快乐的获得，还包括个体充分发挥自身潜能并实现人生意义的完美体验；往往与能给个体带来成长的事件或活动相关，与个体愿意接受挑战并为之付出努力更相关	
真实幸福感	Seligman（2002）；Filep（2012）	认为愉悦的生活、美好的生活、有意义的生活是幸福生活的三种方式，并认为"真实幸福感"不仅包含享乐等愉悦生活的"积极情绪"，也包括沉浸在有意义的活动中，通过"体验参与"而"获得意义"	以"快乐论、自我实现论、流畅感理论"为基础，认为"真实幸福感"不仅包含愉悦生活的"积极情绪"，也包括通过"体验参与"而"获得意义"
	Peterson, Park & Seligman（2005）；张天问等（2014）	提出真实幸福感模型，认为幸福感不仅包含愉悦生活的享乐，也包括沉浸在可以实现目标的、有意义的活动中	

资料来源：笔者根据资料整理。

鉴于此，本书认为真实幸福感较全面地反映了乡村体验旅游者的幸福感特征，因此，旅游者幸福感是指旅游者在旅游活动中放松身心并减轻工作和生活压力，从而恢复精神状态并能获得较高的积极情感，并通过沉浸在美好的旅游生活中而获得某种意义或价值。基于此，本书将深入探讨乡村旅游体验价值与旅游者幸福感的内在关系，是对以往研究的补充与拓展。

二 幸福感的维度与测量

关于主观幸福感维度及测量的研究，学者们大致形成了一致认识，认为主观幸福感作为个体一定时期内自我状态与生活质量的主观评价，主要由积极情绪、消极情绪和生活满意度三个维度构成（Diener, Suh & Lucus, 1999; Gilbert, 2004）。此外，就时间维度而言，主观幸福感又分为恒常幸福感、境变幸福感和瞬时幸福感三个维度，其中，恒常幸福感是不随情境改变而改变的较为稳定的幸福感；境变幸福感是随情境改变而改变的心理状态；瞬时幸福感是某一时刻的暂时心理状态，并随情境改变而改变（Lischetzke & Eid, 2003）。

随着主观幸福感研究的深入，其测量方式不断完善。关于主观幸福感的测量主要基于生活质量和心理健康意义上的测量。（1）生活质量意义上的测量主要有整体生活满意度和具体生活满意度两方面，整体生活满意度既有单项目自陈量表（Eurobarometer, 2008），也有多维度量表，其中应用较为广泛的生活满意度量表是 SWLS 量表（Diener & Emmons, 1985）；具体生活满意度测量通常包括家庭、家人、工作、邻里、健康等方面（Chen, Lehto & Cai, 2013）。（2）心理健康意义上的测量，认为个体的幸福建立在心理健康的基础之上，Bradburn（1963）编制了包括 10 个题项的情感平衡量表（Affect Balance Scale），其中，5 个题项测量积极情感，5 个题项测量消极情感，用以推断个体幸福感状况。

关于心理幸福感的维度及测量研究，Ryff 等（1995）探讨了心理幸福感的多维度测量，并将心理幸福感分为自主性、个人成长、自我接受、生活目标、控制感和积极关系六个维度；Ryan 和 Deci（2001）将心理幸福感分为自我接纳、与他人的积极关系、机能自主、环境掌控、生活目标、个人成长六个维度。心理幸福感往往体现了个体自我实现、自我潜能的发挥、个性化特征以及阶段任务等。并且，Ryff 等在探讨心理幸福感维度的基础上，开发了六个维度的测量量表，每个维度包括 14 个测量题项，共有 84 个测量题项，用以测量基于实现论的个体心理幸福感，此量表被广泛采用。

关于真实幸福感的维度及测量研究，Seligman（2002）认为愉悦的生活、美好的生活、有意义的生活是幸福生活的三种方式，并以快乐论、自我实现论和流畅感理论为基础，提出"真实幸福感"（Authentic Happiness）的概念，Peterson、Park 和 Seligman（2005）提出"真实幸福感"模型，认为真实幸福感由快乐（积极情绪）、投入（体验参与）、意义（意义获得）三个维度构成，并编制了幸福导向量表[①]（The Orientations to Happiness Scale，OHS），该量表共包括18个测量题项，用以测量个体真实幸福感。后续学者对真实幸福感的研究大多沿用此维度划分，并采用幸福导向测量量表进行研究（Chen，2010；Filep，2012；周蜀溪，2013）。鉴于此，本书拟采用并适当修改 Peterson、Park 和 Seligman（2005）的"真实幸福感"模型，并借鉴其幸福导向量表（OHS）进行乡村体验旅游者幸福感测量研究。

三 幸福感的影响因素

影响个体幸福感的因素可以分为内部因素和外部因素，诸多学者对其进行了研究，并普遍认为影响幸福感的内部因素主要包括人格特质、遗传基因、思想状态、心态、气质、自尊等，外部因素主要有人口统计特征、经济、文化、生活、环境等，以往学者对其进行了深入研究和探讨（Diener & Oishi，2004；Steel，Schmidt & Shultz，2008；奉先武等，2010；Ettema 等，2011；Lee，Lin，Huang & Fredrickson，2012）。

关于影响幸福感的内部因素研究，Magnus 和 Diener（1991）基于纵向对比研究发现，人格特质对个体幸福感有重要影响；之后，Deneve 和 Cooper（1998）通过元分析的方法研究了137篇相关文献，研究结果显示，主观幸福感与神经质、外向性有较高的相关程度；Schimmack、Schupp 和 Wagner（2008）探讨了主观幸福感的三维度与人格特质的关系，认为人格特质与积极情绪、消极情绪的相关程度较高，与生活满意度的相关程度较低。并且，通过长期研究，学者们发现遗传基因也是影响幸福感的主要因素之一，有学者研究发现，遗传基因解释近40%的积极情绪变化、55%的消极情绪变化以及48%的生活满意度变化；但

[①] 幸福导向量表（The Orientations to Happiness Scale，OHS）由 Peterson、Park 和 Seligman（2005）编制，从积极情绪、体验参与、意义获得三个维度对幸福进行测量，每个维度均包括6个题项，形成共包括"我的生活有更高的价值""在选择做什么的时候，我总是考虑它是否会对其他人有益""我有责任把世界变成一个更美好的地方"等18个题项的测量量表。Peterson，C.，Park，N.，Seligman，M. E. P.，Orientations to Happiness and Life Satisfaction：The Full Life Versus the Empty Life，*Journal of Happiness Studies*，2005，6（1）：25–41.

生活环境对其积极情绪、消极情绪与生活满意度的解释均低于遗传基因。并且，个体心理状态、观念、自尊、气质等内部因素均会对幸福感产生影响（徐含笑，2010；尹鸾、冯成志，2012）。

此外，关于影响幸福感的外部因素研究，学者们广泛探讨了性别、年龄、职业、家庭关系、受教育水平、收入水平等人口统计特征以及旅游休闲等与幸福感的关系，并普遍认为人口统计特征以及旅游休闲等影响个体幸福感（Clark & Oswald, 1996; Lu, 2008; 阚洁琼、鞠嘉祎，2012）。

四 旅游与幸福感的相关研究

旅游与幸福感的相关研究起始于学者们对旅游活动与旅游者健康影响关系的关注。Milman（1998）首次验证了旅游活动与旅游者幸福感的关系，并详尽探讨了旅游对旅游者幸福感可能产生的影响。随后，有些学者研究了旅游度假对旅游者生活满意度、健康状况、睡眠、情绪的影响，并认为旅游度假不仅可以促进旅游者产生积极情绪、改善其睡眠质量、平复其不良情绪，还可在一定程度上改变旅游者身体不适状况（Strauss-Blasche, Ekmekcioglu & Marktl, 2000）。随着对旅游者幸福感研究的深入，有些学者使用纵向研究的方法，通过对旅游者游前游后幸福感测量的实证研究，对旅游与情绪、生活满意度、幸福感等的影响关系做了有益的探索。

旅游活动对旅游者幸福感有正向影响。有些学者认为旅游可提升游客积极情绪并减少其消极情绪，旅游者通过旅游度假可以获得愉悦的情感体验，并提升游客积极情绪，从而对其幸福感产生影响，旅游度假并未对旅游者生活满意度产生较大影响（Niininen, Gilbert & Abdullah, 2004）；但是，也有学者发现旅游活动可对旅游者生活满意度产生积极影响，并认为旅游度假应是生活满意度的测量维度（Dolnicar, Yanamandram & Cliff, 2012）；此外，有学者认为旅游活动对主观幸福感的提升主要是在生活满意度方面，而对旅游者的积极和消极情绪不产生影响（McCabe & Johnson, 2013）。

旅游活动对旅游者幸福感的影响程度。旅游对旅游者幸福感的影响程度是不同的，并且，基于不同的研究情境，二者之间的影响关系亦不同。有学者认为主观幸福感可以分为恒常幸福感、境变幸福感和瞬时幸福感三个方面（Lischetzke & Eid, 2003）；还有学者研究发现旅游活动后旅游者的恒常幸福感并无改变，而境变幸福感较之出游前水平有所提升（Chen, Lehto & Cai, 2013）。然而，旅游能够在多大程度上提升旅游者幸福感？Nawijn 和 Marchand 等（2010）通过旅游者与非旅游者幸福感的对比，以及旅游者游前与游后幸福感的对比分析，认为游前旅游者比非旅游者幸福感稍高，游后旅游者与非旅游者的幸福感并无不同，并将这种不同归因于旅游压力，并认为只有放松舒适的旅游环境才能让生活更幸福，与旅游时间的长短并不相关，通过旅游活动提升的旅游者幸福感只能持续两周便回到游前水平。

学者们基于不同的旅游者群体进行了旅游者幸福感研究，比如，McCabe、Joldersma 和 Li（2010）基于对低收入旅游家庭的调研，认为获得旅游资助的低收入家庭，其旅游活动对情绪有较高提升，对生活满意和人际关系的影响不大。并且，有些学者基于老年旅游者探讨了旅游对幸福感的提升，研究结果表明，旅游活动并未对老年人的幸福感产生较大影响，其游前与游后幸福感水平相差不大（Milman, 1998），这可能是因为老年人旅游活动参与度较低。但是，也有学者认为，由于游前旅游者对旅游活动充满期待，其幸福感会有一定程度的提升，然而，游后幸福感与游前差别不大（Nuninen, Gilbert & Abdullah, 2004；Nawijn, Marchand & Veenhoven, 2010）。

此外，许春晓、王亮（2007）探讨了我国城市幸福感水平不同的居民的出游意向，研究结果显示，幸福感较高的旅游者常结伴出游，而幸福感较低的旅游者常单独自驾出游，并认为旅游者出游意愿与其幸福感有关；蒋奖、秦明等（2011）研究了旅游休闲活动与旅游者主观幸福感的关系，认为旅游休闲活动能正向预测旅游者积极情绪及其生活满意度（见表2-6）；亢雄（2014）基于伦理心理学视角研究了旅游者幸福感，探讨了旅游与幸福的内在关系，构建了旅游者幸福感模型用以测量其幸福感水平；陈晔等（2017）探讨了游客互动对旅游者主观幸福感的影响,并通过实证研究验证了"同行者关乎己"。

表2-6　　　　　　休闲活动与主观幸福感的相关分析

统计指标＼休闲活动	运动休闲	艺术休闲	社交休闲	康乐休闲	总体休闲
负向情绪	0.04	0.03	-0.01	-0.01	0.02
正向情绪	0.21**	0.14**	0.26**	0.08	0.23**
生活满意度	0.16**	0.14**	0.17**	0.03	0.16**

注：** 表示 $p<0.01$。
资料来源：蒋奖、秦明等(2011)。

综上,学者们大多基于心理学、伦理学、社会学等学科领域,探讨旅游与幸福感的关系及影响作用(Lankford & Howard, 1994; Uysal, Sirgy, Eunju, et al., 2016)。在研究内容上,大多基于某一类型的旅游活动(如邮轮旅游、休闲活动、文化旅游等)探讨旅游与幸福感的关系(Hailin & Elsa, 1999; 郑华伟, 2016; 陈瑞霞、周志民, 2018); 在研究方法上,大多采用访谈和问卷调研法研究旅游与休闲对旅游者幸福感的影响。

五　研究小结

研究内容。以往学者对于旅游者幸福感的研究主要包括幸福感的内涵和分类、维度与测量、影响因素以及旅游与幸福感的相关研究等方面。学者们基于情感和认知两方面对幸福感的内涵和分类进行了研究；对于幸福感维度与测量研究,学者们大致达成一致的维度划分和测量方法,但仍需基于不同视角与研究内容继续探讨其维度与测量；对于幸福感影响因素的研究,学者们未能形成一致结论,主要基于内部因素和外部因素两方面对其进行探讨；并且,学者们进行了旅游与幸福感的相关研究,研究结果认为旅游活动对旅游者幸福感有正向影响,且部分学者对其影响程度进行了深入探究,此外,部分学者基于不同的旅游者群体进行了旅游者幸福感研究。总之,旅游者幸福感研究逐渐成为学者们关注的热点,并开始逐步深入探讨不同旅游产品对旅游者幸福感的影响,并基于如何提升旅游者幸福感探讨旅游产品的开发与设计。

本书通过以上对主观幸福感、心理幸福感和真实幸福感内涵、维度及测量的研究与比较，认为在乡村体验旅游情境下，旅游者通过对乡村旅游活动的体验获得积极情绪，并投入乡村体验旅游活动中，进行深入体验参与，从而满足旅游者亲近乡村自然、体验乡土文化、享受乡村美食、参与乡村生活、慰藉乡愁等需求，使旅游者了解乡村、喜欢乡村、依恋乡村，从旅游中获取生活的意义并慰藉心灵，从而提升幸福感。因此，乡村体验旅游者的幸福感与真实幸福感较为契合，本书拟采用真实幸福感探讨乡村旅游者幸福感，采用并适当修改 Peterson、Park 和 Seligman（2005）的"真实幸福感"模型来研究乡村体验旅游者幸福感。并且，基于以往学者对幸福感影响因素的研究，本书拟从人口统计特征和消费行为特征两方面，探讨乡村体验旅游者幸福感水平的差异。

研究方法。以往学者大多基于访谈、问卷调查等研究方法对旅游者幸福感进行实证研究，但由于研究往往局限于某一具体研究领域，比如邮轮旅游、文化旅游等，其研究结果的普适性仍有待进一步探讨。本书拟在借鉴前期研究方法的基础上，构建乡村旅游体验价值与旅游者幸福感内在关系的结构方程模型，并采用问卷调查等方法进行假设验证。

第四节 游客满意度研究

Cardozo（1965）提出客户满意的概念，学者们开始深入探讨顾客满意度模型与测评方法。并且，瑞典、德国、美国等国家已建立了顾客满意度指数体系[①]，以顾客需求为导向并力求实现顾客满意。这说明顾客满意研究已在学界和业界、理论研究与实践应用领域引起了足够的关

---

① 顾客满意度指数（Customer Satisfaction Index，CSI）是测量顾客满意程度的经济指标，通过建立模型并进行计算而获得指数，以评价顾客对企业产品及服务的满意程度。其最先由瑞典建立，德国、加拿大等全球 20 多个国家和地区均建立了顾客满意指数模型。其测评指标包括 4 个层次：一级指标为"顾客满意度指数"；二级指标为"顾客期望、顾客感知质量、顾客感知价值、顾客满意、顾客抱怨、顾客忠诚"；三级指标根据不同行业、企业及产品与服务的特点基于二级指标展开而得到；四级指标是问卷上形成的具体题项。我国满意度指数（CCSI）测评体系，由预期质量、感知产品质量等 7 个指标组成。

注与重视。20世纪70年代，对于顾客满意的探讨拓展至旅游研究领域，学者们开始探究游客满意度的相关问题（Pizam et al.，1978）。以往学者对于游客满意度的研究主要集中在游客满意度的内涵、测量与评价、影响因素及形成机制等方面，也有部分学者探讨了游客满意度与旅游者幸福感的关系（刘福承、刘爱利、刘敏等，2017）。

一 游客满意度的内涵

何为游客满意度？游客满意度内涵的界定是其维度划分与测量研究的基础，学者们基于期望视角、体验视角、社会交换视角等对游客满意度进行了界定与剖析。基于期望视角，有学者认为游客满意度是游客将自身对旅游目的地的期望与真实旅游体验进行比较，若真实体验评价达到或超过游客期望值，游客则会较为满意；否则，游客会感到不满意（Pizam，1978）。K. Chon（1989）也证实了此类结论，认为游客满意度是一种吻合度，这种吻合度取决于旅游者旅游期望与真实体验的比较评价结果，游客往往会将游前对旅游地的感知评价与旅游体验结果进行对比，以确定自己是否满意。

此外，基于体验视角，有学者认为游客满意度取决于旅游者对期望休闲体验与真实休闲体验的感知差异，以及旅游者对实现期望体验的阻碍因素的认知与评价，并且，旅游者还会将当前旅游体验与以往旅游体验进行对比，比较结果往往会影响游客对旅游地的满意程度（Francken Raaij，1981）；Bosque等（2008）认为游客满意度是游客旅游体验后的认知和情感状态。并且，基于社会交换视角，Swan等（1981）认为旅游者会将自身的旅游投入与感知到的"旅游产出"进行比较，若旅游投入与旅游产出相符，旅游者就会感到满意感，若不相符则不满意，以此解释游客满意度的产生原因。此外，Pearce、Moscardo（1985）研究了跨文化的游客满意度，认为游客满意度与东道主和旅游者的价值体系是否契合相关，若契合则满意；若不契合，则会使旅游者产生压抑、焦虑等不满意状态。

也有学者进行了游客满意度的细分研究，Yuksel等（2008）认为游客是从总体、维度和产品服务满意度3个层面评价旅游体验的;Nam等(2011)将游客满意度分为整体满意度和短暂满意度,前者是指旅游结束后游客对旅游服务的评价,是一种相对稳定的整体态度,短暂满意度是指旅游过程中游客对活动或服务的评价,并随旅游体验而变化。综上,本书的游客满意度是指游客将旅游期望与真实旅游体验进行比较后而感知的满足程度。

二 游客满意度的测量与评价

如何评价和测量游客满意度是提升旅游产品质量与服务品质并发展优质旅游的关键。以往对游客满意度的测量研究,学者们主要采用服务质量测量量表、重要性绩效分析、综合模糊评价、灰色关联分析等方法,相对而言,游客满意度测量大多基于某一案例地进行研究,研究成果较为分散。

Pizam(1978)最早进行了游客满意度测量研究,基于海滨旅游探讨了影响游客满意度的因子:成本、海滩、住宿、餐饮、游憩、旅游环境、好客度、商业化程度等;Lee等(2005)基于"不满意/满意、不高兴/高兴"两个维度对游客满意度进行测量;在Lee等(2005)的基础上,Duman(2005)在其研究中增加"失意/满意、糟糕/愉快、低于/超过我的预期、比我想象的更糟/更好"4个维度测量游客满意度;Bosque等(2008)从情感(我非常开心)、认知(我做了一个明智的选择)、需求满足(满足了我的需求)等方面测量游客满意度;Moital等(2013)通过单一问题对游客满意度进行调查,用1—10的分值衡量游客满意度。

对于游客满意度的测评指标研究,Akama(2003)构建了服务质量评价模型对肯尼亚Tsavo West国家公园的游客满意度进行测量;Joaquin Alegre(2010)基于阳光海岸度假地研究,探讨并评价了旅游地的游客满意因素和不满意因素;Laurie Murphy(2011)分析评价了游客购物体验的满意度;Buckley等(2012)基于对中国大陆漂流旅游的研究,采用安全性、刺激性、舒适性等11项测量指标对游客满意度进行测量;Chen

（2014）基于对餐饮连锁案例的实证研究提出 QPA（Quality-Performance Analysis）模型，对游客满意度进行测量；H. Lee（2008）基于 IPA（Importance-Performance Analysis）模型评价了韩国动物园的游客满意度。

此外，连漪、汪侠（2004）基于美国顾客满意指数体系构建了游客满意度指数评价模型（TDCSI）；汪侠、顾朝林、杨虎（2005）对 TDCSI 模型进行了修正，构建并验证了旅游景区游客满意度指数模型（TACSI）；董观志、杨凤影（2005）基于模糊综合评价法构建了包括 11 个测评指标的游客满意度测评指标体系；南剑飞、李蔚（2008）基于灰色系统理论评价了旅游景区游客满意度；田坤跃（2010）采用三角模糊评价理论评价了游客满意度的影响因素；伍百军（2016）基于 IPA 分析法并以大王山旅游为例，研究了游客满意度评价的 31 个指标，通过 IPA 分析将其定位到优势维持、适当过渡、积极提升和继续改善区域 4 个象限；罗慧敏、喻忠磊、张华（2016）基于美国顾客满意度指数模型，以文创旅游地为例构建了游客满意度评价指标体系；万红莲、张咪和宋海龙（2017）探讨了宝鸡市重点景区游客满意度的测量与评价。游客满意度测量方法与测评指标体系研究的不断深入，为本书游客满意度的测量提供了研究基础；卢松、吴霞（2017）通过写生核心吸引物、专门管理与服务、写生氛围、公共服务设施、写生环保设施、食宿设施六因子评价了古村落旅游地游客满意度；马天、李想和谢彦君（2017）探讨了旅游体验中游客满意度的测量，并通过访谈和参与观察认为游客预测性期望并不总是存在，游客体验互动、收益与牺牲比较、与以往经验的比较等均与满意度有关，应予以测量，还应测量诸如情感体验等游客体验满意度。

三 游客满意度的影响因素与形成机制

游客满意度的形成受到多种因素的综合影响，以往学者从游客感知价值、期望、情感、价格、旅游动机、旅游地形象、感知质量、期望差异、营销、服务等方面对游客满意度的影响因素进行了深入探讨（Anderson，1973；Gallarza & Saura，2006；Moital & Dias，2013；Jo，2014；

Woo & Kim，2015；刘福承等，2017）。并且，有些学者构建了影响机制模型探究多种因素对游客满意度的影响机制（Yoon et al.，2005；Bosque et al.，2006；Lu et al.，2015）。

（一）游客满意度的影响因素

游客满意度影响因素研究已引起学者们的广泛关注，学者们做了大量细致深入的研究，并取得了丰富的研究成果。首先，感知价值是游客基于对旅游体验的感知，从旅游投入和产出的角度对旅游活动进行的认知评价（Zeithaml，1988）。有些学者深入研究了感知价值对游客满意度的影响，大多研究证实感知价值正向影响游客满意度（Chiu et al.，2016；Woo & Kim，2015）。Gallarza 等（2006）通过感知价值的多维度构建，验证了其对游客满意度的正向影响；Chiu 等（2016）研究认为感知价值不仅影响游客满意度，而且会影响游客环境责任行为。

其次，旅游期望应是游客是否满意的重要衡量标准，游客往往根据自己的旅游期望对旅游体验做出评价。Bosque（2008）研究发现游客的期望与游客满意度正相关，高期望与高游客满意度正相关。此外，学者们还研究了情感、价格、旅游动机、旅游地形象、感知质量、国别等其他因素对游客满意度的影响作用。在情感影响因素方面，Organ 和 Koenig-Lewis 等（2015）基于美食节顾客的研究，认为顾客积极与消极情绪会对其满意度产生影响；在感知质量影响因素方面，Eid 和 El-Gohary（2015）通过实证研究证实了功能价值正向影响游客满意度；在旅游地形象影响因素方面，Lu、Chi 和 Liu（2015）基于历史街区景区的研究，认为旅游目的地形象正向影响游客满意度；在旅游动机影响因素方面，Hsieh 和 Chang（2006）基于对台湾游客的研究，探讨了游客动机与游客满意度的内在关系；此外，周杨、何军红、荣浩（2016）等探讨了乡村旅游游客满意度的影响因素，认为乡村旅游环境的游客满意度最高，然后依次为支持系统、吸引物、旅游服务、投诉便利性等。

总之，根据上述游客满意度影响因素的分析，可将影响游客满意度的因素分为游前因素（旅游期望、旅游动机、旅游营销、旅游地形象等）、游中因素（旅游体验感知价值、情感、价格等）与游后因素（感知质量、期望差异比较、体验回忆等）三个方面，这些因素对游客满意度均有不同程度的影响。

(二) 游客满意度的形成机制

在研究游客满意度影响因素的基础上,以往学者构建了游客满意度影响机制模型,探讨了游客满意度的形成机制。比如,Yoon 等(2005)构建并验证了旅游动机对游客满意度的影响机制模型(见图 2-6);Bosque 等(2008)基于对旅行社的研究,验证了期望正向影响游客满意度(见图 2-7)。

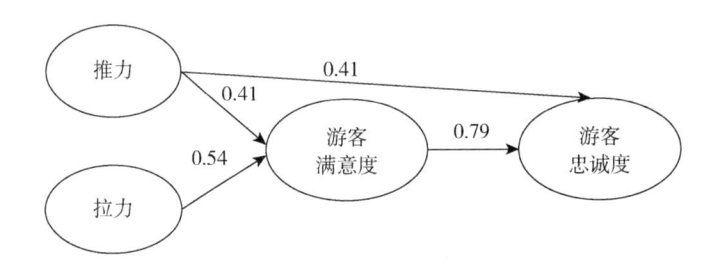

图 2-6 旅游动机对游客满意度的影响机制模型

资料来源:Yoon et al.,(2005)。

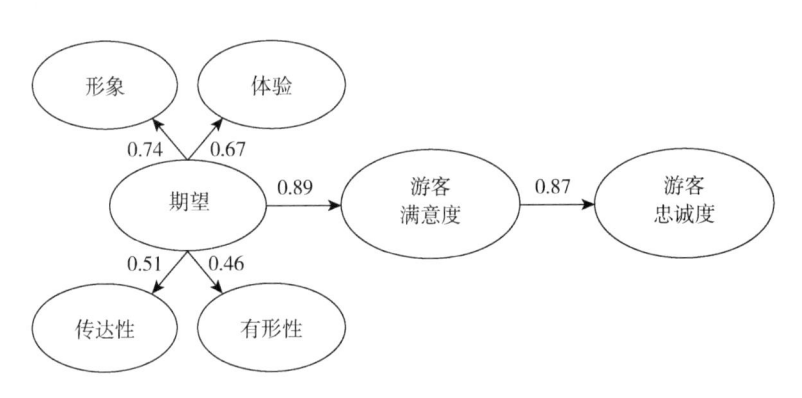

图 2-7 期望对游客满意度的影响机制模型

资料来源:Bosque (2008)。

此外,有些学者基于案例地的实证研究,探讨了游客满意度的形成机制模型。Jo 等(2014)基于韩国韩屋宾馆的研究,认为服务质量与感知价值等会对游客满意度产生影响(见图 2-8);Lu 等(2015)构建并验证了旅游地形象对游客满意度的影响机制模型；钟士恩、章锦河等（2016）基于江南水乡的实证研究，从资源价值、旅游功能、心理满足、场所环境、负面评价 5 个维度，探讨了游客满意度的影响机制模型，并认为资源价值对游客满意度的影响最大，其次为场所环境、旅游功能、心理满足、负面评价等维度；蔡秋阳、高翅（2016）基于结构方程模型并以园林博览园为例，研究表明社会与文化环境、感知价值、交通便捷程度、文化娱乐活动、水景等因素共同影响游客满意度。

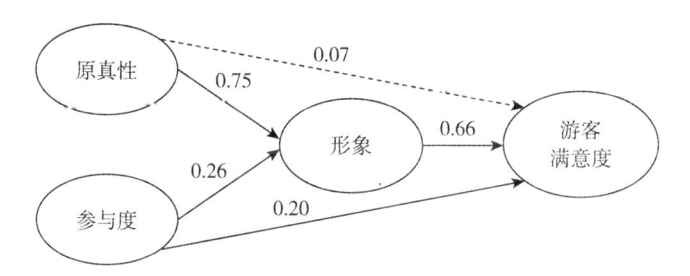

图 2-8　服务质量与感知价值对游客满意度的影响机制模型

资料来源：Jo（2014）。

总之，游客满意度的形成受到多种因素的综合影响，以往学者较为关注感知价值对其影响作用的研究，并将感知价值细分为不同维度，研究各维度诸如功能价值、认知价值、情感价值、社会价值等对游客满意度的影响作用。本书拟探讨乡村旅游体验价值感知对游客满意度的影响，前期有关游客满意度影响因素与形成机制的探讨，为本书研究的开展提供了可以借鉴的研究成果。

四　游客满意度与旅游者幸福感的相关研究

以往学者在对游客满意度结果变量以及旅游者幸福感前置变量进行研究时，均对游客满意度与旅游者幸福感的相关研究做了一定程度的探索。学者们认为游客满意度的结果变量主要包括旅游者幸福感、游客忠诚度、重游及其他行为意愿等，并通过实证研究证实游客满意度对旅游者幸福感、游客忠诚度、重游及其他行为意愿等具有正向影响（汪侠、梅虎，

2006；金锡钟，2017）；并且，影响旅游者幸福感的诸多因素中，游客满意度至关重要。在以往的研究中，学者们最初探讨了旅游经历、动机等对游客满意度的影响（Crompton，1979），随着研究的深入，学者们开始探究游客满意度对其生活满意度及幸福感的影响（Neal，et al.，2004）。

Iso-Ahola（1980）研究发现，游客满意度与旅游者幸福感正相关，且游客满意度越高，旅游者幸福感越强；Mannell（1997）研究认为个体满意程度与其生活幸福感息息相关，个人越满意，生活幸福感也就越高；此外，黄蓉蓉（2015）探究了外溢理论视角下的旅游涉入度、游客满意度与旅游者幸福感的关系，并通过实证研究证实了游客满意度对旅游者幸福感的正向影响；金锡钟（2017）基于中老年人旅游研究，探讨了游客满意度与幸福感之间的关系，并认为游客满意度正向影响旅游者幸福感。

总之，以往学者对游客满意度与旅游者幸福感的关系做了一定程度的探讨，但仅有部分学者探究了游客满意度对旅游者幸福感各维度的影响，研究不够细致深入。本书拟探讨游客满意度对旅游者真实幸福感的三个维度即积极情绪、体验参与、意义获得的影响。并且，以往学者对游客满意度的相关研究，大都将其作为中介变量，研究游客满意度对原因变量与结果变量关系的中介传导机制。本书以前期相关研究为基础，探讨游客满意度对乡村旅游体验价值与旅游者幸福感关系的中介作用，是对以往研究的补充与延伸。

五 研究小结

研究内容。以往学者对于游客满意度的研究主要集中在内涵、测量与评价、影响因素及形成机制等方面，也有部分学者进行了游客满意度与旅游者幸福感的相关研究。游客满意度内涵的界定是其维度划分与测评的基础，学者们基于期望视角、体验视角、社会交换视角等对游客满意度进行了界定与剖析，但未形成一致的内涵界定，并有部分学者进行了游客满意度的细分研究。对于游客满意度的测评研究，学者们大多基于某一案例地采用服务质量测量量表、重要性绩效分析、综合模糊评价、灰色关联分析等方法进行研究，研究成果较为分散。游客满意度的形成受到游客感知价值、期望、情感、价格、旅游动机、旅游地形象、感知质量、期望差异、营销、服务等多种因素的综合影响,以往学者对游客满意度的影响因素进行了深入探讨,并构建了影响机制模型,但未能形成一致意见。对游客满意度结果变量以及旅游者幸福感前置变量进行研究时,学者们对游客满意度与旅游者幸福感的相关研究做了一定程度的探索,且大多研究结果显示,游客满意度对旅游者幸福感有正向影响,部分学者开始探讨游客满意度对旅游者幸福感各维度的影响。并且,学者们大都将游客满意度作为中介变量,研究其对原因变量与结果变量关系的中介传导机制。本书在探讨乡村旅游体验价值对游客满意度影响的基础上,探讨游客满意度对旅游者真实幸福感三维度(积极情绪、体验参与、意义获得)的影响,从而进一步探讨游客满意度中介乡村旅游体验价值对旅游者幸福感的影响。

研究方法。以往学者对于游客满意度的研究大多基于访谈、问卷调查等研究方法,进行了大量的实证研究。此外,在研究游客满意度测评时,有些学者采用了综合模糊评价、灰色关联分析等研究方法。本书拟在借鉴前期研究方法的基础上,采用问卷调查、专家咨询、文献分析等研究方法,通过结构方程模型的构建与验证,检验游客满意度对旅游者真实幸福感的影响,以及游客满意度对乡村旅游体验价值与旅游者幸福感关系的中介作用。

第五节 地方依恋研究

基于地方理论和依恋理论,学者们认为人与某个特定环境(地方、家、城市、目的地等)之间存在情感联结,提出地方依恋(Place Attachment)理论。地方依恋理论的发展受到地理学和环境心理学的影响,Tuan(1974)提出"恋地情结"(Topophilia)[①]的概念,他认为人

---

① "恋地情结是指人与地方之间的情感联结,是人对地方认知后形成的依赖、依恋与归属情感,这种情感联结表现为人对地方的关系、感知、态度、价值观和世界观的总和。"Tuan, Yi-Fu, *Topophilia*: *A Study of Environmental Perception*, *Attitudes*, *and Values*, New York: Columbia University Press, 1974, pp. 28 – 117.

与地方之间总是存在某种特殊的依恋；之后，Relph（1976）认为人们对地方会产生综合的情感反应即"地方感"（Sense of Place），既包括依恋的积极情感，也包括厌恶的消极情感；在此基础上，Williams和Roggenbuck（1989）提出了"地方依恋"的概念，地方依恋作为人对地方的积极情感联系，是个体对地方归属感的体现。以往对地方依恋的研究主要集中在地方依恋的内涵、维度与测量及其相关研究等方面。

一 地方依恋的内涵

对于地方依恋内涵的研究，学者们基于地理学、环境心理学、旅游休闲学等研究领域，取得了较多的研究成果。在早期研究中，地理学者往往用"地方感"而环境心理学者用"地方依恋"表示"个体与特定地方的情感联结"，因此，地理学者对"地方感"的概念表述与环境心理学者对"地方依恋"的概念表述基本一致。但随着研究的不断深入，学者们认为地方感应是包含了依恋与厌恶两种情感的综合情感反应，地方依恋则仅指个人与地方的积极情感联系，来源于人在地方的各种经历及参加的各种活动，并最终形成了人对地方的依恋情感（Gerard Kyle et al.，2003；Lee & Shen，2013）。

并且，基于不同研究领域，对于地方依恋内涵的理解不同，比如，社会学者往往较多关注地方的象征意义与社会环境的关系；人类学者则较多研究地理环境与人们日常生活的关系；在旅游休闲研究中，对地方依恋内涵的解释大多与环境心理学者一致。黄向、保继刚等（2006）最早将"地方依恋"（place attachment）引入国内旅游研究领域，并最早译为"场所依赖"，地方依恋理论在旅游休闲研究中备受关注并广泛应用。

随着地方依恋研究的不断发展，学者们对其内涵进行了深入研究，Hummon（1992）认为地方依恋是个体对地方的情感涉入与归属感；Moore和Graefe（1994）认为地方依恋代表了个体对地方的认同与评价；Bricker和Kerstetter（2000）认为地方依恋作为个体情感的归属，取决于个体感知到的与地方相结合的程度。Gieryn（2000）认为地方依恋是人与地方的某种联系，这种联系基于情感、认知和实践等因素，且情感因素处于首位，此内涵界定使用较为广泛。结合以往学者对地方依恋内涵的探讨，本书认为乡村体验旅游情境下的地方依恋是指旅游者基于情绪和感觉等个体情感，在思想与知识上对旅游地"乡村性"和"地方性"进行认知，并在实践中参与乡村体验旅游活动，通过行为与行动进一步强化旅游者与乡村的联系，最终形成旅游者对乡村的认同、归属与依恋。

二 地方依恋的维度与测量

（一）地方依恋的维度

在界定地方依恋内涵的基础上，学者们基于不同的研究视角与研究对象，对地方依恋的维度划分进行了深入探讨。总结以往学者的研究成果，地方依恋的维度划分主要有"二维分法"和"多维分法"，但仍以"二维分法"为主。

在旅游与休闲研究领域，多数学者认为地方依恋主要由地方认同和地方依赖两个维度构成（Williams，1992；Gross & Brown，2008；Hwang et al.，2005；黄向、保继刚，2006；Lee，2013）。"二维分法"从情感性（地方认同）和功能性（地方依赖）两方面研究地方依恋。地方认同从情感性出发，反映了旅游者身份与旅游地物理环境之间的关系，是指旅游目的地的物理或象征属性通过旅游者的旅游休闲体验，引起旅游者的积极认同，从而提高旅游者对旅游地的归属感，并且促使旅游者表达认同感、确认认同感（Prayag & Ryan，2012）；地方依赖从功能性出发，是指旅游者对旅游目的地功能性的依赖，反映了旅游目的地需提供必要条件以帮助旅游者参与休闲活动，体现了旅游目的地帮助旅游者达成其旅游目的的重要性（Kyle & Chick，2004）。也就是说，当旅游者对旅游环境感到安心并认为是积极便捷的，旅游者便较容易形成地方依赖，然而，旅游者往往需要较长时间才能形成对旅游地的地方认同（Moore & Graefe，1994）。

有些学者探讨了地方依恋的多维度划分，有学者将地方依恋分为地方依赖、地方认同和生活中心性三个维度（Bricker & Kerstetter，2000）；还有学者探讨了地方依恋的四维度划分，将地方依恋划分为地方依赖、地方认同、情感依恋和社会联结四个维度（Brocato，2006；Wynveen & Kyle，2012）；并且，Hammitt 和 Stewart（1996）基于情感的强度以及情感与特性之间的关系将地方依恋划分为地方熟悉、地方归属、地方认同、地方依赖、地方根深蒂固五个维度，并且五个维度均是从情感性出发，反映了个体对地方的情感程度；此外，也有学者探讨了地方依恋的人—过程—地方三维结构模型（Scannell & Gifford，2010），并认为地方依恋整合了旅游者与旅游环境之间的多种互动，是建立在旅游者与旅游地之间的情感联结，且旅游地对旅游者而言有特殊意义，可给旅游者带来控制感与安全感。从对旅游地的积极情绪感受到对旅游地产生认同，再到愿为旅游地做出贡献，旅游者会对旅游地表现出不同层次的依恋（Marcheschi，Laike，Brunt，Hansson & Johansson，2015）。

（二）地方依恋的测量

基于地方依恋内涵的界定与维度的划分，学者们根据不同的研究情境探讨了地方依恋量表的开发。Williams 等（1992）基于活动涉入的探讨，开发了二维度构面的地方依恋李克特量表；Williams（2000）开发了基于地方认同与地方依赖两个维度、共 20 个题项的地方依恋量表，此李克特量表较具代表性（见表 2-7）；之后，Williams 和 Vaske（2003）基于森林旅游研究情境，开发了包括 12 个测量题项的地方依恋量表，并被广泛采用（Wynveen，Kyle & Sutton，2012；Cheng & Wu，2015），王坤和黄震方等（2013）、陆敏等（2014）、万基财和张捷等（2014）等，都在其研究中采用了 Williams 和 Vaske（2003）开发的地方依恋量表。此外，Kyle（2003）基于登山旅游研究，开发了包括 8 个测量题项的地方依恋量表；并且，Gerard Kyle（2004）基于活动涉入研究，开发了包括 12 个测量题项的地方依恋量表。本书拟在前期量表开发研究的基础上，借鉴以往学者开发的量表来设定本书测量题项，并通过问卷调查对其进行实证检验。

表 2-7　　　　　　　　　　Williams 地方依恋量表

编号	测量题项	
	地方认同	地方依赖
1	对我来说，这里很有意义	没有地方可以与这里相提并论
2	我对这个地方有很强的依附感	我更加满意去过的其他地方
3	我对这个地方非常认同	没有其他地方比在这里做事还重要
4	对我来说，这里很特别	我不会在其他地方参与此类活动
5	来这里之前我想了很多	这里最适合我做喜欢的事情
6	对我来说，这里已是我生命的一部分	这里最适合我做喜欢的休闲活动
7	参观完这里，我对自己更加了解了	这里最适合我做想做的事情
8	如果可以，我希望在这里停留较长时间	在其他地方从未有过在这里的感觉
9	这里就是为我而存在的	这里是我空闲时间最喜欢来的地方
10	以后生活中我会常忆起此地	这里做的事情和其他地方一样

资料来源：Williams（2000）；笔者根据资料整理。

三　地方依恋与旅游体验价值、游客满意度、幸福感的相关研究

以往学者对地方依恋的相关研究主要集中在对其影响因素与影响后果的探讨上。有些学者基于旅游者视角探讨了地方依恋的前置变量，如旅游动机、旅游者专业化程度、旅游地品牌以及旅游者旅游体验价值等。研究结果表明，旅游动机、旅游者专业化程度、旅游地品牌以及旅游者旅游体验价值均对旅游者地方依恋有正向影响（Bricker & Kerstetter，2000，Kyle & Mowen，2004；张春晖、白凯，2011；赵宏杰、吴必虎，2012）。此外，有些学者探讨了地方依恋的结果变量，如旅游者游后行为意向、消费意愿、环境责任行为、幸福感等。研究结果表明，旅游者地方依恋对游后行为意向、消费意愿、环境责任行为、幸福感等均有正向影响（Williams & Vaske，2003；范钧等，2014）。

比如，Wynveen 等（2012）研究发现，当地方对个人而言变得重要且有特殊意义时，个人会对地方产生依恋，并会在情感和行为上对地方意义产生独特反应；汤澍等（2014）研究了休闲、游憩和地方依

恋的关系，并认为深度休闲正向影响地方依恋，由此说明，旅游休闲对旅游者地方依恋有正向影响；贾衍菊、林德荣（2016）探讨了旅游者服务感知、满意度、地方依恋与忠诚度的关系，基于厦门的实证研究证实了游客满意度正向影响旅游者地方依恋，并认为地方依恋中介满意度对忠诚度的影响；贾衍菊、林德荣（2017）探讨了目的地品质与游客满意度、忠诚度的关系，研究结果表明，目的地品质正向影响地方依恋与游客满意度，并且地方依恋与游客满意度中介目的地品质对游客忠诚度的影响；此外，余意峰、张春燕等（2017）基于湖北恩施的探讨，研究了旅游者原真性感知、地方依恋与游客忠诚度的关系，并认为旅游者原真性感知正向影响地方依恋与游客忠诚度，并且地方依恋两维度即地方依赖与地方认同正向影响游客忠诚度（见图2-9）。

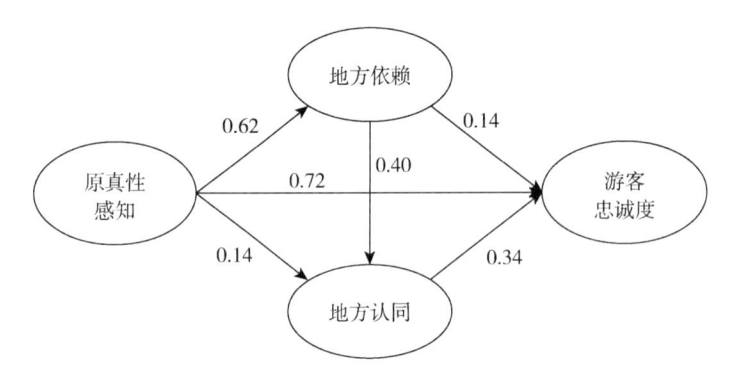

图2-9 旅游者原真性感知、地方依恋与忠诚度关系模型

资料来源：余意峰、张春燕等（2017）。

综上，以往学者对地方依恋的相关研究，大都将其作为中介变量研究地方依恋对原因变量与结果变量关系的中介传导机制。本书以前期相关研究为基础，探讨地方依恋对乡村旅游体验价值与旅游者幸福感关系的中介作用，并探讨地方依恋对游客满意度与旅游者幸福感关系的中介作用，是对以往研究的补充与延伸。

四 研究小结

研究内容。以往学者对于地方依恋的研究主要集中在内涵、维度、测量及相关研究等方面。学者们基于地理学、环境心理学、旅游休闲等研究领域，探讨了地方依恋的内涵，并对其进行了维度划分，主要包括"地方依赖"和"地方认同"两个维度的"二维分法"，有些学者还进行了多维度划分，多数学者在其研究中采用了"二维分法"；对于地方依恋的测量研究，学者们基于不同研究情境开发了测量量表，研究成果虽具代表性但较少且分散。关于地方依恋的相关研究，学者们深入探讨了地方依恋的影响因素与影响后果，且大多研究结果显示，旅游活动及服务感知对地方依恋有正向影响，且地方依恋正向影响旅游者游后行为。并且，学者们大都将地方依恋作为中介变量，研究其对原因变量与结果变量关系的中介传导机制。本书在探讨乡村旅游体验价值对地方依恋影响的基础上，探讨地方依恋对旅游者真实幸福感三维度（积极情绪、体验参与、意义获得）的影响，从而进一步探讨地方依恋对乡村旅游体验价值与旅游者幸福感关系的中介作用。

研究方法。以往学者对于地方依恋的研究大多基于访谈、问卷调查等研究方法，进行了大量的实证研究。本书拟在借鉴前期研究方法的基础上，采用问卷调查、专家咨询、文献分析等研究方法，通过结构方程模型的构建与验证，检验地方依恋对旅游者真实幸福感的影响，以及地方依恋对乡村旅游体验价值与旅游者幸福感关系的中介作用。

第六节 旅游涉入研究

基于心理学研究视角，Sherif 和 Cantril（1947）在其研究成果《自我涉入心理学：社会态度和识别》中提出社会判断理论和自我涉入概念，认为涉入是个体心理行为的准则，这是涉入（involvement）理论的最早来源。Krugman（1965）基于营销学研究视角，用"涉入"概念解释电视广告的效果。Rothschild（1984）认为"涉入"具有驱动性，是由情境激发的潜在动机状态，此状态受内部因素与外部因素的共同作用。Zaichkowsky（1985）基于个体需求、价值观与兴趣状态，认为涉入是个体对事物重要程度及关联程度的感知，此解释被广泛接受。之后，涉入理论逐步拓展到消费者行为研究领域，基于旅游者行为视角，Selin 和 Howard（1988）最早将旅游涉入理论应用于旅游研究领域，使旅游涉入逐渐受到学者们关注。以往学者对旅游涉入的研究主要集中在旅游涉入的内涵、测量、影响因素等方面，也有部分学者探讨了旅游涉入度与旅游体验价值、旅游者幸福感、游客满意度的相关研究。

一 旅游涉入的内涵

关于旅游涉入内涵的界定，学者们基于"旅游""休闲""游憩""活动"等概念进行了大量研究，但由于研究视角不同，学者们对旅游涉入的内涵并未形成一致认识。Bryan（1977）通过对鳟鱼钓客行为的研究，认为游憩活动的价值与个体涉入程度相关，但仅用了"参与"的概念解释个体涉入行为。在旅游研究领域，随着涉入理论的广泛应用，Selin 和 Howard（1988）认为涉入是指个体参与旅游休闲、游憩活动时，通过参与并投入活动而获得的愉悦与自我表现程度。之后，Havitz 和 Dimanche（1990，1997）认为旅游涉入是指个体对旅游、休闲与游憩活动的思考在其行为上的反映，这些行为是由旅游休闲产品及活动引发的，并且是基于旅游者动机或兴趣的个体潜在的心理状态，此定义被广泛采用。以往学者有关旅游、休闲、游憩、活动等涉入的界定，大多以 Havitz 和 Dimanche（1990，1997）的旅游涉入定义为基础，并根据研究所需进行适当修正。

此外，我国学者在对旅游涉入的内涵进行研究时，大多沿用了国外学者的定义。张宏梅、陆林（2010，2011）等在研究旅游涉入时借鉴了 Havitz 和 Dimanche（1997）对旅游涉入内涵的界定；雷嫚嫚（2013）在其研究中，综合了 Zaichkowsky（1985），Havitz 和 Dimanche（1990，1997）等对于涉入的定义，并认为旅游涉入是旅游者基于自身需求、特性与兴趣，而对旅游、休闲、游憩活动的重要程度及关联程度的感知。

综上可知，有关旅游涉入的内涵研究，大都基于社会心理学、消费行为学研究领域且界定不一。在以往研究成果的基础上，本书认为旅游涉入受到旅游者价值观、个体需求与期望目标的影响，是旅游者所体验的旅游活动对其个人产生的意义与情感联系，反映了旅游者的动机、兴趣被激活的心理状态。

二 旅游涉入的维度与测量

（一）旅游涉入的维度

以往学者对于旅游涉入维度划分研究成果较为丰富，且研究结论不尽相同，但吸引力、自我表现、中心性、愉悦性等是出现较多的维度（见表2-8）。McIntyre 和 Pigram（1992）、Wiley 等（2000）、Gross 和 Brown（2008）基于吸引力、自我表现、中心性三大维度来衡量旅游涉入：吸引力是指旅游者感知到的旅游产品的重要程度以及在旅游体验活动中获得的愉悦价值（Kyle, et al., 2004）；自我表现是指旅游者通过实现自我的追求，进一步通过对旅游活动参与和认同强化个人形象（Selin & Howard, 1988）；中心性是指旅游者所体验的旅游活动对其生活的影响程度，以及旅游体验活动与旅游者社会网络的相关程度。

表2-8　　　　　　　　　　旅游涉入的维度

研究者	旅游涉入维度
Laurent & Kapferer（1985）； Havitz & Dimanche（1990）	重要性、愉悦性、象征性、风险概率与风险后果
McIntyre & Pigram（1992）； Wiley et al.（2000）；Gross & Brown（2008）； Kyle, et al.（2004）	吸引力、自我表现、中心性
Havitz & Dimanche（1997）	重要性、愉悦性、象征性
Bricker & Kersetetter（2000）	重要性、愉悦性、自我表现、中心性

续表

研究者	旅游涉入维度
Gursoy & Gavcar (2003)	愉悦性、风险概率、风险后果
Iwasaki & Havitz (2004)	吸引力、象征性、中心性
Chen, Hwang & Lee (2006)	吸引力、自我表现、象征性、中心性
Kim (2008)	感知涉入、认知涉入
张宏梅、陆林 (2010)	娱乐/兴趣、风险概率、风险后果
Kyle et al. (2007)	吸引力、中心性、社会联系、身份认同与表现

资料来源：笔者根据资料整理。

Laurant 和 Kapferer (1985)、Havitz 和 Dimanche (1990) 将旅游涉入的维度划分为重要性、愉悦性、象征性、风险概率、风险后果5个维度；Havitz 和 Dimanche (1997) 将旅游涉入划分为重要性、愉悦性、象征性3个维度；此外，我国学者张宏梅和陆林 (2010) 将其维度划分为娱乐/兴趣、风险概率、风险后果3个维度。

(二) 旅游涉入的测量

对于旅游涉入的测量，学者们进行了长期细致深入的研究，主要的旅游涉入测量量表为 PII (Personal Involvement Inventory) 量表、CIP (Consumer Involvement Profile) 量表和 EIS (Enduring Involvement Scale) 量表。早期部分学者研究单维度指标对涉入的测量，Zaichkowsky (1985) 研究提出 PII 量表[①]，但有学者认为此种单维度测量方法无法完整描述旅游涉入，需进行多维度测量。Laurent 和 Kapferer (1985) 开发了消费者涉入量表 (CIP)[②]，该量表包括5个维度即重要性、愉悦价值、象征性、风险概率、风险后果；共包括"对我而言，(产品或活动) 是重要

[①] PII 量表是由 Zaichkowsky 开发的单维度量表，仅以"重要性"为测量指标，并用20对语义形容词进行涉入测量，把涉入分为高、中、低三个层次，分析不同旅游涉入程度在其他变量上的差异。Zaichkowsky, J. L., Familiarity: Product Use, Involvement or Expertise, *Advances in Consumer Research*, 1985, 12 (1): 296 - 299.

[②] CIP 量表是由 Laurent 和 Kapferer 开发的五维度量表，其中，重要性是指消费需求与产品满足程度的一致性；象征性是指体验活动对个人形象的强化作用；愉悦性是指消费者的购买行为获得的愉悦程度；风险概率是指消费者可能做出错误消费决策的概率；风险后果是指错误决策产生的后果的重要性。Laurent, G., Kapferer, J. N., Measuring Consumer Involvement Profiles, *Journal of Marketing Research*, 1985, 22 (1): 41 - 53.

的"、"和其他（产品或活动）没有什么差别"、"我对（产品或活动）很有兴趣"、"我购买（产品）或从事（活动）是为了享受快乐"等15个测量题项。此多维度涉入量表较为完整、细致地描述了个体涉入程度，因此，在旅游休闲研究领域，多采用多维度量表测量旅游者旅游涉入度。

并且，McIntyre 和 Pigram（1992）将 CIP 量表应用到旅游研究中，并基于露营活动的探讨，进一步将旅游涉入划分为吸引性、自我表现、中心性三个维度进行测量研究（见表2-9），构建了 EIS 量表①，但该量表并未涉及风险概率与后果两个维度。Havitz 和 Dimanche（1997）在其研究中进一步指出，风险的测量也有多个维度。以往有关旅游涉入的测量多借鉴 McIntyre 和 Pigram（1992）的维度划分，并将其作为衡量基准（Wiley et al., 2000; Graefe Kyle, 2003; Kyle & Mowen, 2005; Gross, 2008）。

表2-9　　　　　　　　　　旅游涉入量表

维度		测量题项
吸引性	愉悦性	游憩是一种能让我感到愉快的活动
		游憩是一种能让我感到满意的活动
		游憩可以使我缓解工作与生活压力
		我特别喜欢游憩
	重要性	我喜欢和朋友谈论游憩活动
		我对游憩很感兴趣
		对我来说，游憩是重要的
自我表现		我的一切活动几乎都与游憩有关
		我希望别人对游憩的看法和我相同
		我认为游憩能展现我的个性与品位
		通过游憩能了解一个人

---

① EIS 量表是在 PII 和 CIP 量表的基础上，由 McIntyre 和 Pigram（1992）开发的三维度持久涉入量表，其中，吸引性包含了重要性和愉悦性两个维度，并认为愉悦性不足以表达旅游者对旅游活动的涉入程度，除非旅游者认为这个活动是重要而且有意义的。McIntyre, N., Pigram, J. J., Recreation Specialization Reexamined: The Case of Vehicle-Based Campers, *Leisure Sciences*, 1992, 14 (1): 3-15.

续表

维度	测量题项
中心性	我的生活往往以游憩为中心
	我的朋友大多是在游憩活动中认识的

资料来源：McIntyre & Pigram，1992；Hwang et al.（2005）；笔者根据资料整理。

此外，有些学者在 PII 量表、CIP 量表的基础上开发 EIS 量表以及国际休闲游客涉入量表（McIntyre & Pigram，1992；Gursoy & Gavcar，2003）。并且，随着 EIS 量表在旅游、休闲游憩领域的应用逐渐推广，有些学者将 EIS 量表与 CIP 量表结合使用并做适当修正，有的学者则在其研究中借鉴 EIS 量表（Hwang，2005）。本书拟在前期研究的基础上，选用 EIS 量表对乡村体验旅游涉入进行测量。

三 旅游涉入与旅游体验价值、游客满意度、幸福感的相关研究

在旅游研究领域，涉入的相关研究主要集中在旅游涉入与相关变量的影响关系的探讨，学者们探究了变量间因果关系或影响关系，并深入探讨了旅游涉入与旅游动机、游客满意度、地方依恋等的影响关系。并且，旅游涉入的相关研究对其影响因素与影响后果都有所涉及，但主要集中在旅游涉入与游客行为的关系研究上，主要探讨了旅游涉入的影响后果。

旅游涉入的前因变量研究。在旅游涉入前因变量的研究中，学者们较为关注旅游动机对旅游涉入的影响作用。Losier 和 Bourque（1993）基于对加拿大中老年休闲活动的研究，认为中老年休闲动机显著影响其对休闲活动的参与。Iwasaki 和 Havitz（2004）基于加拿大某游憩中心的研究，认为旅游动机显著影响旅游涉入。Kyle 等（2006）基于美国国家森林公园露营旅游的研究，探究了旅游动机对旅游涉入的影响，并通过构建结构方程模型研究了旅游动机各维度与旅游涉入各维度的关系，研究结果表明，旅游动机对旅游涉入有正向影响。

旅游涉入的结果变量研究。旅游涉入的相关研究主要集中在旅游涉

入与游客行为的关系研究,学者们探究了旅游涉入与游客满意度、游后行为意向、地方依恋等的关系。由于不同的旅游涉入程度可能会导致不同的游客满意度,因此,旅游涉入已成为游客满意度评价的衡量标准之一,游客满意度是旅游涉入的重要结果变量。比如,Hwang 等(2005)探讨了旅游涉入对景区解说满意度是否有影响,研究结果表明,旅游涉入正向影响游客解说服务满意度,这说明旅游涉入是影响游客满意度的变量之一;并且,Kim(2008)基于对美国大学生的研究,探讨了旅游动机、旅游涉入、游客满意度和游客忠诚度等变量之间的关系,从旅游涉入的认知和感知两个视角,通过构建结构方程模型验证了认知涉入和感知涉入均正向影响游客满意度,且旅游涉入中介旅游动机对游客满意度的影响。

此外,我国学者也探讨了旅游涉入的前因变量与结果变量,前因变量研究主要集中在旅游动机对旅游涉入影响的探讨,结果变量研究主要集中在旅游涉入对旅游体验价值、游客满意度、游后行为意向、地方依恋等影响的探讨。比如,江宁与陈建明(2006)探究了旅游涉入对解说系统满意度的影响;李恒云等(2012)基于博物馆旅游情境,探讨了旅游涉入对旅游者游后行为的影响,认为游客体验质量中介旅游涉入对游后行为意向的影响;陆相林和孙中伟(2017)以西柏坡红色旅游为例,探究了旅游涉入、满意度、地方依恋的作用机制,研究认为游客满意度对旅游涉入与地方依恋的关系起到完全中介作用。

综上,以往学者对旅游涉入的相关研究,大都将其作为调节或中介变量,研究旅游涉入对原因变量与结果变量关系的调节或中介作用。本书以前期相关研究为基础,探讨旅游涉入对乡村旅游体验价值与旅游者幸福感关系的调节作用,并探讨旅游涉入对游客满意度的影响作用。

四 研究小结

研究内容。以往学者对于旅游涉入的研究主要包括旅游涉入的内涵、维度、测量及相关研究等方面,学者们大都基于某种旅游形式探讨旅游涉入的相关问题。基于社会心理学、消费行为学研究领域,学者们对旅游涉入的内涵进行了大量研究,但由于研究视角的差异,学者们对旅游涉入内涵界定不一;以往学者对旅游涉入维度划分研究结论也不尽相同,一般而言,学者们从吸引性、自我表现、中心性3个维度来衡量旅游涉入;对于旅游涉入的测量,主要的测量量表有PII量表、CIP量表和EIS量表,在此基础上,学者们根据研究需要进行了适当的量表修正,量表研究虽具代表性但研究成果相对较少;旅游涉入的相关研究主要集中在旅游涉入与旅游动机、游客满意度、游后行为意向、地方依恋等的影响关系,对旅游涉入的影响因素与影响后果都有所涉及,但主要探讨了旅游涉入的后果变量,研究成果较少且分散。并且,大都将其作为调节或中介变量,研究旅游涉入对原因变量与结果变量关系的调节或中介作用。本书拟在前期研究的基础上,深入探讨旅游涉入对乡村旅游体验价值与旅游者幸福感关系的调节作用,以及旅游涉入对游客满意度、地方依恋的影响作用,是对以往研究的补充与延伸。

研究方法。以往学者对于旅游涉入的研究大多基于文献分析、访谈、问卷调查等研究方法,进行了实证研究,但研究成果较为分散,所用研究方法相对较少。本书拟在借鉴前期研究方法的基础上,基于专家咨询、问卷调查、文献分析等研究方法,通过结构方程模型的构建,验证旅游涉入对乡村旅游体验价值与旅游者幸福感关系的调节作用,以及旅游涉入对游客满意度、地方依恋的影响作用。

第七节　以往研究述评

一　以往研究的理论进展

通过前期相关研究的文献综述,本书发现乡村体验旅游和旅游者幸福感研究处于初步研究阶段,乡村体验旅游、旅游体验价值和旅游者幸福感的理论建构与实证研究均取得了一定的理论进展。具体体现在以下几个方面。

(一)"旅游让生活更幸福"的研究议题得到初步讨论与广泛认可

旅游与幸福感的相关研究主要集中在旅游或休闲对幸福感的影响、

幸福感的差异等方面。以往多数学者研究认为旅游活动中旅游者往往远离了日常工作和生活压力，到旅游地欣赏优美的景色、参与新奇的旅游项目、体验异于居住地的自然和人文环境，使身心得到彻底放松，并获得积极的情绪体验，从而使旅游者获得幸福感（Milman，1998；Kim，2010；黄向，2014；Jew，2015；Pyke & Hartwell，2016）。Milman（1998）首次探究了旅游与旅游者幸福感的关系，并深入研究了旅游对旅游者幸福感可能产生的影响。此后，Gilbert、Abdullah（2004）通过实证研究发现热爱旅游的人与非旅游者相比，其幸福感水平较高；Kim（2010）探究了休闲和幸福感的内在联系及影响机理，认为作为内在社会认知变量的情绪体验和满意度影响旅游者的休闲感知，作为外在社会认知变量的休闲知识与旅游者休闲感知正相关，并且，旅游者休闲感知与其幸福感显著相关。

此外，值得指出的是，以往对旅游者幸福感的研究大多基于心理学、伦理学、社会学等学科领域，采用访谈和问卷调研法研究旅游休闲对旅游者幸福感的影响；而且，基于某一类型的旅游活动如邮轮旅游探讨旅游者的幸福感（Lankford & Howard，1994；Hailin & Elsa，1999）。以上研究方法与研究视角为研究乡村体验旅游情境下的旅游者幸福感提供了研究思路。为本书探讨乡村旅游体验价值与旅游者幸福感的关系提供了理论与实践研究基础。

（二）乡村体验旅游与旅游体验价值的理论建构取得一定的研究成果

以往学者对乡村体验旅游的研究主要集中在乡村体验旅游的内涵、特点、动力机制、乡村体验旅游产品的开发与评价等方面，对于乡村旅游体验价值的研究仍然较少。在体验经济条件下，旅游者的特点是强调体验参与，重视互动和感受（Dernoi，1991；Sharpley，2002；吕丽辉、李明辉，2011）。从20世纪80年代中后期的城里人去农村"住农房、吃农饭、干农活"到全方位地参与乡村活动的乡村旅游，体验式旅游已经基本改变传统的旅游方式。而相比于传统的观光旅游和休闲旅游，体验式旅游更强调给游客带来一种异于其本身生活的体验。

旅游体验价值是顾客体验价值的延伸，以往学者对乡村体验旅游的研究主要集中在旅游体验价值的内涵、维度与测量、影响因素等方面。

顾客体验价值除了注重产品的功能效用收益外，更注重产品或服务带给消费者的享乐与欢愉的情感感受，是一种理性与感性结合的感知和评判。多数学者对体验价值的衡量都包含了实用功能性价值（外在价值）和愉悦享乐价值（内在价值）两个维度，而且都更注重对顾客内在心理感受的测度。为本书探讨乡村旅游体验价值的维度、价值结构体系与量表开发提供了理论与实践研究基础。

（三）游客满意度为揭示乡村旅游体验价值与幸福感的关系提供了理论视角

Cardozo（1965）最早提出客户满意的概念，引起了理论研究与实践应用领域的广泛关注。20世纪70年代，对于顾客满意的探讨延伸至旅游研究领域，学者们开始探究游客满意度的相关问题。Pizam等（1978）为游客满意度研究奠定了理论基础，并基于期望差异视角，认为游客满意度是旅游体验与期望相比较的结果；此后，Blackwell和Miniard（1990）证实了Pizam（1978）的研究结论，并认为顾客满意是顾客的一种主观评价，以顾客期望是否被满足为评价标准。

以往学者对游客满意度进行了深入细致的研究，研究内容主要集中在游客满意度的内涵、测量与评价、影响因素及形成机制等方面，也有部分学者探讨了游客满意度与旅游者幸福感的关系。学者们认为游客满意度的形成既受到游客感知价值、期望、情感等多种因素的综合影响，同时会对旅游者幸福感、游客忠诚度等结果变量产生影响。对游客满意度的相关研究，有些学者将其作为中介变量，研究游客满意度对原因变量与结果变量关系的中介传导机制。以往研究为本书探讨游客满意度对乡村旅游体验价值与旅游者幸福感关系的中介作用以及游客满意度对乡村旅游体验价值与地方依恋的中介作用，提供了理论与实践研究基础。

（四）地方依恋为揭示"乡村性"对旅游者幸福感的影响提供了分析框架

地方依恋理论的发展受到地理学和环境心理学的影响，Tuan（1974）提出"恋地情结"（Topophilia）的概念，并认为人与地方之间总是存在某种特殊的依恋。大多数学者认为地方依恋是人与某个特定环境（地方、家、城市、目的地等）之间存在情感联结；作为个体情感的归属，地方依恋取决于个体感知到的与地方相结合的程度（Bricker & Kerstetter，2000；Gieryn，2000）。因此，乡村体验旅游者通过参与旅游活动，并对"乡村性"进行体验与认知，最终建立与乡村的特殊联结，产生地方认同与依恋。

基于不同的研究视角与研究对象，以往学者对于地方依恋的研究主要集中在内涵、维度、测量及相关研究等方面。以地方依恋内涵的界定与维度的划分为基础，学者们根据不同的研究情境探讨了地方依恋量表的开发；并探讨了地方依恋的影响因素与影响后果，有些学者认为旅游者旅游体验价值、旅游动机、旅游者专业化程度、旅游地品牌等变量正向影响地方依恋，而地方依恋又对旅游者游后行为意向、消费意愿、环境责任行为、幸福感等均有正向影响（Williams & Vaske，200；范钧等，2014），地方依恋的相关研究中，大都将其作为中介变量，研究地方依恋对原因变量与结果变量关系的中介传导机制。以往研究为本书探讨地方依恋对乡村旅游体验价值与旅游者幸福感关系的中介作用以及地方依恋对游客满意度与旅游者幸福感关系的中介作用，提供了理论与实践研究基础。

（五）旅游涉入研究开启了旅游者情感及行为研究的新视域

Sherif 和 Cantril（1947）在其著作《自我涉入心理学：社会态度和识别》中提出社会判断理论和自我涉入概念，并将涉入解释为个体心理行为的准则。随着涉入理论逐步拓展到消费者行为研究领域，基于旅游者行为视角，Selin 和 Howard（1988）最早将涉入理论应用于旅游研究领域，并认为旅游涉入是指个体参与旅游休闲、游憩活动时，通过参与并投入活动而获得的愉悦与自我表现程度。因此，旅游涉入研究开启了旅游者情感及行为研究的新视域，为本书揭示乡村旅游体验价值与旅游者幸福感的关系提供了理论研究基础。

以往学者对旅游涉入的研究主要集中在旅游涉入的内涵、测量、影响因素等方面，也有部分学者探讨了旅游涉入与旅游体验价值、旅游者幸福感、游客满意度的相关研究。基于旅游涉入内涵和维度的划分，学者们对其测量进行了深入研究，主要的旅游涉入测量量表为 PII 量表、

CIP 量表和 EIS 量表。在此基础上，学者们探究了相关变量间的因果关系或影响关系，并深入探讨了旅游涉入与游客满意度、地方依恋等的影响关系；并大都将其作为调节或中介变量，研究旅游涉入对原因变量与结果变量关系的调节或中介作用。为本书探讨旅游涉入对乡村旅游体验价值与旅游者幸福感关系的调节作用以及旅游涉入对游客满意度的影响作用，提供了理论与实践研究基础。

二 以往研究局限与未来方向

（一）"旅游让生活更幸福"的研究较少拓展至乡村旅游研究领域

以往学者对"旅游让生活更幸福"的探讨，大多基于心理学、伦理学、社会学等研究领域，探究了邮轮旅游、文化旅游、休闲活动等某一类型的旅游对旅游者幸福感的影响（Hailin & Elsa, 1999；Wilkinson, 2005；郑华伟, 2016；陈瑞霞、周志民, 2018），但较少拓展至乡村旅游研究领域。近些年来，随着乡村旅游的高速发展，乡村旅游人才与旅游收入逐年提高，乡村旅游理论与实践研究愈益得到学界和业界的关注。因此，在乡村旅游研究领域，"旅游让生活更幸福"成为值得探讨的重要议题。

（二）体验价值研究仍未拓展至乡村体验旅游研究领域

以往学者对旅游体验价值的研究大多基于酒店业、餐饮业、景区，以及某一类型的旅游活动，如温泉旅游、主题公园等，探讨旅游体验价值的内涵、结构维度、影响因素与相关研究，并认为旅游体验价值是旅游者在旅游过程中感知到的总体利益（Amoah, Radder & Eyk, 2016），旅游者通过购买有价值的旅游产品及服务，可以行使其观赏和享用权利，并在旅游体验后与旅游成本相比较的前提下评价所获价值的大小（Prebensen, Woo & Uysal, 2012）。学者们在内涵研究的基础上，研究了旅游体验价值的测量维度并总结出三种不同维度的模型（张凤超、尤树洋, 2009），以便对其进行测量研究。但是，仍未在乡村体验旅游情境下探讨乡村旅游体验价值的维度构思与量表开发。因此，需对其进行深入探讨。

（三）乡村旅游体验价值与旅游者幸福感的内在关系还未引起较多研究关注

以往学者认为旅游者对旅游体验价值的感知，在一定程度上影响了旅游者的积极情绪、体验参与、意义获得，并认为旅游休闲感知与其幸福感显著相关（Kim，2010），而且情感性和社会性体验价值正向影响旅游者幸福感（马鹏、张威，2017）。但是，以往研究较少基于乡村旅游研究领域，探讨乡村旅游体验价值与旅游者幸福感之间的作用机制与边界条件，即探讨影响二者关系的中介变量与调节变量。并且，相对而言，旅游体验价值对旅游者幸福感的影响研究成果较少，不同研究领域对相关变量关系路径的研究有所不同，因此，需对乡村旅游体验价值与旅游者幸福感的内在关系进行深入探讨。

（四）旅游者"真实幸福感"及其差异研究仍较为缺乏

以往学者从不同的研究视角探讨了幸福感的内涵与分类、维度与测量，比如，基于心理学视角探讨了与积极情绪和消极情绪相关的幸福感，基于社会、经济学视角探讨了与生活质量相关的幸福感（Wanner Wilson，1967；Bradburn，1969），并基于不同的理论将幸福感分为主观幸福感、心理幸福感、真实幸福感。目前，旅游研究领域较多采用主观幸福感探讨旅游者幸福感相关问题，对旅游者真实幸福感的探讨较少。并且，以往学者探讨了影响旅游者幸福感的内部因素与外部因素（奉先武等，2010；Ettema et al.，2011；Lee，Huang & Fredrickson，2013），但是，未能基于乡村体验旅游情境，从人口统计特征和消费行为特征等方面，探讨乡村体验旅游者幸福感水平的差异。因此，将真实幸福感引入旅游者幸福感研究并探讨其差异，显得尤为重要。

三 本书的切入点

（一）将体验价值拓展至乡村体验旅游研究领域

本书拟在前期研究的基础上，将体验价值拓展到乡村体验旅游研究领域。基于扎根理论分析方法探讨乡村旅游体验价值的维度、价值体系结构，并进行量表开发与验证。在此基础上，进一步探讨乡村旅游体验价值与旅游者幸福感的内在关系与影响机理。

(二) 深层揭示乡村旅游体验价值与旅游者幸福感的内在关系及作用机制

本书拟在前期研究的基础上，深层揭示乡村旅游体验价值与旅游者幸福感的内在关系及影响机理。主要探讨：乡村旅游体验价值对旅游者幸福感的影响；游客满意度与地方依恋对二者关系的中介作用；旅游涉入对二者关系的调节作用；旅游涉入、游客满意度与地方依恋之间的影响。并且，通过实证研究检验乡村旅游体验价值与旅游者幸福感之间的作用机制与边界条件。

(三) 探究乡村体验旅游者"真实幸福感"及其差异

本书拟在前期研究的基础上，将"真实幸福感"引入旅游者幸福感研究，并在此基础上，进一步探讨不同人口统计特征与消费行为特征的旅游者幸福感的差异，是对以往研究的补充与延伸。

第三章 理论基础

第一节 顾客体验理论

一 顾客体验理论内涵

基于社会学、心理学、哲学和人类学等研究领域，学者们进行了"体验"理论研究，并大都认为体验是人们的一种主观心理活动。首先，基于消费行为研究视角，Holbrook 和 Hirschman（1982）认为顾客较为强调主观愿望及其消费感受，他们往往追求购物活动之外的享受，两位学者提出"顾客体验"的概念，并认为顾客体验是顾客的主观心理活动，体现了顾客个人的"象征形态意识、快感来源和审美标准"[1]；其次，基于市场经济研究视角，Pine 和 Gilmore（1998）在其研究中拓展了"体验"的含义，认为企业若要在市场竞争中取胜，不能仅靠产品功能质量，必须加大对服务产品的关注度，通过营造良好的服务环境氛围、培训细致周到的服务人员，以创造对顾客而言较为有特色的消费体验与经历，顾客体验应是企业的经济价值即"产品—服务—体验"递进实现的高级阶段。

---

[1] Holbrook 和 Hirschman（1982）在论著《消费体验观：情绪、幻想与娱乐》中认为体验型消费时代已来临，顾客体验受到重视的同时，也使顾客研究从对顾客信息处理程序的理性决策研究转移到对顾客感情以及娱乐体验研究。Holbrook M. B., Hirschman E. C., The Experiential Aspects of Consumption: Consumer Fantasies, Feelings, and Fun, *Journal of Consumer Research*, 1982, 9 (2): 132 – 140.

基于顾客与企业互动的体验营销微观视角，Schmitt（1999）认为顾客体验是"企业与顾客交流感官刺激、信息和情感要素的集合"[①]，并认为企业应实施体验营销，采用观摩、试用等方式，让目标顾客群通过亲身体验企业产品或服务，感知产品性能或服务品质，满足顾客体验需求，并以此提高目标顾客购买可能性。学者们对顾客体验的内涵进行了不同视角的界定，有学者认为顾客体验作为商品形态之一，是基于顾客自身的知识与经验，在产品、服务、消费环境等因素综合影响下形成的主观心理反应（王鉴忠、盖玉妍，2012）。在顾客体验理论内涵的后续研究中，学者们大都强调关注顾客心理感受，并认为需加强企业与顾客的交流沟通，通过顾客消费体验建立良好的顾客关系。

二 顾客体验理论模型

对于消费行为学领域的"顾客体验"理论研究，学者们大都从行为学的视角和研究路径去探究顾客体验。基于对顾客体验理论内涵的探讨，学者们形成了相关理论并构建了顾客体验理论模型，主要理论模型包括：体验情境模型、体验二元模型、流体验模型、体验双因素模型、战略体验模块模型等（温韬，2007）。

（一）体验情境模型

Toffler（1970）在其著作《未来的冲击》中，诠释了"体验经济"的理念及其未来发展预测，并认为社会将更注重体验生产的发展，体验生产会超过制造业和服务业，并会出现企业预先安排的顾客体验。顾客体验情境模型主要是基于不同的体验情境，将顾客体验分为间接体验和直接体验两种类型。其中，间接体验是指顾客通过参与企业的模拟情境，从中体验并获得乐趣；直接体验是指在真实消费情境下，顾客不仅获得身临其境的体验，还将获得实质收获或损失。

[①] Schmitt（1999）基于企业与顾客互动视角，认为顾客体验是顾客与产品及服务等进行互动的过程，是顾客获取对企业的感官体验、情感、观点及行动的过程。Schmitt, B. H., *Experiential Marketing: How to Get Customers to Sense, Feel, Think, Act and Relate to Your Company and Brands*, New York: The Free Press, 1999, pp. 11 – 67.

(二) 体验二元模型

综合顾客消费的功利与享乐等两种观点,一种商品的使用方式一般分为两类:地位象征或实现某种目标的手段。首先,功利体验是指顾客对功利性产品的体验,这种产品功能性不受顾客情绪的影响,并且,顾客可以事先体验产品功能,顾客作为理性的消费者,基于产品体验的效用评价而对产品的功能好坏做出评价;其次,享乐体验是指与产品体验有关的顾客感觉和行为,比如视觉、味觉、嗅觉等给顾客留下的产品印象,作为顾客内部价值目标的实现手段,能够对顾客的乐趣和情感产生影响(Holbrook & Hirschman,1982)。体验二元模型认为顾客消费体验是功利体验与享乐体验的结合物,只是不同消费情境下二者所占权重不同(见图3-1)。

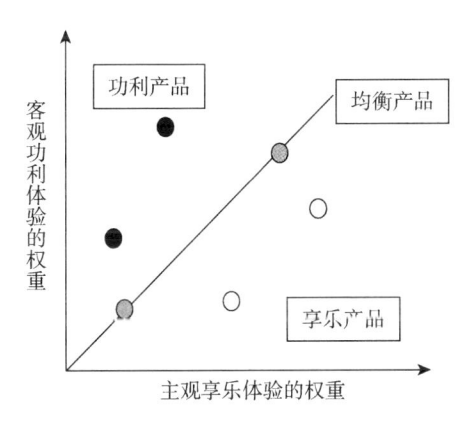

图3-1 功利体验和享乐体验在产品消费中的权重

资料来源:Addism,Holbrook(2001)。

(三) 流体验模型

流体验(Flow Experience)又被译为"畅爽体验"[①],一般而言,当个体的感知技能与任务挑战相适合时才会产生流体验,如果感知技能大

---

① Csikszentmihalyi(1988)认为"流体验"作为最优体验是指个体全身心投入体验活动的感觉,个体被其所参与活动完全吸引,感觉时间飞逝且心情愉悦。Csikszentmihalyi, M., The Flow Experience and its Significance for Human Psychology, *M. Csikszentmihalyi & I. S. Csikszentmihalyi Optimal*, 1988, pp. 10–58.

于任务挑战，个体会产生厌倦感，反之，会产生挫折感。Csikszentmihalyi（1997）通过研究得出流体验的八大要素，Novak、Hoffman 和 Yung（2000）将八大要素分为三个部分：（1）流体验的条件：清晰的目标、即时反馈、技能与挑战相匹配；（2）流体验的特点：专注所做的事、潜在的控制感；（3）流体验的结果：失去自我意识、时间感变化、自身有目的的体验。并且，学者们认为企业可以通过控制顾客的流体验来改变顾客消费情感和消费行为，以实现企业经营目的（卢锋华、王陆庄，2005）。

（四）体验双因素模型

Pinell 和 Gilmore（1998）提出体验双因素理论，认为体验是顾客以自身独特的方式参与事件当中，顾客参与程度与环境相关性是顾客体验的两个主要因素。顾客参与程度解释顾客是否主动参与，环境相关性解释顾客是否沉浸其中，将体验作为个体真实经历的一部分，并且，根据顾客参与程度与环境相关性将顾客体验分为娱乐体验、教育体验、遁世体验、审美体验等四种类型。其中，娱乐体验往往是指顾客被动地被体验吸引，而不是主动参与并沉浸其中；教育体验是指顾客积极参与事件并吸收了事件中的某些信息；遁世体验是指顾客积极参与并完全沉浸在事件里；审美体验是指顾客沉浸在事件中而不对事件产生影响（见图 3-2）。

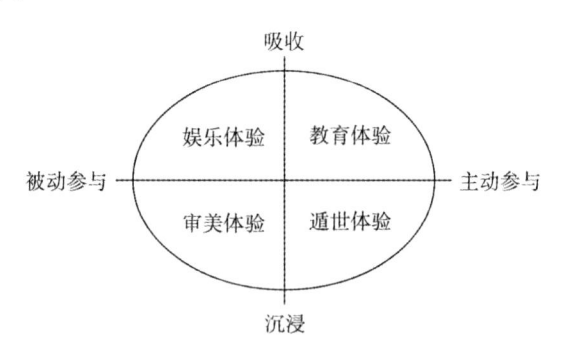

图 3-2 体验双因素模型

资料来源：Pinell & Gilmore（1998）。

(五) 战略体验模块模型

Schmitt（1999）基于体验营销研究视角，认为顾客体验是顾客对企业营销行为的反应，体验往往是被诱发的而非自发产生，并基于神经生物学和心理学以及人脑模块说，结合企业战略需要提出战略体验模块理论。顾客体验战略体验模块包括感官、情感、认知、行动、关联五大体验模块。感官体验是指通过感官的视觉、听觉、味觉、嗅觉等创造的顾客体验；情感体验是指通过顾客内心情感及情绪表达而创造的顾客体验；认知体验是指通过思考运用智力认知和解决问题而创造的顾客体验；行动体验是指通过强调展示不同的生活方式与互动方式而创造的顾客体验；关联体验是通过强调顾客对别人认可、社会认可等心理需要而创造的顾客体验（见图3-3）。

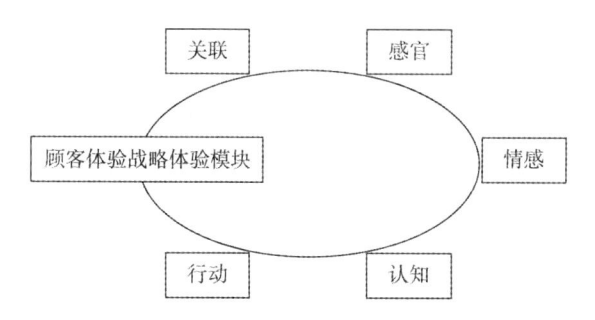

图3-3 顾客体验战略体验模块模型

资料来源：Schmitt（1999）。

三 旅游体验：顾客体验理论在旅游研究中的应用

顾客体验理论为揭示消费者行为规律、开发体验性产品、提供体验性服务、制定企业体验营销策略、提升企业市场竞争优势等提供了理论依据，以往学者主要将顾客体验理论应用于消费者行为、顾客与企业互动的体验营销等方面的研究。随着顾客体验理论研究的不断深入，此理论逐渐延伸至旅游研究领域，成为"旅游体验"与"体验旅游"研究的理论基础。

在旅游研究领域，Boorstin（1964）首次提出了"旅游体验"[①]的概念，国内外学者基于不同研究视角对旅游体验进行了探讨（谢彦君，2005；Quan et al.，2004；厉新建，2008）。通过梳理顾客体验理论在旅游研究领域的应用，发现学者们对顾客体验理论的研究，已从早期对旅游体验理论解析发展到理论应用阶段，学者们进行了深入细致的研究，认为旅游消费是一项体验性消费，旅游活动是否具有体验性，成为影响游客满意度的重要因素；学者们还强调旅游体验与游客满意度的本质区别，认为旅游体验有较强的主观性，而游客满意度是游客对旅游产品及服务的认知与评价，并且，旅游体验影响旅游者对整个旅游过程的整体评价（田芙蓉等，2013）。

旅游消费带有极强的体验性，Otto 和 Ritchie（1996）认为在酒店业、航空服务和观光游览等行业中，运用顾客体验理论能较好地研究游客满意度的相关问题；Lo（2007）在其研究中发现顾客体验质量显著影响顾客满意度。因此，顾客体验往往被认为并被证实是影响游客活动和游客满意的重要因素。并且，旅游研究领域的顾客体验更为关注游客在旅游消费中的情感体验，Bigné 等（2005）基于主题公园的旅游体验研究，认为游客情感表达与顾客满意、忠诚相比，更能体现顾客体验的特征；Tu（2004）基于酒店顾客的研究，发现情感表达对顾客体验有直接影响；同时，顾客体验对顾客服务评价有间接影响。因此，旅游体验相关研究是顾客体验理论在旅游研究领域的应用与拓展。

四 研究小结

基于消费行为、市场经济、顾客与企业互动、体验营销等研究视角，学者们探讨了顾客体验理论内涵及其理论模型，顾客体验理论已被广泛应用于企业体验营销、消费者行为、顾客与企业互动等问题的研究中，为揭示消费者行为规律、制定企业体验营销策略、开发体验性产

[①] Boorstin（1964）认为旅游作为一种比较流行的消费行为，是旅游者获得的综合性体验及其对旅游活动过程的整体性认识与评价。Boorstin, D. J., *The Image: A Guide to Pseudo-Events in America*, New York: Athaneum, 1964, pp. 56 – 118.

品、提升企业市场竞争优势等提供了理论依据。顾客体验理论模型研究认为顾客体验的形成受到多种因素的综合作用，诸如顾客感觉、情感、认知、参与程度、感知技能、任务挑战及情境等因素的影响，因此，体验型产品的开发以及体验营销策略的制定应充分考虑各种影响因素。

鉴于此，本书基于顾客体验理论，拟探讨乡村体验旅游的内涵与乡村旅游体验价值，是对以往研究的延伸；并且，基于体验营销视角的顾客体验理论内涵与模型研究，为本书探讨旅游者幸福感视角下的乡村体验旅游产品开发策略提供了理论依据，是对以往研究的拓展。

第二节 顾客价值理论

一 顾客价值理论内涵

随着企业竞争的加剧，企业愈益关注自身竞争力的提高，并逐渐意识到顾客忠诚度是企业获得持久竞争优势的关键。然而，顾客往往选择顾客价值较高的产品及服务，因此，企业只有创造较高的顾客价值才能留住顾客，提升顾客忠诚度，从而获取持续竞争优势。20 世纪 80 年代，学者们开始关注顾客价值的研究，Porter（1985）在其著作《战略优势》中提出顾客价值的概念，并认为企业创造的顾客价值是其在竞争中取胜的关键。直到 20 世纪 90 年代，顾客价值成为营销研究领域的研究重点并开始在管理学研究领域兴盛起来。

以往学者基于不同的研究视角界定了顾客价值的内涵，并将其运用于实践研究中（Kotler，2017）。Zeithaml（1988）提出顾客感知价值的概念，认为顾客价值是顾客将其感知到的总体收益与成本进行比较评价后，对其购买的产品或服务形成的总体认知及评价。Ravald Gronroos（1996）认为企业与顾客关系会在某种程度上影响顾客感知价值。

在营销研究领域，基于顾客视角，Philip Kotler（1991）提出顾客让渡价值的概念，认为顾客让渡价值是顾客花费的总成本与其使用产品及享受服务所获总价值之间的差额，此看法得到国内外学者普遍认同。比如，与 Philip Kotler（1991）研究结论相似的学者有 Morris（1994），认为顾客价值是顾客感知质量与产品及服务价格的函数；Anderson 和 Narus（1998）认为顾客价值是顾客所获利益与付出成本的差额。

此外，Woodruff（1997）提出顾客价值层次模型，认为顾客价值是顾客在某种使用情境中对所购产品属性、功效及使用结果促进（或阻碍）其目标和意图实现的感知评价，强调了顾客价值判断的三因素：产品属性、感知结果、使用情境，此定义受到学者们的广泛认可。

综上可知，以往学者对顾客价值内涵的探讨有共同性，主要表现在以下5个方面：（1）基于顾客视角探讨顾客价值；（2）顾客价值是顾客主观感知到的价值；（3）顾客价值与产品使用相关；（4）顾客价值是成本付出与利益获得的权衡；（5）顾客价值是对事物自发比较的反应。

二　顾客价值理论模型

基于对顾客价值理论内涵的研究，学者们对顾客价值的研究不断细致深入，由于顾客消费特征不断发生变化，这就对顾客价值研究提出了更高要求，因此，理论与实践领域对顾客价值的研究也是一个动态发展的过程，应根据顾客消费特征的不同阶段定义顾客价值的内涵并研究其理论模型。顾客价值理论模型主要分为4种类型："经济"导向模型、"价值工程"导向模型、"竞争"导向模型、"手段—目的"导向模型（刘研、仇向洋，2005）。

（一）"经济"导向顾客价值理论模型

基于"经济"导向，学者们最早提出"经济"导向顾客价值理论模型，该理论模型的核心思想：顾客价值是顾客感知到的所获利益（F）与所付出成本（C）的差额（V），即 $V = F - C$。Zeithaml（1988）以"经济"为导向提出顾客感知价值（Customer Perceived Value，CPV），认为感知利益包括显著的内外部特性、感知质量和其他高层次抽象概念，付出成本包括货币和非货币成本；并认为顾客感知价值是顾客对收益与成本的感知评价，因此，不同顾客的感知价值不同。Philip Kotler（1991）提出的顾客让渡价值的概念，也是以"经济"为导向，认为顾客价值是顾客花费的总成本与获得的总价值之间的差额；其中，顾客总成本包括货币、时间、体力、经历等，顾客总价值包括产品、服务、形象、人员等。

（二）"价值工程"导向顾客价值理论模型

价值工程即价值分析，该理论模型的核心思想：顾客价值（V）是顾客效用（F）与费用（C）的比例，即 V = F/C。并且，Schlesinger、Heskett 和 Sasser（1993）基于服务行业研究了顾客价值，认为顾客价值正向影响顾客满意与顾客忠诚，并通过实证研究得出顾客价值等式，即顾客价值 =（服务效用 + 服务质量）/（服务价格 + 获得服务的成本），同时提出了对顾客价值进行管理的策略。此外，Ravald 和 Grouroos（1996）认为顾客感知价值应关注顾客与企业的关系价值（Relationship Value），并基于顾客与企业长时间的持续关系提出"全情境价值"（Total Episode Value，TEV），即全情境价值 =（情境利得 + 关系利得）/（情境利失 + 关系利失）；并且，基于长期和短期两种时间概念衡量顾客价值，认为短期顾客感知价值 =（核心产品 + 附加服务）/（价格 + 关系成本），而长期顾客感知价值 = 核心价值 ± 附加价值。

（三）"竞争"导向顾客价值理论模型

"竞争"导向理论模型的核心思想：企业往往进行商品的差别化，并创造比竞争对手更多的顾客价值，且顾客对产品或服务的选择，除了进行付出成本与获得收益的比较，也往往考虑企业所能提供的顾客价值的多少。Anderson 和 Narus（1998）在"经济"导向模型基础上进一步提出，顾客价值是顾客获得的总价值与花费的总成本的"净利益"，顾客往往会通过竞争企业之间的比较，购买"净利益"较大的企业产品，即（$value_a$-$prices_a$）>（$value_b$-$prices_b$）；同时，Anderson 和 Narus（1998）还对"价值工程"导向的顾客价值理论模型进行了拓展，认为顾客购买企业的产品或服务往往会考虑所得利益以及为此付出的成本，顾客通过对竞争企业进行比较后，会购买所得利益较大的企业产品或服务，即 $F_a/C_a > F_b/C_b$，并进而产生顾客满意与忠诚。

（四）"手段—目的"导向顾客价值理论模型

"手段—目的"导向理论模型的核心思想：个体行为受个人价值的影响。Reynolds 和 Gengler（1995）认为个体最终追求的目标是个人价值，而手段则是实现目标的方法。Woodruff（1997）基于"手段—目的"理论进行顾客价值探讨，提出顾客价值层次模型，认为顾客价值是顾客在某种使用情境中对所购产品属性、功效及使用结果促进（或阻碍）其目标和意图实现的感知评价，并认为顾客价值由下而上分为三个层次：产品属性、期望结果、目标和意图；顾客对产品的选择首先依据产品属性决定是否购买，对产品的购买和使用决定顾客能否实现期望结果，期望结果又对目标和意图的实现形成期望（见图3-4）。

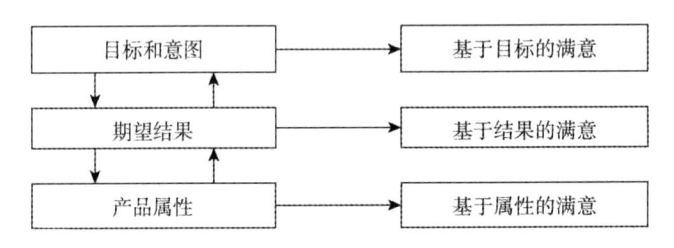

图3-4 顾客价值层次模型

资料来源：Woodruff（1997）。

三 旅游体验价值：顾客价值理论在旅游研究中的应用

顾客价值是企业进行价值创造的起点，也是企业价值创造的终点，创造顾客价值是企业获得竞争优势的关键。这是因为，企业可根据顾客价值准确掌握顾客需求变化及其规律，预测顾客价值的发展及变化趋势，以便企业有针对性地进行价值创造与创新，发展企业核心能力并使企业获得持续竞争优势（王锡秋，2005；武永红、范秀成，2005；周华、周水银，2016）。因此，顾客价值理论为企业制定营销策略、获得竞争优势、解释消费者行为等提供了理论来源，以往学者主要将顾客价值理论应用于企业营销、顾客购后行为意向、顾客满意度、忠诚度等方面的研究。随着研究的不断深入，顾客价值逐渐延伸至旅游研究领域，成为"旅游体验价值"以及游客满意度与忠诚度等研究的理论基础。

此外，学者们在顾客价值理论应用研究中发现顾客价值与顾客满意度息息相关。比如，Williams和Soutar（2009）认为顾客价值中的金钱、情感与新奇价值等维度会影响顾客满意度及其行为意向；Ching-Fu Chen 和 Fu-Shian Chen（2010）基于名胜古迹旅游者旅游体验的研究，探讨了旅游体验质量、游客满意度、游客感知价值及行为的影响作用。黄鹂、李启庚和贾国庆（2009）将顾客价值分为游客体验价值与商品感知价值两个维度，且顾客价值影响游客满意度。因此，顾客价值理论已被广泛应用于企业营销、消费者行为及旅游者行为等理论与实践研究领域。

四 研究小结

基于顾客价值内涵的界定及其理论模型与影响机制研究的深入，顾客价值理论已被广泛应用于企业营销领域、消费者行为研究领域中，为企业制定营销策略、揭示消费者行为提供了理论依据。并且，顾客价值理论研究基于不同视角构建了顾客价值理论模型，主要包括"经济"导向模型、"价值工程"导向模型、"竞争"导向模型、"手段—目的"导向模型等几大类。顾客价值及其各维度受到产品与服务质量、促销、价格、顾客关系、顾客参与等因素的影响，同时，顾客价值又对顾客满意和顾客忠诚产生影响。基于此，本书拟深入探究乡村旅游体验价值的维度、价值体系结构以及量表设计与验证，是对以往顾客价值研究的延伸；并且，顾客价值理论研究明晰了顾客价值对其结果变量诸如顾客满意度、忠诚度等的正向影响，基于此，本书拟深入探究乡村旅游体验价值与游客满意度的关系，是对以往研究的拓展。

鉴于此，本书基于顾客价值理论，拟探讨乡村体验旅游情境下旅游体验价值的相关问题，探讨乡村旅游体验价值的维度、价值体系结构以及量表设计与验证，试图探究并验证乡村旅游体验价值各维度对游客满意度的影响作用。

第三节 幸福感理论

一 幸福感理论内涵

20世纪50年代，心理学研究开始从消极心理学研究转变为对积极心理学的关注，美国心理学家赛利格曼（Seligman）在1998年首次提出"积极心理学"的概念，倡导心理学研究不应只关注人类的弱点与劣势，应同时关注人类的美德与优势，主张通过对人的积极主观经验、人格特征与组织制度等进行研究，为现代人过上快乐而有意义的生活做出贡献。积极心理学和生活满意度研究的不断深入推动了幸福感的相关研究（Wilson，1967；刘电芝、疏德明，2012），Wanner Wilson（1967）开启了幸福感的内涵及其影响因素的探讨，此类研究大多从情感和认知两方面探讨幸福感的内涵，基于心理学视角探讨与积极情绪和消极情绪相关的幸福感，并基于社会学和经济学视角探究与生活质量相关的幸福感，此两方面构成了幸福感的基本概念。Bradburn（1969）基于心理学视角认为幸福感是相互制衡的积极与消极情绪体验，在一定时期内较之于负向情绪，个体体验到较多正向情绪；在Bradburn研究的基础上，学者们认为幸福感除了包括积极和消极情绪的权衡，还包括个体对生活满意度的感知（Andrews & Withey，1976）。因此，幸福感理论内涵不仅包括心理层面的积极情绪与消极情绪体验，还包括个体对生活质量的评价即生活满意度，并由此构成了幸福感理论的基本内容体系。

二 幸福感理论构成

Ryff、Singer和Love（2004）通过对幸福感前期研究成果的梳理，认为心理学视角下的幸福感研究主要基于"快乐论"或"实现论"。

基于"快乐论"，学者们更为关注个体积极情绪的最大化与消极情绪的最小化，此种观点主要反映在主观幸福感（Subjective Well-being，SWB）研究中。并认为主观幸福感是个体一定时期内自我状态与生活质量的主观评价，主要包括积极情绪、消极情绪和生活满意度三个维度（Diener，Suh & Lucus，1999；Gilbert，2004）。其中，积极情绪是愉悦的情感体现，与消极情绪相对（Diener，2006），二者作为主观幸福感的感知维度是个体对自身主观情绪的评价；生活满意度包括生活整体满意度和生活主要满意度两种衡量，生活满意度作为主观幸福感的认知维度是个体对自身生活状况的评价（Diener，2000）。

基于"实现论",学者们则更加关注个体功能的健全与个体自我潜能的实现等,此种观点主要反映在心理幸福感(Psychological Well-being, PWB)和真实幸福感(Authentic Well-being, AWB)研究中。因此,基于实现论与快乐论的差别,有些学者认为个体基于单纯的快乐并不能获得心理的幸福,只有获得自身发展、实现自我价值并实现个人生活的意义,个体才能获得心理幸福感(Keyes & Waterman, 2003)。Seligman 等(2002)以快乐论(Hedonism Theory)、自我实现论(Eudaimonism Theory)和流畅感理论(Flow Theory)为基础,提出"真实幸福感"(Authentic Happiness),认为个体的幸福感不仅包含享乐等愉悦生活的"积极情绪",也包括沉浸在有意义的活动中,通过"体验参与"而获得美好体验,并通过体验参与最终产生"意义获得",从而获得比主观幸福感较为持久的幸福感(Filep, 2012)。

三 旅游者幸福感:幸福感理论在旅游研究中的应用

以往学者对影响个体幸福感的因素进行了研究,并普遍认为幸福感的影响因素可分为内部因素和外部因素。对于幸福感的外部因素研究,有学者认为生活事件会影响个体幸福感,频繁发生的生活事件会对个体幸福感产生影响,但个体会通过调节自己的情绪以减少生活事件对个人的影响(吴明霞,2000),而旅游与休闲属于生活事件范畴。

在旅游和休闲研究领域,学者们认为旅游、休闲、度假等作为外部因素会影响个体幸福感(Brey & Lehto, 2007; Bloom, Geurts & Tariset, et al, 2010)。旅游者幸福感是指旅游者在旅游活动中放松身心并减轻工作和生活压力,从而恢复精神状态并能获得较高的积极情感(Bloom, Geurts & Tariset, et al., 2010),通过沉浸在美好的旅游生活中而获得某种意义或价值(Filep, 2012)。旅游活动作为影响旅游者幸福感的非常态生活事件,是影响个体幸福感的外部因素。最初学者们主要研究旅游经历与动机对游客满意度的影响(Crompton, 1979),随着研究的深化,学者们开始探究游客满意度对其生活满意度的影响(Neal, et al., 2004)。近些年来,随着旅游体验研究的不断深入,学者们开始关注旅游体验对旅游者幸福感的影响,幸福感理论逐渐应用于旅游研究的具体领域(McCabe & Johnson, 2013; Chen, Lehto & Cai, 2013; Pyke, Hartwell, Blake, et al., 2016)。

四 研究小结

基于心理学、社会学和经济学等研究视角,学者们探讨了幸福感理论的内涵及其理论构成,幸福感理论已被应用于社会心理学、消费者行为、企业营销、旅游者行为等研究领域,为揭示生活满意度、消费者行为规律、体验旅游产品开发等提供了理论依据。幸福感理论认为幸福感除了受人格、基因、思想状态、观念、自尊等内部因素的影响,还受到人口统计特征、经济、文化、生活、环境等外部因素的影响,因此,旅游者幸福感的提升要考虑多种因素的综合作用,乡村体验旅游产品的开发以及营销策略的制定应充分考虑幸福感的各种影响因素。

鉴于此,本书基于幸福感理论,探讨乡村旅游体验价值与旅游者幸福感的关系,是对以往研究的延伸。并且,基于心理学、社会学和经济学视角的幸福感理论,为本书探讨乡村体验旅游情境下旅游者幸福感的内涵,并为进一步研究旅游者幸福感水平的差异提供了理论基础。

第四节 顾客满意理论

一 顾客满意理论内涵

自 Cardozo(1965)首次提出顾客满意的概念[①],顾客满意便成为企业获得竞争优势并获取市场份额的经营战略,企业往往以顾客需求为

[①] Cardozo(1965)提出顾客满意(Customer Satisfaction, CS)的概念,认为顾客在购买商品时,首先会根据以往购买经验给商品赋予一个期望值,若购买商品的实际感知能够达到期望值,顾客就会产生心理满足感,也就是顾客满意。Cardozo, R. N., An Experimental Study of Customer Effort, Expectation, and Satisfaction, *Journal of Marketing Research*, 1965, 2 (3): 244 – 249.

导向并力求实现顾客满意,且德国、瑞典、美国等一些国家已建立了顾客满意度指数体系,顾客满意研究已在理论与实践应用领域引起了足够的关注。20世纪70年代,顾客满意研究延伸至旅游研究领域,有些学者开始探究游客满意度模型、测量与评价等相关问题(Pizam等,1978)。顾客满意理论作为游客满意度研究的理论依据,是本书的理论基础。

基于不同研究视角,学者对顾客满意的内涵进行了界定。基于期望差异视角,Oliver(1980)认为顾客满意度是顾客对产品或服务的期望与实际体验进行比较而感知的二者之间的差距;基于情感体验视角,Bolton(1991)认为顾客满意会影响到其购后行为及意愿,是顾客根据购买产品或服务后的经验而产生的某种情感因素;此外,基于社会交换等视角,有的学者认为顾客会将自身投入与感知到的产出进行比较,如果投入与产出相符或产出大于投入,顾客则会满意(Swan et al.,1981)。顾客满意内涵的界定为其相关研究奠定了基础,在此基础上,学者们探讨并验证了顾客满意理论模型。

二 顾客满意理论模型

学者们基于对顾客满意度影响因素、形成机制与影响后果的探讨,提出了多种顾客满意理论模型,并对其进行了验证,较具代表性的模型主要有期望差异理论模型(Oliver,1980)、美国顾客满意度指数体系(Fornell & Anderson,1996)、期望一致理论模型(Spreng, Scott & Olshavsky,1996)、情感理论模型(Oliver,2000)等。

(一)期望差异理论模型

期望差异理论模型是目前应用较为广泛的顾客满意理论模型,该模型是由Oliver在1980年提出的,并认为顾客对于是否满意的判断来自期望与实际绩效之间的差距,若实际绩效大于期望,顾客则会感知到满意;反之,顾客不满意,具体模型见图3-5。

(二)美国顾客满意度指数体系(ACSI)

Fornell和Anderson(1994)提出顾客满意度指数模型,此模型包括

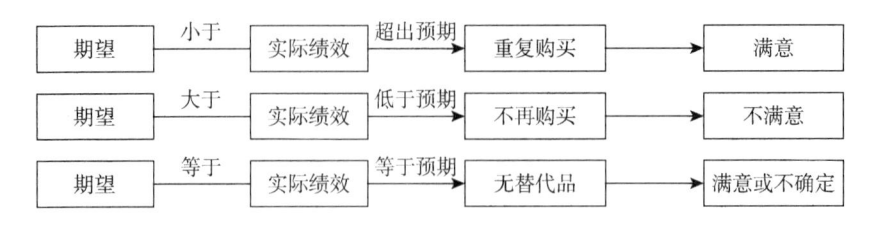

图 3-5 期望差异理论模型

资料来源：Oliver（1980）。

顾客期望、顾客感知质量、顾客感知价值、顾客满意、顾客抱怨、顾客忠诚等相关变量；以此为基础，构建了美国顾客满意度指数体系（ACSI），具体模型见图 3-6。并且，中国、韩国、瑞典等国家也基于国情构建了相应的顾客满意度指数体系（CCSI、KCSI、SCSB）。

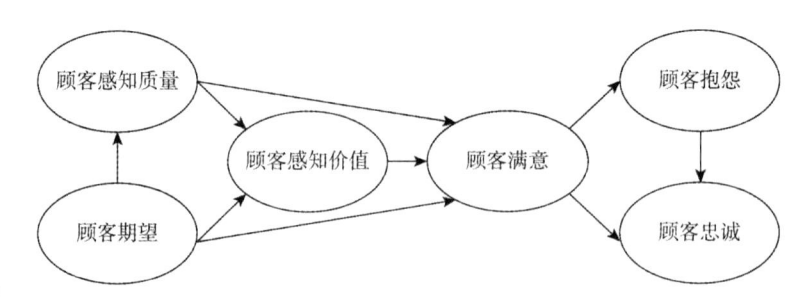

图 3-6 美国顾客满意度指数体系

资料来源：Fornell & Anderson（1994）。

（三）期望一致理论模型

Spreng、Scott 和 Olshavsky（1996）在研究 Oliver（1980）期望差异理论模型的基础上，认为期望差异理论模型期望和实际绩效相比较的观点不能全面描述顾客满意，并将愿望与期望相结合探讨二者对顾客满意的影响作用，认为愿望与期望一致、属性与信息满意等方面共同影响顾客总体满意，并提出愿望满足—期望一致模型，具体模型见图 3-7。

（四）情感理论模型

学者们在对顾客满意形成机制进行深入研究的基础上，认为不仅顾客对产品和服务的感知影响顾客满意，并且顾客的消费情感也与顾客满

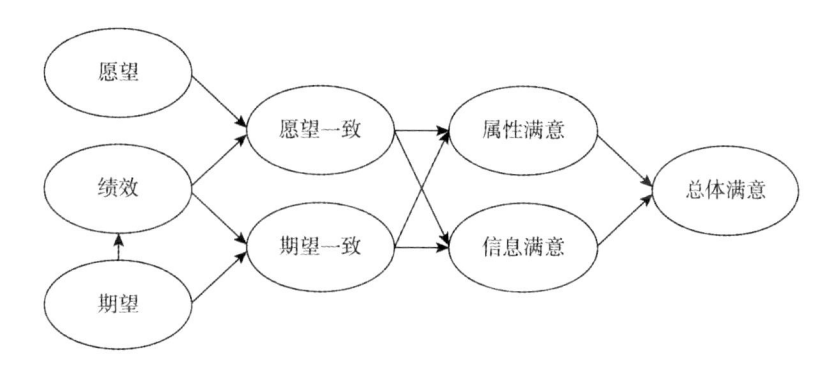

图 3-7　愿望满足—期望一致模型

资料来源：Spreng, Scott & Olshavsky (1996)。

意显著相关。Oliver（2000）在期望差异理论模型的基础上提出情感理论模型，将情感作为变量引入顾客满意模型，并认为除了期望与实际绩效影响顾客满意外，顾客与消费相关的整体情感等也会对顾客满意产生影响，具体模型见 3-8。

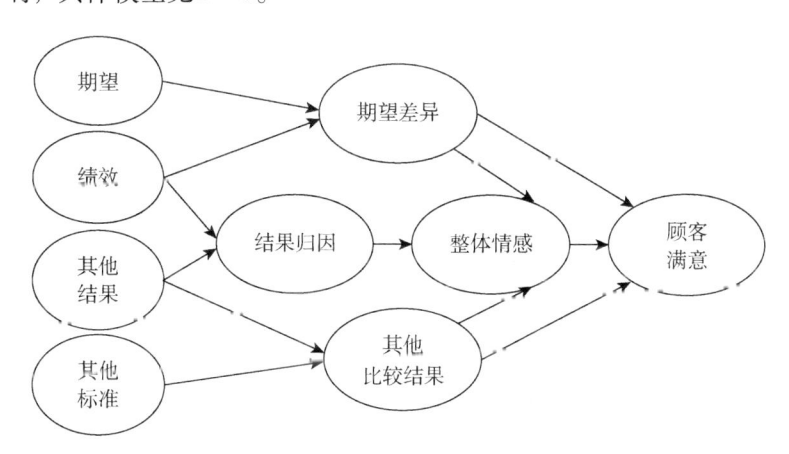

图 3-8　情感理论模型

资料来源：Oliver (2000)。

综上，基于顾客满意理论模型的综述，本书认为顾客满意主要受消费经历与比较、期望、实际绩效、愿望满足与期望一致、感知价值与质量、属性与信息满意、情感等因素影响，并且，大都基于"经济人"

假设,并未进一步探究在某种情境下,哪个模型更具解释力,抑或哪一个或哪几个因素主要影响顾客满意。因此,可将模型及影响因素综合考虑,形成顾客满意综合模型(见图3-9)。

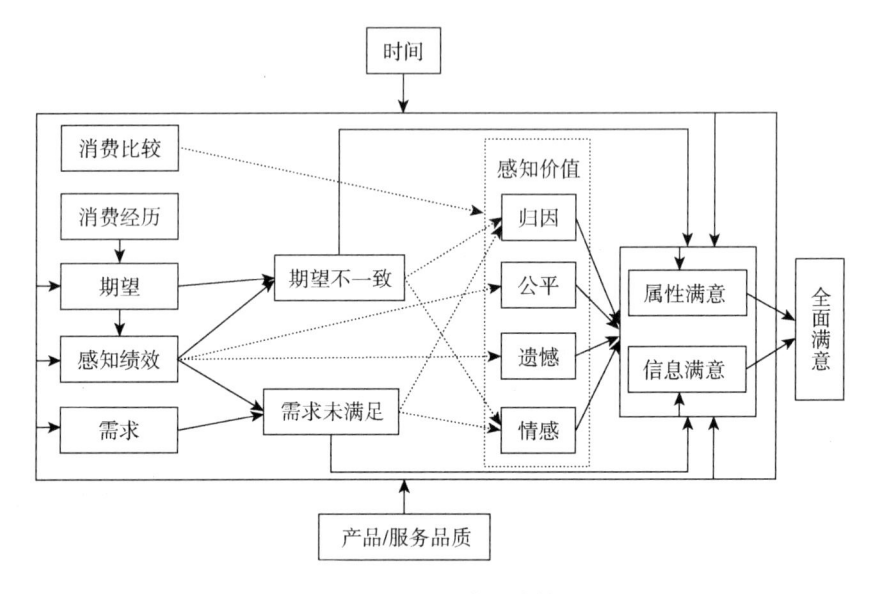

图3-9 顾客满意综合模型

资料来源:笔者根据资料整理。

三 游客满意度:顾客满意理论在旅游研究中的应用

顾客满意理论为揭示消费者行为、企业制定营销战略等提供了理论依据,以往学者主要将顾客满意理论应用于企业营销、顾客购后行为意向以及企业绩效等方面的研究。随着研究的不断深入,顾客满意理论逐渐延伸至旅游研究领域,成为"游客满意度"研究的理论基础。首先,学者们通过研究认为顾客对某种产品或服务的忠诚与顾客满意息息相关,顾客满意会增加其重复购买的可能性,并促使顾客向他人推荐(汪侠、梅虎,2006)。也就是说,顾客满意不仅可以通过重复购买增加企业利润,还可为企业带来新的顾客,企业往往通过提升影响顾客满意的关键因素,以减少顾客抱怨并提升其忠诚度(金锡钟,2017),从而最大限度地减少顾客流失，为企业树立良好形象并形成良好口碑，并以提升顾客满意为关键点，基于顾客满意调查优化企业资源配置策略。因此，顾客满意理论已被广泛应用于消费者行为、企业营销管理与战略、旅游者行为等理论与实践研究领域。

20 世纪 70 年代，对于顾客满意的探讨拓展至旅游研究领域，学者们开始探究游客满意度的相关问题（Pizam et al.，1978）。游客满意度的相关研究对分析旅游者行为、合理开发旅游资源、提升旅游服务水平、树立旅游地形象等具有重要的现实意义（史春云等，2014；赵飞等，2016），较高的游客重游率与忠诚度以及地区旅游业的持续发展均依赖于游客满意度的不断提升（Pizam，1978；汪侠、顾朝林等，2005）。并且，顾客满意理论已应用于旅游企业绩效研究，学者们认为在微观上顾客满意与企业利润率、市场份额等因素显著相关，研究发现顾客满意显著影响企业投资回报率，且顾客满意与市场份额间存在平衡点，可使企业获得长远利益（Anderson，1994）。因此，顾客满意理论已被应用于旅游者行为以及旅游企业组织绩效等理论与实践研究领域。

四 研究小结

基于顾客满意内涵的界定及其测量与评价研究的深入，顾客满意理论已被广泛应用于企业营销管理、消费者行为等理论与实践研究中，为制定企业营销战略、揭示消费者行为提供了理论依据。并且，顾客满意理论研究构建了顾客满意模型，认为顾客的感知价值、感知质量、情感等因素会对其满意度有正向影响，基于此，本书拟深入探究旅游者乡村旅游体验价值感知与其满意度的关系，是对以往研究的延伸；并且，顾客满意理论研究明晰了顾客满意对其结果变量诸如顾客购后行为意向、忠诚度、幸福感等的正向影响，基于此，本书拟深入探究游客满意度与旅游者幸福感的关系，是对以往研究的拓展。

鉴于此，本书基于顾客满意理论，拟探讨乡村体验旅游情境下的游客满意度的相关问题，研究乡村旅游体验价值对游客满意度的影响以及游客满意度对旅游者幸福感的影响，探究并验证游客满意度对乡村旅游体验价值与旅游者幸福感二者之间关系的中介作用。

第五节 地方理论

一 地方理论内涵

20世纪70年代，基于人文地理学研究视角，Tuan（1974）开始重新探讨"地方（Place）"[1]的相关问题。20世纪80年代，"地方"的概念逐渐延伸至其他研究领域，从而形成了诸如地方性、地方感、地方依恋、地方认同、地方依赖等与地方相关的概念，共同构成了"地方理论"。人文地理学、环境心理学等学科都对地方理论做了大量研究，已构建了较为完善的理论与指标体系并做了大量的实证研究。总而言之，地方理论是"从人的感觉、心理、社会文化、伦理和道德的角度来认识人与地方的关系的理论"（陈蕴真，2007）。

地方理论认为个体经常接触或长期居住在某个地方，就会对其产生强烈的情感反应，地方不仅为个体提供了生活的背景，并为其提供了安全感与身份感（Tuan，1974）。地方作为个体经历与经验构建的意义中心，是可具体感知、具有社会意义、依赖个体意识的空间（唐文跃，2007），地方的形成依赖于文化对地理空间的长期作用，当个体对特定的地理空间赋予意义时，这个空间也就变成了"地方"[2]，并且，个体赋予地方的意义是会随时间而变化的。同时，由于地方规模和类型各异，不同个体赋予地方的意义不同，使得地方的意义也各不相同且复杂多变（Low & Altman，1992）。

---

[1] "Tuan, Y. F.（段义孚）认为凡是能满足人的生理或精神需求，让人感受到价值存在之处都可以视为地方。并认为地方是人身份认同的源泉；稳定与完整的地方有助于人格的健全发展；地方中有许许多多真实与美好的事物。然而，地方能带给人安全感和稳定感，有助于人的健全发展；但也可能抑制人的发展潜能，对人是一种束缚。"宋秀葵：《段义孚的地方空间思想研究》，《人文地理》2014年第4期。

[2] "人类生活就是穿梭于地方与空间的辩证运动，空间被限定范围并被人性化就成了地方。与空间相比，地方是具有既定价值的安全中心；人既需地方也需空间。"宋秀葵：《段义孚的地方空间思想研究》，《人文地理》2014年第4期。

此外，基于人本主义视角，地方作为"家"的存在并非物理空间，而是美好回忆和重大成就的积淀（朱竑、刘博，2011），就如那些成为著名旅游景点的地方，往往包含了历史事件的积淀，这些积淀记载在纪念碑、遗址遗迹或旅游产品中，并成为文化传承的内容（Tuan，1980）。地方理论将"地方"看作一个有意义的空间，是人地关系的情感联结，因此，"地方"除了是一种地理现象与地理空间，更代表了人类经验在地理空间的存在，否则，地方将不能被解释。

二 地方理论构成

地方理论基于人的感觉、心理、社会文化和伦理道德等视角阐述复杂的人地关系，在理论形成和发展过程中，学者们基于不同学科研究领域和研究视角，主要是人文地理学和环境心理学等学科对其进行了多视角探讨，这些研究成果均是地方理论的组成部分，主要包括地方性、地方感、地方依恋、地方认同、地方依赖等地方相关变量的研究，构成了人地关系实证研究的概念体系。

（一）地方性

20世纪70年代，"地方性"成为地理学研究的重要议题，随着批判地理学的兴起，地理学各学派百家争鸣且大多关注"地方性"的探讨，其中，人文主义地理学强调主体性，认为"地方"代表了人类经验在地理空间的存在；结构主义地理学认为地方性代表了区位和自然条件的差别，同主体意识与情感认同无关（周尚意、杨鸿雁、孔翔，2011）。总之，地方性往往是指地方区别于其他地方的独特性、主体性与地域性。并且，Relph（1976）通过研究认为任何地方都具有物质属性、功能属性与意义属性，这三种属性体现了地方性；此外，Hummon（1992）认为根深蒂固、相关、异地和无地方性等是地方性的四种形式，无地方性则代表了地方意义与地方特性的丧失（陈蕴真，2007）。

（二）地方感

地方感是人与地方空间环境相互作用而形成的，是人对地方产生的特殊情感，这种情感会从短暂的愉悦发展为长久的依恋（Williams，

1992）。也就是说，空间会被个人赋予意义并建立情感联结，基于这种"经验"建构，"空间"变为"地方"，地方感随之而产生。Hammitt 和 Cole（1998）基于地方感的强度将其分为地方熟悉感、归属感、认同感、依赖感、根深蒂固感等；并且，Johnston 等（1993）认为地方感的一个层面是指地方独有的特征或想象力，另一个层面是指人们依靠自身体验、经验、记忆和意愿对地方产生的依附感，比如，人们对"家"感到适得其所，从而产生了强烈的依附感。地方感往往是指人们"对一个空间的感情和记忆"，主要包括建构的观念、主观的感觉、人们的经验，并存在于各种意义空间中（蔡文川，2010）。此外，由于个体感官感知以及自身文化的差别，个体赋予的空间意义与经验建构各异；同时，个人地方感的形成受到"想象力"的影响，在那些经验不易建构的"远处"，"空间知识"的想象受到文化、价值观、态度、信仰等的影响，因此，个体地方感具有差异性。

（三）地方依恋

随着地方理论研究的深入，基于环境心理学研究视角，Williams 和 Roggenbuck（1989）提出地方依恋的概念，认为地方依恋是个人与地方的积极情感联结，来源于人在地方的各种经历及参加的各种活动，并最终形成了人对地方的依恋情感（Lee & Shen, 2013）。一般而言，从情感性和功能性对地方依恋进行维度划分，可以将其划分为地方认同和地方依赖两个维度（黄向、保继刚，2006）；也有学者将其划分为地方依赖、地方认同和生活中心性三个维度（Bricker & Kerstetter, 2000）；或是划分为地方依赖、地方认同、情感依恋和社会联结四个维度（Wynveen & Kyle, 2012）；此外，Hammitt 和 Stewart（1996）将地方依恋划分为地方熟悉、地方归属、地方认同、地方依赖、地方根深蒂固五个维度。其中，地方认同从情感性出发，反映了个体身份与地方物理环境之间的关系，是指地方物理或象征属性通过个体参与体验，引起个体积极认同，从而提高个体对旅游地的归属感并表达认同感、确认认同感（Prayag & Ryan, 2012）；地方依赖从功能性出发，是指个体对地方的功能性的依赖，反映了地方需提供必要条件以帮助个体体验参与，体现了地方帮助个体实现目的的重要性（Kyle & Chick, 2004）。

（四）地方变量的关系

在地方理论视角下，地方性、地方感、地方依恋、地方认同、地方依赖等地方变量都体现了人地互动关系，以及在人地互动基础上建构的地方意义与情感联结。相对来说，地方性是指地方区别于其他地方的独特性，较为侧重地方客观的自然与文化特征；但不同个体对地方性的感知各异，地方感往往表现出较多的主观性。并且，地方感与地方依恋体现了人地之间的情感联结，其核心内涵基本相同，然而，地方感较为强调"地方"，是人们对客观地方性的主观感知（朱竑、刘博，2011），而地方依恋更为强调人对地方的积极情感依附；此外，地方感包容性较强，是依恋与厌恶两种情感的综合情感反应，地方认同与地方依赖是其不同的层次类型，而地方依恋则仅指个人与地方的积极情感联结，地方认同与地方依赖是其不同维度，因此，与地方依恋相比，地方感包含性较强。

一般而言，个体到达一个地理空间，当地理空间转变为地方的时候，个体的地方感初步形成，然而，地方感这个包含了依恋与厌恶两种情感的综合主观感知，却不一定会让个体产生地方认同。从地方感到地方认同再发展为地方依恋有三种形式：将自己归属这个地方；把自己看作群体以外的人；对原住地地方感更为强烈（特殊地方感）；李英弘和林朝钦（1997）在其研究中认为，从地方感到地方依恋的转变受到"内部"与"外部"的影响，个体通过体验参与"卷入"地方，成为地方环境的一部分，于是，产生了地方依恋；但个体也可能未将自己纳入地方环境，便会产生"地方松脱"[①]（见图3-10）。

三 地方依恋：地方理论在旅游研究中的应用

地方理论为揭示人地互动关系提供了理论依据，以往学者主要基于

[①] 当个体通过经验建构对某地产生地方感知后，就会通过体验参与进一步"卷入"地方，个体可能会将自己纳入地方生活并成为地方环境的一部分，这就是所谓"内部"的含义，个体便会产生地方依恋；但个体也可能仅仅是站在"外部"，并未将自己纳入地方环境，便会产生个体的"地方松脱"而非地方依恋。李英弘、林朝钦：《地方情感概念在户外游憩研究上之探讨》，载《1997休闲、游憩、观光研究成果研讨会会议论文集》，1997年。

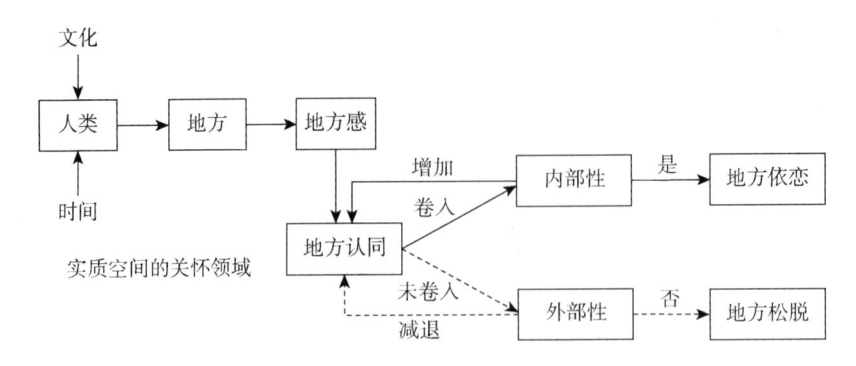

图 3-10　从地方感到地方依恋的转变与形成

资料来源：李英弘、林朝钦（1997）；笔者根据资料整理。

地理学和环境心理学等视角探讨地方理论的相关变量及其指标体系，将地方理论应用于人与地方之间关系的探索以及情感联结的建立等方面的研究。随着研究的不断深入，地方理论逐渐延伸至旅游研究领域，成为揭示旅游者与旅游地关系的理论基础。

在旅游研究领域，旅游地被认为具有独特的自然环境与文化资源，它们是旅游地独特地方性的体现，被深深打上了"地方"烙印；而且旅游者往往追求异地性，旅游地的地方性在一定程度上符合旅游者求新、求奇的旅游动机。基于地方理论视角研究旅游地，旅游者未到达的旅游地是抽象与模糊的，接近于地理学中"空间"的概念；旅游者通过到达旅游地并参与体验旅游活动，从而加深了对旅游地的了解，并使其对旅游地的地方感知具体化，"空间"逐渐向"地方"转变；旅游地的地方意义在旅游者到来之前就已存在，但旅游者又会通过自己的"经验构建"赋予地方独特的意义，并且，不同旅游者会赋予旅游地不同甚至是相冲突的地方意义。随着旅游者对旅游地地方感知的加深，不断建立与地方的情感联结，便会逐渐产生对旅游地的情感依附即地方依恋。这种地方依恋是旅游者产生积极情绪的源泉，使旅游者不断参与体验旅游活动，并获得对自己有较长时间影响的旅游意义。因此，从地方理论的视角探讨旅游者旅游体验价值感知与幸福感的关系有重要的启发意义。

四 研究小结

随着地方理论的深入研究,"地方"的概念逐渐延伸与拓展。基于人地互动而建立情感联结的地方理论,形成了诸如地方性、地方感、地方依恋、地方认同、地方依赖等与地方相关的概念,构建了较为完善的理论与指标体系,已被广泛应用于人文地理学、环境心理学等理论与实践研究中,为人地互动关系的探讨提供了理论依据。并且,地方理论认为个体地方依恋的形成,受到其地方感知与地方认同的影响,基于此,本书拟深入探究旅游者乡村旅游体验价值感知与其地方依恋的关系,是对以往研究的延伸;并且,地方理论认为地方依恋一旦形成,个体与地方便建立了良好的人地互动关系,形成了积极的情感联结,基于此,本书拟从积极心理学视角出发,深入探究人地互动与积极的情感联结,即地方依恋与旅游者幸福感的关系,是对以往研究的拓展。

鉴于此,本书基于地方理论,拟探讨乡村体验旅游情境下的地方依恋相关问题,研究乡村旅游体验价值对地方依恋的影响以及地方依恋对旅游者幸福感的影响,试图探究并验证地方依恋对乡村旅游体验价值与旅游者幸福感二者之间关系的中介效应。

第四章 乡村旅游体验价值维度构思与量表设计

第一节 乡村旅游体验价值的维度构思

一 研究目的

本书将乡村旅游体验价值作为一个新的理论构思，因而，乡村旅游体验价值维度结构与测量成为研究的首要步骤。学者们认为定性研究范式能更加充分地解释行为过程（Conger，1998；Bryman，2004），对于乡村旅游体验价值的维度构思，较之于定量研究方法，定性研究范式更能细致描述并解释乡村旅游体验价值的特征、类型及形成过程。而扎根理论分析方法能够用情境视角捕捉乡村旅游体验价值的形成过程及其类型（Bryman，1996；Egri & Herman，2000），以呈现旅游者感知旅游体验价值时的行为变异，找到各种可能的行为模式，并将这些模式通过理论的形式表述出来（Glaser，1978）。因此，本书将采用扎根理论分析方法探究乡村旅游体验价值的类型特征，试图构思乡村旅游体验价值的维度并构建乡村旅游体验价值结构体系。

二 研究方法——扎根理论

扎根理论作为一种研究路径或"方法论"（Strauss & Corbin，2014），是质性研究领域中研究路径的一种，已被广泛应用于社会科学各领域的研究。扎根理论（Grounded Theory）是由美国学者 Barney Glaser 和 Anselm Strauss 在其合著的《扎根理论的发现》中首次提出，并主张在没有理论假设的前提下，研究者不断地对原始资料进行归纳和概括以提炼新理论（Glaser & Strauss，1967）。因此，扎根理论的研究目的是从原始资料分析中形成理论，而不仅仅是解释或描述研究现象，因而，研究者应在已有文献、原始资料和个人知识的基础上，系统地收集并分析资料，采取"理论性抽样"的标准，从资料中发现、发展理论并检验理论，且通过概括性的语言对新理论进行一定程度上的抽象表述。

Glaser（1978，1992）对扎根理论研究程序进行了系统研究与详细阐述，扎根理论主要通过理论性取样、开放编码、选择性编码和理论性编码等研究程序进行理论建构。之后，Strauss 和 Corbin（1990）增加了一些提高研究者理论敏感度的新技术，比如，将类属进行连接提出编码范式模式、维度化和条件矩阵等。而有研究者认为 Corbin 提出的扎根理论分析方法过于程序化和技术化（Melia，1996：370），有违扎根理论的实质。其后，在建构主义的影响下，Corbin（2014）在其专著《质性研究的基础：形成扎根理论的程序与方法》中，虽保留了三级编码的概念定义，但未涉及具体编码程序和技术，而采用了形式灵活多样的"备忘录"形式，阐述了扎根理论分析的具体过程：形成概念、阐明分析过程、分析情境、将过程纳入分析、整合类属。

由于"扎根理论是提出一个自然呈现的、概念化的、互相结合的、由范畴及特征所组成的行为模式"（Glaser，1992，1998，2000），更适用于研究个人活动过程等的动态作用（Charmaz，2006）。本书将遵循 Glaser 和 Strauss（1967）构建的经典扎根理论分析研究程序，深入探究乡村旅游体验价值的类型特征，建构乡村旅游体验价值的维度结构。

三 理论性取样

运用扎根理论分析方法建构理论，数据收集是从理论性取样[①]开始

[①] 理论性取样是指研究者需遵循诸如典型性与一致性等原则进行研究取样，扎根理论分析方法的数据收集是从理论性取样开始的；因此，研究者必须首先明晰如何依据形成理论的需要进行取样，并且，数据收集过程是由建构理论所决定的。Glaser, B. G., *Doing Grounded Theory: Issues and Discussions*, Mill Valley, CA: Sociology Press, 1998, pp. 21 – 77.

的，研究者必须知道如何取样，以及这些样本会让研究走向何处。在数据收集过程中，研究者依据发展概念和形成理论的需要有目的地抽取样本（Glaser，1978），并且，数据收集过程并非事先确定，而是由生成理论所决定。依据建构理论的需要，选取研究现象中的一个样本进行研究，再继续收集数据、进行编码并分析数据，然后通过资料编码或分析备忘录的方式确定下一步的数据收集（Glaser，1998）。

同时，理论性取样要遵循一定的原则，需考虑样本选取的典型性和一致性（Strauss & Corbin，1990）。因此，本书拟将武汉市黄陂区作为调研区域，武汉市黄陂区是"全国休闲农业与乡村旅游示范区"，也是首批"国家全域旅游示范区"，在2018年6月公布的武汉市首批40家"美丽乡村旅游点"中，黄陂区占了14家，且较为注重乡村体验旅游的发展，在产品设计与服务接待等方面均体现了参与性、体验性等特点，这与本书研究的乡村体验旅游情境一致，并符合"乡村旅游体验价值"维度构思研究样本的选取要求。本书认为乡村体验旅游的核心是强调旅游者在乡村旅游活动中的参与性，重视人际互动及旅游者的情绪、情感体验，旅游者在乡村回归自然、体验文化与乡村氛围，全方位体验异于惯常环境的乡村生活方式，从而获得精神享受并产生内心情感共鸣。

鉴于此，本书选取武汉市黄陂区较有代表性的"美丽乡村旅游点"木兰山景区（木兰山村）、木兰天池景区（官田村）、木兰草原景区（张家寨村）、木兰云雾山景区（袁李湾村）、清凉寨景区（刘家山村）等为调研景区，以选取深度访谈对象（见表4-1）。访谈对象为乡村体验旅游者，其选取需满足两个条件：其一，基本结束本次乡村体验旅游活动；其二，一年内至少进行两次类似乡村体验旅游活动。这是因为，旅游者只有结束乡村体验旅游活动，才能较好地总结并描述乡村旅游体验价值；旅游者只有多次体验乡村旅游活动，才能更为广泛、深刻地理解乡村旅游体验价值，进行不同乡村体验旅游地体验价值的比较，并从中总结乡村旅游体验价值，从而使研究结论更具广泛性和代表性。并且，关注了受访游客结构的合理性，在性别、年龄、教育程度、职业、客源地等方面兼顾受访者比例，并根据受访者月平均收入将其收入水平分为一般（5000元以下）、较高（5001—10000元）、很高（10000元以上）三个层次，从而保证受访者类型多元化。在数据收集的同时，进行数据分析与编码，并不断进行比较，直到理论饱和为止。

表4-1　　　　　　　　研究对象基本资料

编号	性别	年龄	教育程度	职业	收入水平	客源地
T1	女	38	本科	部门经理	很高	湖北省武汉市
T2	女	32	硕士生	教师	较高	湖北省宜昌市
T3	男	29	专科	公司员工	较高	湖北省武汉市
T4	男	39	硕士生	公务员	较高	湖北省黄陂区
T5	男	20	本科	学生	一般	湖南省岳阳市
T6	女	42	本科	自主创业	很高	湖北省武汉市
T7	男	21	本科	学生	一般	河南省信阳市
T8	男	31	专科	公司员工	较高	湖北省武汉市
T9	女	59	专科	退休	很高	江西省南昌市
T10	男	22	本科	学生	一般	湖北省武汉市
T11	女	47	专科	部门经理	较高	安徽省阜阳市
T12	男	51	本科	医生	很高	河南省南阳市
T13	男	27	专科	公司员工	较高	湖北省黄陂区
T14	男	35	硕士生	公务员	较高	湖北省孝感市
T15	女	21	本科	学生	一般	湖南省株洲市
T16	女	52	本科	教师	很高	湖北省武汉市
T17	男	33	硕士生	教师	较高	江西省九江市
T18	女	26	专科	公司员工	一般	湖北省武汉市
T19	男	62	高中	退休	很高	湖北省武汉市
T20	男	48	本科	律师	很高	湖南省长沙市
T21	女	39	本科	部门经理	很高	河南省周口市
T22	女	33	博士	学生	较高	湖北省武汉市
T23	女	29	专科	自主创业	一般	湖北省武汉市
T24	男	40	硕士生	公务员	很高	安徽省六安市
T25	男	25	高中	公司员工	一般	湖北省孝感市

四 数据收集

在扎根理论研究中，深度访谈①是进行数据收集的主要方法。本书主要采用半结构化深度访谈辅之以问卷调查来收集研究所需第一手资料，并通过网络搜索旅游者乡村旅游游记及散文等，以丰富乡村旅游体验价值的相关数据。在说明访谈目的、附赠纪念品并征得旅游者同意的前提下，本书共对25名旅游者进行了"一对一"的半结构化访谈，以了解乡村旅游体验价值的形成过程及类型特征。访谈时间为2018年3月10—31日。访谈地点大多选择景区较为安静的休息点，以保证访谈不被干扰或中断。

访谈时，首先向受访者解释乡村体验旅游以及乡村旅游体验价值的通俗化定义：乡村体验旅游是指能够进行体验参与、人际互动的乡村旅游形式，旅游者能够通过乡村旅游亲近自然、体验乡土文化和乡村生活方式，从而获得情感上的共鸣；乡村旅游体验价值是通过体验感受乡村旅游产品及服务而形成对整体旅游活动的综合评价。并且，向受访者说明访谈中的乡村旅游体验价值不仅仅局限于本次旅游活动，只要属于乡村体验旅游范畴的旅游经历即可。此外，为保证访谈的顺利进行，本书根据访谈目的拟定了访谈提纲，访谈内容主要涉及以下问题。

（1）请您回忆并讲述此次乡村体验旅游过程。
（2）您选择乡村体验旅游的动机是什么？
（3）请您描述旅游结束后的感受、情绪与情感。
（4）哪些乡村体验旅游活动让您印象深刻？
（5）您认为哪些因素可能会影响您的乡村旅游体验？
（6）您期待乡村体验旅游给您带来何种体验与感受？

---

① 深度访谈是访谈者和受访者就某一论题采用"一对一"的方式进行较长时间的谈话与交流，以收集受访者对某事件（物）的看法或原因等，以"深入事实内部"。基于"个体的受访者对这个世界有自己独特的定义"的假设，深度访谈往往设计开放式问题。其中，"半结构化访谈"是结构性稍低的深度访谈形式，既可包括较为灵活主观的问题，也可含有某些结构化较高的问题。杨善华、孙飞宇：《作为意义探究的深度访谈》，《社会学研究》2005年第5期。

(7) 您在乡村体验旅游活动中最大的收获是什么？
(8) 乡村体验旅游有没有达到您的期望值？为什么？
(9) 您会不会重游或重新选择其他乡村体验旅游地？
(10) 您会不会向其他人推荐自己去过的乡村体验旅游地？

每例访谈进行 1.5—2 小时，25 例访谈共计 47 小时。其中，9 例访谈是在木兰山、木兰天池、木兰草原等景区同时进行了参与式观察，现场参与观察旅游者乡村体验旅游活动及其情绪、情感与行为表现，以对深度访谈资料的真实性进行验证。同时，结合旅游者半结构化访谈资料、现场参与式观察资料以及搜集到的旅游者乡村旅游游记及散文等进行三角验证，以保证研究资料的真实可靠。并且，访谈、参与式观察与网络资料搜集等数据收集过程历时近 3 个月，最终形成 78655 字文字资料，主要包括深度访谈、参与式观察以及网络搜索所获取的资料等。本书主要对整理后的深度访谈资料文本进行分析与编码，其他资料做验证之用。

五 数据编码

（一）开放式编码

在扎根理论研究方法论中，编码是通过对事件之间和事件与概念之间的不断比较，从而促进数据概念化并形成更多范畴、特征（Glaser，1992），以构建实质领域或形式领域中的模式与理论（Glaser，2000）。开放式编码是指在确定中心范畴和选择性编码前，研究者保持完全开放的研究态度，未有事先设想的编码（Glaser，1992），不断比较分析（Glaser，1978），逐字逐句、逐个事件进行编码，逐步提取相应的概念。

根据理论性取样原则，对收集的材料进行分析与开放式编码，逐步实现契合和相关的扎根理论研究标准（Wertz, Charmaz & McMullen, 2011）。在开放式编码中，应尽力保持使用术语和定义的原始性和一贯性，尽可能使用原生代码，即研究者自己表达的独特词语，这有助于乡村旅游体验价值特征的真实反应。本书在开放式编码中，根据收集到的数据的特征，综合运用"逐段编码""逐句编码""逐行编码"等方式，让数据中蕴涵的概念与理论不断自然呈现。针对理论性取样的 25 例样本，共抽取 467 个初始概念（见表 4-2）。

表 4-2　　　　　　研究对象 T1 的开放式编码示例

原始资料	开放式编码
	初始概念
我们是开车自驾到这里来的，交通还算方便，路况也比较好，交通标识基本能满足需要，从武汉出发两个多小时就可以到达。到达景区后，停车场还有车位，当时还有少量车位，我们很顺利地停了车进了景区，景区入口附近有一张景区导览图，大致能摸清景区基本情况，然后，按照景区标识我们找到了游客中心，整个景区的规划设计比较合理。景区内部道路交通也较为方便，如果走累了可以坐电瓶车，也有共享单车、双人自行车可以骑；通信设施还算通畅，手机信号较好，如果有免费 WiFi 就更好了；景区每个区域都有洗手间，不用担心上厕所的问题。并且，这里的餐饮和住宿条件基本能满足需要，有特色民宿，价格稍微高了些，不过，也是在可以接受的范围；景区内购物点较多，方便购买日常生活用品和纪念品，能较快获得较高质量的服务。景区给人的整体感觉不拥挤，也较为安全。 　　我刚到达这里的时候，就被它的山和水吸引了。自然环境较好，时时感受到鸟语花香，民风淳朴，乡土文化气息浓厚，青山绿水间的各类建筑物，看起来整体环境和谐，并且，与其他乡村体验旅游地相比，这里更为宁静、淳朴，让人安静了下来，心情平静，卸下了压力和负担。并且，这里的村民较为朴实，虽然服务人员没有接受太多专业训练，但我会被她洋溢的微笑和热情所感动，仿佛回到小时候的家乡，各种体验类型旅游活动，采摘、插秧、榨油、做豆腐等，让我感觉很快乐，倍感亲切，突然之间，会恍惚觉得这里就是我的家乡。 　　我在这里可以重温乡村的生活方式，休闲舒适、自由自在，过着和当地居民一样的生活，吃住行完全乡村化，我喜欢上了他们的生活方式。我喜欢这里天然健康的食物，用当地的方式做出来，虽然没有高级饭店的精致，但有家的感觉，闲散舒适，也喜欢他们一系列的民俗节庆活动，乐于享受他们的生活方式。村民们很热情，不管是问路还是其他事情有求于他们，他们会尽力提供帮助，让我感觉这里并不陌生，好像我也是这里的一员，我属于这个地方。我在这里住了两天，让我感觉整个人平静了下来，我找回了曾经的自己，找到了自己的初心，感受到了内心的愉悦与宁静，这里给我留下了很多美好回忆。 　　并且，整个旅游过程花费较为合理，没有超出预算，价格也很公道，产品质量有保障，最后的收获远远大于金钱、时间、精力等出行成本。这次旅游超出了我的期望值，让我感觉物有所值。如果有机会，我还会再次来到这里，也会选择类似旅游地旅游，乡村承载了我童年的回忆，同时，我也很享受这份宁静与坦然，毕竟我是乡村旅游爱好者……	T1-1 路况较好、交通标识能满足需要 T1-2 规划设计合理 T1-3 停车场、内部交通、厕所、通信等基础设施齐全 T1-4 餐饮、住宿、购物等服务设施齐全 T1-5 服务质量基本满意 T1-6 旅游地较安全 T1-7 被山和水吸引 T1-8 环境氛围有特色 T1-9 能满足感官享受 T1-10 有鲜明的主题特色 T1-11 能让人产生通世感 T1-12 服务态度较好 T1-13 感觉很快乐 T1-14 倍感亲切 T1-15 休闲舒适自在 T1-16 喜欢这里的生活方式 T1-17 民俗节庆活动 T1-18 不陌生 T1-19 热情提供帮助 T1-20 我属于这里 T1-21 留下了美好回忆 T1-22 旅游花费较为合理 T1-23 旅游商品价格公正 T1-24 出行成本比较满意 T1-25 感到物有所值 ……

（二）选择性编码

选择性编码更具有指向性和概念性，是对与中心变量有重要关联的变量所进行的编码，中心变量指导进一步数据收集和理论性取样（Glaser，1978：61）。选择性编码比开放式编码更加有选择性，在大量数据中筛选频繁重现的初始概念代码，以提取"核心概念"[①]。核心概念体现了关联的重要性和频繁的重现性等特征，并从开放式编码中自然呈现。

本书的选择性编码需要对从开放式编码中提取的"初始概念"进行比较，从大量数据中提取与乡村旅游体验价值关联的"核心概念"。通过对25例受访者的理论性取样分析，并对开放式编码所得的初始概念进行归纳分类，共提取关联度和重现频率均较高的25个子范畴，然后经过进一步归类整理，共形成5个核心范畴（见表4-3）。

表4-3　　　　　　　　　　选择性编码结果

| 选择性编码 || 初始概念的筛选与分类示例 |
核心范畴	子范畴	
功能性价值	交通便利性	T1-1 路况较好、交通标识能满足需要；T2-1 大巴、公交车都能到达这里，这边路况好，我是自驾来的；T3-1 比较担心路况，一般都是自驾……
	规划布局	T1-2 规划设计合理；T2-3 各种标识都比较醒目，景区内交通也便利，规划设计人性化；T3-2 至少应该布局合理，让自助游客很快熟悉……
	基础设施	T1-3 停车场、内部交通、厕所、通信等基础设施齐全；T2-2 有免费WiFi，找洗手间不要久，内部交通方便；T3-4 停车要方便，厕所要够用，水电设施齐全，手机信号要好……
	服务设施	T1-4 餐饮、住宿、购物等服务设施齐全；T2-4 乡村民宿类型较多，能吃到当地特色美食；T3-3 娱乐设施、乡土特色农家餐厅，质量保障的旅游购物点……

[①] "核心概念"是在系统性收集资料并进行开放式编码的基础上，对开放式编码形成的初始概念进行比较，而提取的反映事物现象本质的概念，并且，核心概念之间的联系是理论建构的基础。Glaser, B. G., Theoretical Sensitivity: Advances In The Methodology of Grounded Theory, *Journal of Investigative Dermatology*, 1978, 2 (5): 368-377.

续表

选择性编码		初始概念的筛选与分类示例
核心范畴	子范畴	
功能性价值	服务质量	T1-5 服务质量基本满意；T2-4 服务人员都能较快提供服务；T3-3 应提供本土特色服务，氛围营造尽显地方化……
	安全状况	T1-6 旅游地较安全；T2-6 社会治安不错，未产生拥挤感；T3-5 感觉安全，保安也比较多……
情境性价值	环境氛围	T1-8 环境氛围有特色；T2-11 独特的乡村氛围，酒馆、茶社、餐厅、民宿有地方风情；T3-11 山清水秀、民风淳朴，乡土氛围浓郁……
	感官享受	T1-9 能满足感官享受；T2-12 看到的都是美景，听到的都是歌声，吃到的都是健康食品，有耳目一新的感觉；T3-13 乡村旅游过程中的视、听、嗅、味、触等感官享受……
	主题特色	T1-10 有鲜明的主题特色；T2-13 有特色的乡村体验旅游地，乡民热情淳朴，独特的乡村氛围；T3-12 自然环境优美，犹如世外桃源……
	态度友好	T1-12 服务态度较好；T2-14 热情朴实，尽力提供服务，服务态度良好；T3-15 热情友好的，我感到被重视……
情感性价值	吸引性	T1-7 被山和水吸引；T2-5 有吸引力的地方，愿意待在那个地方，参与那里的故事；T3-6 乡村氛围浓厚，对我有吸引力……
	快乐感	T1-13 感觉很快乐；T2-22 摆脱生活日常琐事和工作压力，我倍感快乐；T3-22 找寻快乐、生活乐趣……
	舒适感	T1-15 休闲舒适自在；T2-7 清新的空气、淳朴的民风，莫名的舒适感；T3-8 感受到舒适，完美的乡村体验旅游地，喜欢闲散的感觉……
	遁世感	T1-11 能让人产生遁世感；T2-8 忘却日常琐事和烦恼，释放压力；T3-7 卸下生活和工作压力，歇歇脚、充充电……
	亲切感	T1-14 倍感亲切；T2-9 山水、民风民俗、生活方式很亲切；T3-9 我喜欢一草一木、一河一溪，像极了我的家乡……
	融入感	T1-18 不陌生；T2-10 同吃同住，共同劳作，我是他们的一员；T3-10 我不被认为是"外人"……

续表

选择性编码		初始概念的筛选与分类示例
核心范畴	子范畴	
社会性价值	生活体验	T1-16 喜欢这里的生活方式；T2-15 日出而作，日落而息，闲散舒适的生活节奏；T3-14 我很放松，释放了压力……
	文化感受	T1-17 民俗节庆活动；T2-16 乡村的饮食文化，传统技艺，磨豆腐、榨油；T3-17 乡土文化，民俗节庆，传统技艺……
	互动沟通	T1-19 热情提供帮助；T2-17 主动地和我们交流，不会有太多陌生感；T3-16 村民们很热情，和我聊村子里的故事……
	认同感	T1-20 我属于这里；T2-19 我与这里似曾相识；T3-18 爱上一片乡土，留下几串脚印，告诉大家我来过这里……
	美好回忆	T1-21 留下了美好回忆；T2-18 感受到了优美的环境、淳朴的乡民，一起采摘、插秧，我快乐并感动；T3-20 一草一木、故事与生活，留下了深刻印象……
经济性价值	价格公道	T1-23 旅游商品价格公正；T2-20 商家乱开价，买不到合适的商品；T3-20 价格比较公道……
	花费合理	T1-22 旅游花费较为合理；T2-21 食住行的花费较为合理，在预想范围以内；T3-21 预算在合理的范围以内……
	省时省力	T1-24 出行成本比较满意；T2-21 省时省力还省钱；T3-21 不喜欢浪费时间在路上；T4-19 不需要花费很长时间、很多精力准备，各项接待设施比较齐全……
	物有所值	T1-25 感到物有所值；T2-1 超出了我的期望，改变了我对乡村的看法；T3-1 与成本相比太值得了；T4-1 不是每一次乡村旅游都能感到物有所值……

（三）理论性编码

理论性编码是通过数据分析与理论性取样，从不断编码中获取更多的数据并得到核心范畴之后，分析核心范畴之间的相关性（Glaser，1998），对其相互关系进行概念化，以达到理论性的完整，从而可以解释由一个核心范畴所概念化的行为模式中最大的变异范围，以在开放式编码、选择性编码、撰写与整理备忘录的过程中呈现完整理论（Glaser，1978）。在选择性编码中，本书对游客不当行为特征进行比较，比较所抽取的概念（见表4-4），并通过整理备忘录构建乡村旅游体验价值多维度结构模型（见图4-1）。

表 4-4　概念与范畴之间的比较以及与相关文献的比较

理论性编码		相关文献比较与验证
核心范畴	子范畴	
功能性价值	交通便利性	Javier (2006); 徐伟, 景奉杰 (2008); Christina (2008); 徐虹、李秋云 (2017)
	规划布局	Vesna (2010); 徐虹, 李秋云 (2017)
	基础设施	Sweeney (2001); Christina (2008); Vesna (2010)
	服务设施	Sweeney (2001); Vesna (2010)
	服务质量	Babin (1994); Carlos (2006); Javier (2006); 张凤超 (2009); 魏遐、潘益听 (2012); Gallarza & Arteaga (2015)
	安全状况	Babin, Darden & Griffiin (1994); Sheth (2001); Javier (2006)
情境性价值	环境氛围	Creusen (2005); Crdric His-Jui (2009); 张凤超 (2009); Gallarza & Arteaga (2015); 郑锐洪等 (2016)
	感官享受	Lai (1995); Crdric His-Jui (2009); 景奉杰 (2008); 张凤超 (2009); Gallarza & Arteaga (2015)
	主题特色	Vesna (2010); 魏遐、潘益听 (2012); 郑锐洪等 (2016)
	态度友好	Mathwick (2001); Yooshik (2005); Hanny (2008); Crdric His-Jui (2009); Vesna (2010); 张凤超 (2009); 张荣 (2010)
情感性价值	吸引性	Babin, Darden & Griffiin (1994); 向坚持 (2017)
	快乐感	Mathwick (2001); 范秀成、罗海成 (2003); 郑锐洪等 (2016); 彭晓东、申光龙 (2017)
	舒适感	Mathwick (2001); Yooshik (2005); 张荣 (2010)
	遁世感	Babin, Darden & Griffiin (1994); Holbrook (1999); Vesna (2010)
	亲切感	Babin, Darden & Griffiin (1994); Holbrook (1999); 徐虹、李秋云 (2017)
	融入感	Mathwick (2001); Holbrook (1999); 范秀成、罗海成 (2003)
社会性价值	生活体验	Timo Rintamaki 等 (2006); 张凤超、尤树洋 (2009)
	文化感受	孟庆良 (2006); Choong-Ki Lee (2007); 张凤超 (2009); Williams (2000); 郑锐洪等 (2016)
	互动沟通	Williams (2000); 张凤超 (2009); Heskett & Sasser (2010); 申光龙、彭晓东 (2017)

第四章 乡村旅游体验价值维度构思与量表设计 / 117

续表

理论性编码		相关文献比较与验证
核心范畴	子范畴	
社会性价值	认同感	Sheth, Newman & Gross (1991); Williams (2000)
	美好回忆	Williams (2000); Gallarza & Arteaga (2015); 郑锐洪等 (2016)
经济性价值	价格公道	Mathwick (2001); Teoman (2004); 郑锐洪等 (2016); Prebensen, Woo & Uysal (2014)
	花费合理	Mathwick (2001); Teoman (2004); Hanny (2008); Joe (2009); 向坚持 (2017)
	省时省力	Kotler (2001); Mathwick (2001); Choong-Ki Lee (2007); 魏遐、潘益听 (2012)
	物有所值	Hanny (2008); Joe (2009); Prebensen, Woo & Uysal (2014); 向坚持 (2017); F Amoah, L Radder & MV Eyk (2017)

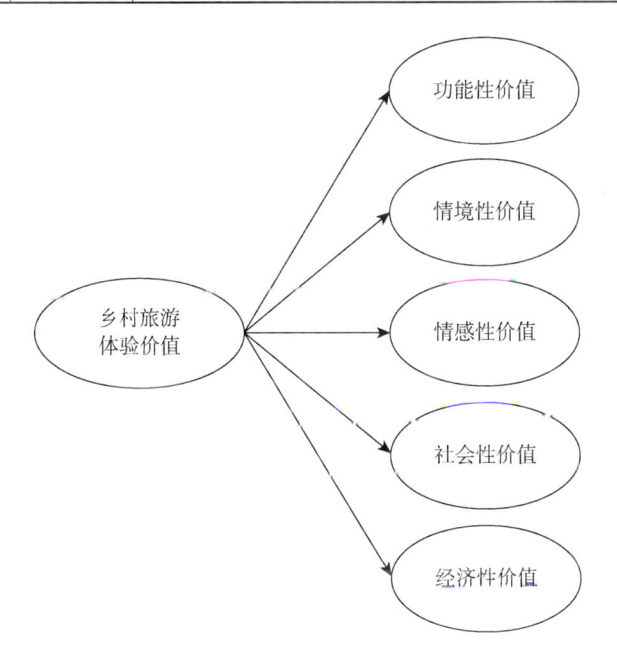

图 4-1 乡村旅游体验价值多维度结构

六 理论建构

基于以上扎根理论分析研究,乡村旅游体验价值是指旅游者通过乡村体验旅游对乡村体验旅游地功能性价值(Functional Value)、情境性价值(Conditional Value)、情感性价值(Emotional Value)、社会性价值(Social Value)以及经济性价值(Economical Value)的感知与评价。功能性价值通过乡村旅游产品功能性、实用性的体验而感知获得;情境性价值由旅游者对特定乡村体验旅游情境感知而获得;情感性价值是通过旅游者情感体验是否被满足而获得;社会性价值由旅游者在社区居民或游客群体中产生的关系联结而感知获得(Sheth & Cross,1991);经济性价值通过旅游者对出行成本与投资报酬的感知评价而获得(王锡秋,2005)。乡村旅游体验价值主要由功能性价值、情境性价值、情感性价值、社会性价值、经济性价值五个维度构成。

(一) 功能性价值

功能性价值是旅游者对乡村旅游产品的功能性、实用性等属性的体验与感知评价。旅游者会对乡村体验旅游地的交通便利性、规划布局、基础设施、服务设施、服务质量以及安全状况等进行感知评价,以形成对乡村体验旅游地功能性价值的认知。因此,功能性价值主要包括交通便利性、规划布局、基础设施、服务设施、服务质量、安全状况六个子维度。功能性价值作为乡村旅游体验价值的核心范畴之一,是乡村旅游产品的功能性、实用性属性的体现。

(二) 情境性价值

情境性价值是通过旅游者对特定乡村体验旅游情境体验而感知的价值。旅游者在乡村旅游过程中,首先会对乡村体验旅游地的自然环境与乡土氛围进行感知,并形成感官享受(视觉、听觉、嗅觉、触觉、味觉等),同时,体验感知乡村旅游产品的主题特色,并对服务人员服务态度进行评价,旅游者通过这些特定情境进行乡村旅游体验感知,从而形成情境性体验价值。情境性价值包括环境氛围、感官享受、主题特色、态度友好四个子维度。情境性价值作为旅游者对特定乡村旅游情境体验感知的价值,是乡村旅游体验价值的重要维度。

(三)情感性价值

情感性价值是旅游者对情感体验是否被满足或提升的感知评价。在旅游过程中,旅游者会产生一定的情感体验,首先被乡村体验旅游地吸引,产生快乐感与舒适感,并卸下负担和压力而产生遁世感,通过参与旅游活动对旅游地倍感亲切,融入当地人的生活当中并无陌生感。情感性价值主要包括吸引性、快乐感、舒适感、遁世感、亲切感、融入感六个子维度。旅游者在乡村旅游过程中会产生情感体验,使自己的情感得到提升或满足。

(四)社会性价值

社会性价值由旅游者在社区居民或游客群体中产生的关系联结而感知获得。在旅游过程中,旅游者会产生社会性体验价值,旅游者到乡村体验旅游地体验异于客源地的生活方式,感受独特的乡土文化,与当地居民以及同属游客进行互动沟通,从而产生对旅游地的归属感与认同感,并且,将在乡村体验旅游地体验与经历的事件变成美好回忆。社会性价值主要包括生活体验、文化感受、互动沟通、认同感、美好回忆五个子维度。旅游者在乡村旅游过程中会与社区居民或游客群体产生关系联结。

(五)经济性价值

经济性价值是旅游者对出行成本与投资报酬的感知评价。在旅游过程中及旅游结束后,旅游者会对自己付出的成本与感知收益进行比较评价,从而确定是否物有所值。旅游者在购买旅游产品时,会对其价格是否公道产生认知,在旅游活动结束后,会对其花费是否合理、成本是否较低进行感知,从而确定此次旅游是否物有所值。经济性价值主要包括价格公道、花费合理、省时省力、物有所值四个子维度。

第二节 乡村旅游体验价值量表开发与验证

一 研究目的

上文基于扎根理论研究方法初步构建了乡村旅游体验价值的多维度

结构。然而，扎根理论分析方法仅能建构理论但无法进行构思验证，因此，需使用定量研究方法验证乡村旅游体验价值的构思效度。并且，采用扎根理论方法分析得出的乡村旅游体验价值维度构思无法准确测量旅游者乡村旅游体验价值的感知程度，需要编制乡村旅游体验价值量表进行有效测量。本书的主要目的在于开发乡村旅游体验价值量表，并通过大样本问卷调研验证乡村旅游体验价值的结构维度，为乡村旅游体验价值结构维度构思提供证据，并为后续研究乡村旅游体验价值与旅游者幸福感的关系提供重要的测量工具。

二 量表开发

编制乡村旅游体验价值量表是检验乡村旅游体验价值维度构思的关键环节。上文采用扎根理论研究得出了乡村旅游体验价值的核心范畴和子范畴，为量表开发奠定了理论基础。基于扎根理论研究的选择性编码结果，本书编写了乡村旅游体验价值的测量题项，并与前期研究进行比较，由于功能性价值的"服务质量"子范畴，在情感性价值、情境性价值、社会性价值和经济性价值中均有所体现，故删除功能性价值的"服务质量"子范畴，同时使用规范语言进行乡村旅游体验价值表述，得出包括 24 个测量题项的原始量表（见表 4-5）。

表 4-5　基于扎根理论分析的乡村旅游体验价值量表编制

核心范畴	子范畴	测量题项
功能性价值	交通便利性	乡村体验旅游地交通便利
	规划布局	乡村体验旅游地规划设计布局合理
	基础设施	乡村体验旅游地基础设施完善
	服务设施	乡村体验旅游地服务设施完善
	安全状况	乡村体验旅游地社会治安状况好
情境性价值	环境氛围	乡村体验旅游地环境氛围和谐
	感官享受	乡村体验旅游让我获得了丰富的感官享受
	主题特色	乡村体验旅游地主题特色鲜明
	态度友好	乡村体验旅游地服务人员态度热情友好

续表

核心范畴	子范畴	测量题项
情感性价值	吸引性	乡村体验旅游地有吸引力
	快乐感	在乡村体验旅游活动中我感觉很快乐
	舒适感	乡村体验旅游地让我感觉很舒适
	遁世感	乡村体验旅游活动让我暂时忘记了烦恼和压力
	亲切感	乡村体验旅游地让我倍感亲切
社会性价值	融入感	我感觉我融入了当地生活
	生活体验	我体验了异于原来的生活方式
	文化感受	我感受并了解了特色乡土文化
	互动沟通	当地居民和旅游者都与我友好互动沟通
	认同感	我感觉我属于这个地方
	美好回忆	乡村体验旅游给我留下了美好回忆
经济性价值	价格公道	乡村体验旅游产品价格公道
	花费合理	乡村体验旅游花费合理
	省时省力	乡村体验旅游时间、精力等出行成本低
	物有所值	乡村体验旅游物有所值

为保证原始量表的内容效度，本书对前期参与深度访谈的 25 位受访者进行再次调研，通过面对面访谈、电话访谈或发送 E-mail 的形式让他们逐一对原始量表的题项进行认证，他们认为该量表题项反映并概括了访谈内容，体现了旅游者对乡村旅游体验价值的感知；同时，邀请 3 位具有乡村旅游研究背景的研究人员对行为题项的内容及表述方式进行审核，以判断乡村旅游体验价值维度构思的核心范畴与行为题项是否相关，以及表述方式是否简洁明了，并提出修改意见。本书采用内容效度比（Content validity ration，CVR）① 分析乡村旅游体验价值原始量表的内容效度，并通过专家小组讨论的方法进行研究，结果显示本书编制

---

① 内容效度比（CVR）是一种专家判断方法，其计算方法为：$CVR = \dfrac{n_i - \dfrac{N}{2}}{\dfrac{N}{2}}$，并通过计算删除内容效度比低的题目，然后，可计算全部题项的内容效度比的平均数，作为内容效度指标。

的乡村旅游体验价值量表内容效度较为理想（见表4-6）。

表4-6　乡村旅游体验价值测量题项编制的专家小组讨论结果

乡村旅游体验价值		专家评价 A	专家评价 B	专家评价 C	CVR
功能性价值	乡村体验旅游地交通便利	√	√	√	1
	乡村体验旅游地规划设计布局合理	√	√	√	1
	乡村体验旅游地基础设施完善	√	√	√	1
	乡村体验旅游地服务设施完善	√	√	√	1
	乡村体验旅游地社会治安状况好	√			-0.33
情境性价值	乡村体验旅游地环境氛围和谐	√	√	√	1
	乡村体验旅游让我获得了丰富的感官享受	√	√		0.33
	乡村体验旅游地主题特色鲜明	√	√	√	1
	乡村体验旅游地服务人员态度热情友好				-0.33
情感性价值	乡村体验旅游地有吸引力	√	√	√	1
	在乡村体验旅游活动中我感觉很快乐	√	√	√	1
	乡村体验旅游地让我感觉很舒适	√	√		0.33
	乡村体验旅游活动让我暂时忘记了烦恼和压力	√	√	√	1
	乡村体验旅游地让我倍感亲切	√	√	√	1
	我感觉我融入了当地生活	√	√	√	1
社会性价值	我体验了异于原来的生活方式		√		-0.33
	我感受并了解了特色乡土文化	√	√	√	1
	当地居民和旅游者都与我友好互动沟通	√	√	√	1
	我感觉我属于这个地方	√			-0.33
	乡村体验旅游给我留下了美好回忆	√	√	√	1
经济性价值	乡村体验旅游产品价格公道			√	-0.33
	乡村体验旅游花费合理	√	√	√	1
	乡村体验旅游时间、精力等出行成本低	√	√	√	1
	乡村体验旅游物有所值	√	√	√	1

注："√"表示专家认同该题项可以作为乡村旅游体验价值测量的正确表述。

专家小组讨论结果显示：一位专家认为"乡村体验旅游让我获得了丰富的感官享受"表述不够具体，建议改为"乡村体验旅游让我获得了视、听、嗅、味等感官享受"；两位专家认为"乡村体验旅游地社会治安状况好"不属于旅游者功能性价值感知的范畴，建议删除此题项；两位专家认为"乡村体验旅游地服务人员态度热情友好"与情感性价值的"亲切感"以及社会性价值的"互动沟通"的含义存在部分重复；一位专家认为"乡村体验旅游地让我感觉很舒适"与"快乐感""亲切感"的含义存在部分重复，建议删除此题项；两位专家认为"我体验了异于原来的生活方式"作为个人的体验感受，不属于社会性价值的范畴，建议删除此题项；并且，两位专家认为"我感觉我属于这个地方"与"融入感"的含义存在部分重复；两位专家认为"乡村体验旅游产品价格公道"和"乡村体验旅游花费合理"题项内容有所重复，"花费合理"包括了"价格公道"，建议删除此题项。

因此，原始量表进行了7处修改：（1）修改题项"乡村体验旅游让我获得了丰富的感官享受"为"乡村体验旅游让我获得了视、听、嗅、味等感官享受"；（2）删除题项"乡村体验旅游地社会治安状况好"；（3）删除题项"乡村体验旅游地服务人员态度热情友好"；（4）删除题项"乡村体验旅游地让我感觉很舒适"（5）删除题项"我体验了异于原来的生活方式"；（6）删除题项"我感觉我属于这个地方"；（7）删除题项"乡村体验旅游产品价格公道"；最终形成共有18个题项的乡村旅游体验价值预试量表（见表4-7）。

表4-7 基于专家小组讨论结果的乡村旅游体验价值预试量表

维度	指标	测量题项
功能性价值	交通便利性	乡村体验旅游地交通便利
	规划布局	乡村体验旅游地规划设计布局合理
	基础设施	乡村体验旅游地基础设施完善
	服务设施	乡村体验旅游地服务设施完善
情境性价值	环境氛围	乡村体验旅游地环境氛围和谐
	感官享受	乡村体验旅游让我获得了视、听、嗅、味等感官享受
	主题特色	乡村体验旅游地主题特色鲜明
情感性价值	吸引性	乡村体验旅游地有吸引力

续表

维度	指标	测量题项
情感性价值	快乐感	在乡村体验旅游活动中我感觉很快乐
	遁世感	乡村体验旅游活动让我暂时忘记了烦恼和压力
	亲切感	乡村体验旅游地让我倍感亲切
	融入感	我感觉我融入了当地生活
社会性价值	文化感受	我感受并了解了特色乡土文化
	互动沟通	当地居民和旅游者都与我友好互动沟通
	美好回忆	乡村体验旅游给我留下了美好回忆
经济性价值	花费合理	乡村体验旅游花费合理
	省时省力	乡村体验旅游时间、精力等出行成本低
	物有所值	乡村体验旅游物有所值

三 探索性因子分析

(一) 研究取样

为验证乡村旅游体验价值的维度构思，本书采用方便抽样和判断抽样相结合的方法。选取武汉市黄陂区木兰山景区（木兰山村）、木兰云雾山景区（袁李湾村）、清凉寨景区（刘家山村）、锦里沟景区（道士冲村）、木兰玫瑰园景区（胜天村）等为调研景区；调研时间为2018年4月5—15日，其间包含了清明假期，踏青游客较多，较适合问卷发放；调研对象为乡村体验旅游者；调研时机选择在乡村体验旅游活动基本结束后，在景区休息处或出口处进行发放，并附赠纪念品。

问卷发放地点和发放数量主要包括：木兰山景区发放问卷61份；木兰云雾山景区发放问卷87份；清凉寨景区发放问卷52份；锦里沟景区发放问卷43份；木兰玫瑰园景区发放问卷57份。本次共发放问卷300份，最终回收问卷256份，问卷回收率85.3%，去除无效问卷（空白问卷、关键数据缺失问卷、随意填答问卷）18份，有效问卷共238份，样本的基本信息见表4-8。

表 4-8　　　　　　　探索性因子分析样本基本信息

基本信息	类别	频次（人次）	频率（%）
性别	男	112	47.1
	女	126	52.9
年龄	20—29 岁	56	23.5
	30—39 岁	82	34.5
	40—49 岁	76	31.9
	50 岁及以上	24	10.1
家庭结构	未婚	24	10.1
	已婚无子女	71	29.8
	子女未成年	96	40.3
	子女已成年	47	19.7
受教育程度	初中	32	13.4
	高中	51	21.4
	专科	69	29.0
	本科	59	24.8
	研究生	27	11.3
月收入	4000 元以下	81	34.0
	4000—6999 元	58	24.4
	7000—9999 元	52	21.8
	10000 元及以上	47	19.7
停留时间	当天往返	85	35.7
	2 天	84	35.3
	3 天	54	22.7
停留时间	4 天及以上	15	6.3
人均消费	200 元及以下	81	34.0
	201—400 元	82	34.5
	401—600 元	49	20.6
	601—800 元	17	7.1
	800 元以上	9	3.8

注：因四舍五入，合计数可能不等于100%。下同。

(二) 测量工具

本调研问卷的主要内容包括：(1) 样本的基本信息；(2) 经过专家修订的 18 个题项乡村旅游体验价值预试量表。根据以往研究中证实的量表使用应达到的信度指标（吴明隆，2010），以及调研对象填写调研问卷的认真程度和辨别能力，乡村旅游体验价值测量量表采用李克特 7 点量表（"1"代表"完全不符合"、"7"代表"完全符合"）。

(三) 研究分析过程

根据学者们以往研究结果，进行探索性因子分析的样本数量需满足两个条件：一是样本数需超过测量题项数的 5 倍；二是样本的绝对值应不小于 100（Gorsuch，1983）。为获得较为可靠的研究结果，本书探索性因子分析的样本共计 238 份，研究取样符合探索性因子分析的要求。

1. 预试量表题项的筛选与保留

首先，本书通过相关性检验来验证量表各题项与总分的相关性，研究结果显示，其相关系数均大于 0.40，呈显著相关，因此，预试量表所有测量题项均合理；其次，本书采用同质性检验对预试量表进行信度分析，研究结果表明，预试量表内部一致性系数为 0.843，并通过删除每一个测量题项观察预试量表内部一致性系数的变化，结果显示，每个题项删除后其内部一致性系数均小于或等于 0.843，说明该预试量表稳定性较好（吴明隆，2010）。因此，保留预试量表 18 个题项。

2. 因素分析过程与结果

在进行探索性因子分析前，需先进行 KMO 检验和 Bartlett's 球形检验，以判断取样是否充分以及变量间的共同因素，判定获取的数据是否能进行探索性因子分析。据 Kaiser（1974）经验法则，KMO 值越大，表明变量间存在的共同因素越多；KMO 值越接近于 1，说明变量间的相关性越强，偏相关性越弱，因子分析的效果越好；当 KMO 值小于 0.5 时，说明变量间共同因素较少，样本不适合做因子分析。同时，Bartlett's 球形检验卡方（Chi-square）值达到显著性水平，说明原相关矩阵存在共同因素，样本数据可以进行探索性因子分析。本书数据样本研究结果显示，KMO 值为 0.839；Bartlett's 球形检验近似卡方值为 1978.303，这说明数据样本适合进行探索性因子分析。

第四章 乡村旅游体验价值维度构思与量表设计

然后，选取主成分—直交旋转—最大变异法进行探索性因子分析。本书主要是探索乡村旅游体验价值的维度构思，根据研究实际（Bryman & Cramer，1997），采用主成分—直交旋转—最大变异法进行探索性因子分析。从乡村旅游体验价值的 18 个测量题项中抽取 5 个特征值大于 1 的因子，这 5 个因子解释了总体变异的 70.679%，高于 60%，因子结构与维度构思相近（见表 4-9）；并且，所有测量题项上的载荷都在 0.40 以上，交叉负荷均在 0.35 以下，每个测量题项的因素负荷均在 0.50—0.85，不需要删除题项。

表 4-9　　　　　　　　探索性因子分析结果

测量题项	因子1	因子2	因子3	因子4	因子5
SV1：我感受并了解了特色乡土文化	0.220	0.224	0.758	0.176	0.024
SV2：当地居民和旅游者都与我友好互动沟通	0.158	0.171	0.790	0.146	-0.017
SV3：乡村体验旅游给我留下了美好回忆	0.217	0.197	0.787	0.166	0.040
CV1：乡村体验旅游地环境氛围和谐	-0.069	-0.041	0.136	-0.013	0.887
CV2：乡村体验旅游让我获得了视、听、嗅、味等感官享受	-0.027	0.047	0.137	-0.033	0.865
CV3：乡村体验旅游地主题特色鲜明	0.042	0.034	-0.263	0.020	0.673
ECV1：乡村体验旅游花费合理	0.169	0.082	0.126	0.740	-0.001
ECV2：乡村体验旅游时间、精力等出行成本低	0.067	0.141	0.166	0.822	0.039
ECV3：乡村体验旅游物有所值	0.056	0.217	0.126	0.821	-0.069
FV1：乡村体验旅游地交通便利	0.156	0.804	0.201	0.164	0.001
FV2：乡村体验旅游地规划设计布局合理	0.051	0.867	0.131	0.109	0.039
FV3：乡村体验旅游地基础设施完善	0.188	0.819	0.127	0.130	-0.016
FV4：乡村体验旅游地服务设施完善	0.144	0.810	0.144	0.111	0.024
EMV1：乡村体验旅游地有吸引力	0.808	0.131	0.172	0.048	-0.080
EMV2：在乡村体验旅游活动中我感觉很快乐	0.806	0.166	0.103	0.011	-0.089
EMV3：乡村体验旅游活动让我暂时忘记了烦恼和压力	0.782	0.103	0.138	0.072	0.029
EMV4：乡村体验旅游地让我倍感亲切	0.788	0.056	0.149	0.115	0.089
EMV5：我感觉我融入了当地生活	0.819	0.113	0.075	0.142	-0.020

续表

测量题项	成分				
	因子1	因子2	因子3	因子4	因子5
特征值	5.631	2.301	1.994	1.565	1.232
解释变异量（%）	31.284	12.785	11.076	8.692	6.842
解释累积变异量（%）	31.239	44.069	55.145	63.837	70.679

探索性因子分析结果显示，因子1包含5个测量题项，反映了旅游者对情感体验是否被满足的感知，与维度构思的"情感性价值"内涵一致，命名为"情感性价值"；因子2包含4个测量题项，反映了旅游者对乡村体验旅游的功能性、实用性等属性的感知，与维度构思中"功能性价值"的内涵一致，命名为"功能性价值"；因子3包含3个测量题项，反映了旅游者对其与社区居民或游客群体产生的关系联结的感知，与维度构思中"社会性价值"的内涵一致，命名为"社会性价值"；因子4包含3个测量题项，反映了旅游者对出行成本与投资报酬的感知，与维度构思中"经济性价值"的内涵一致，命名为"经济性价值"；因子5包含3个测量题项，反映了旅游者对特定乡村体验旅游情境感知，与维度构思中的"情境性价值"的内涵基本一致，命名为"情境性价值"。量表Cronbach's α系数为0.843，表明量表稳定性良好。探索性因子分析结果表明，基于扎根理论分析开发的乡村旅游体验价值维度构思得到了初步验证。

四 验证性因子分析

以上探索性因子分析初步验证了乡村旅游体验价值量表的构思效度，仍需进一步通过验证性因子分析，检验乡村旅游体验价值量表各因子与其测量题项是否符合设计的理论关系。

（一）研究取样

为进一步验证乡村旅游体验价值量表的构思效度，本书采用方便抽样和判断抽样相结合的方法。重新选取武汉市江夏区梁湖农庄（群益村）、小朱湾（童周岭村），以及黄陂区清凉寨景区（刘家山村）、锦里沟景区（道士冲村）、木兰玫瑰园景区（胜天村）等为调研景区；调研时间为2018年5月1—9日，其间包含了"五一"假期，游客流量多且结构合理，较适合问卷发放；调研对象为乡村体验旅游者；调研时机选择在乡村体验旅游活动基本结束后，在景区休息处或出口处进行发放，并附赠纪念品。

问卷发放地点和发放数量主要包括：梁湖农庄景区发放问卷61份；小朱湾发放问卷87份；清凉寨景区发放问卷52份；锦里沟景区发放问卷103份；木兰玫瑰园景区发放问卷57份。本次共发放问卷360份，最终回收问卷317份，问卷回收率为88%，去除无效问卷（空白问卷、关键数据缺失问卷、随意填答问卷）12份，确定有效问卷为305份。验证性因子分析要求样本数量不少于量表测量题项数的10倍（侯杰泰、温忠麟，2005），本书测量题项数为18，有效样本总数为305，故达到验证性因子分析的标准。样本基本信息见表4-10。

表4-10　　　　　验证性因子分析样本基本信息

基本信息	类别	频次（人次）	频率（%）
性别	男	148	48.5
	女	157	51.5
年龄	20—29岁	79	25.9
	30—39岁	106	34.8
	40—49岁	97	31.8
	50岁及以上	23	7.5
家庭结构	未婚	68	22.3
	已婚无子女	76	24.9
	子女未成年	95	31.1
	子女已成年	66	21.6
受教育程度	初中	48	15.7
	高中	69	22.6
	专科	89	29.2
	本科	74	24.3
	研究生	25	8.2

续表

基本信息	类别	频次（人次）	频率（%）
停留时间	当天往返	88	28.9
	2 天	96	31.5
	3 天	76	24.9
	4 天及以上	45	14.8
人均消费	200 元及以下	87	28.5
	201—400 元	92	30.2
	401—600 元	59	19.3
	601—800 元	45	14.8
	800 元以上	22	7.2

（二）测量工具

本书使用通过探索性因子分析验证的包含 18 个题项的乡村旅游体验价值量表。调研问卷的主要内容包括：（1）样本的基本信息；（2）18 个题项乡村旅游体验价值测量量表。测量量表采用李克特 7 点量表（"1"代表"完全不符合"、"7"代表"完全符合"）。

（三）量表信度分析

为确保量表的可靠性与稳定性，本书对乡村旅游体验价值量表及各维度进行信度检验。Cronbach's α 系数和折半信度是常见的李克特量表信度检验方法。吴明隆（2012）认为 Cronbach's α 系数优于折半法，本书信度检验采用 Cronbach's α 系数。研究结果显示，乡村旅游体验价值量表内部一致性 α 系数为 0.946，说明量表具有较好的可靠性与稳定性。乡村旅游体验价值五个维度的内部一致性系数分别为 0.883、0.760、0.884、0.760、0.825，均在 0.75 以上，说明各维度具有良好的信度（见表 4 - 11）。因此，本书开发的乡村旅游体验价值量表具有较好的内部一致性。

表 4 - 11　乡村旅游体验价值量表及各维度信度检验结果

	总体量表	功能性价值（FV）	情境性价值（CV）	情感性价值（EMV）	社会性价值（FV）	经济性价值（ECV）
Cronbach's α	0.928	0.883	0.760	0.884	0.760	0.825

（四）验证性因子分析过程与结果

为检验乡村旅游体验价值维度构思的效度需进行验证性因子分析。由于结构方程模型（Structural Equation Model，SEM）是基于变量的协方差矩阵来分析变量之间的关系，可同时处理潜变量及其指标，检验模型整体的适配度与信度，依据模型的拟合结果不断调整模型结构，最终形成最合理的模型。因此，本书采用结构方程模型进行乡村旅游体验价值维度构思的验证。

为进一步验证乡村旅游体验价值维度构思的效度，本书提出3个竞争模型：M0为虚无模型以观察变量独立性；M1乡村旅游体验价值单维模型，即18个题项直接指向乡村旅游体验价值；M2为包含功能性价值、情境性价值、情感性价值、社会性价值、经济性价值的一阶5因子模型；M3为包含功能性价值、情境性价值、情感性价值、社会性价值、经济性价值的二阶5因子模型。通过3个竞争模型的分析，最终选择整体适合度最高的模型，以进行后续的效度研究。模型M1、模型M2与模型M3的拟合情况见表4－12，通过各项拟合指标的对比分析表明模型M3与实证数据拟合最优，此结果又验证了基于扎根理论分析得出的乡村旅游体验价值维度构思。

表4－12　　　　　　　　验证性因子分析拟合指标

指标＼模型	M0	M1	M2	M3
CMIN	6846.536	1842.623	158.351	161.143
DF	421	389	125	130
CMIN/DF	16.263	4.737	1.267	1.240
GFI		0.687	0.946	0.945
NFI		0.692	0.947	0.946
IFI		0.695	0.988	0.989
TLI		0.693	0.986	0.987
CFI		0.695	0.988	0.989
RMSEA		0.093	0.030	0.028
PGFI		0.512	0.691	0.718

续表

指标\模型	M0	M1	M2	M3
PNFI		0.601	0.774	0.804
PCFI		0.598	0.807	0.840

验证性因子分析结果表明，模型 M1 中，乡村旅游体验价值各测量题项的标准化因子负荷都在 0.50 以上；模型 M2 中，乡村旅游体验价值的 18 个测量题项在其所属的因子"功能性价值""情境性价值""情感性价值""社会性价值""经济性价值"上的标准化因子负荷均在 0.60 以上；各测量题项在"乡村旅游体验价值"的因子负荷介于 0.60—0.90，这表明模型适配度良好（见图 4-2；表 4-13；表 4-14）；并且，作为潜变量的 5 个因子两两之间的相关系数均介于 0.577—0.710（见图 4-2；表 4-13），表明 3 个因子可能存在一个更高阶的共同因素；

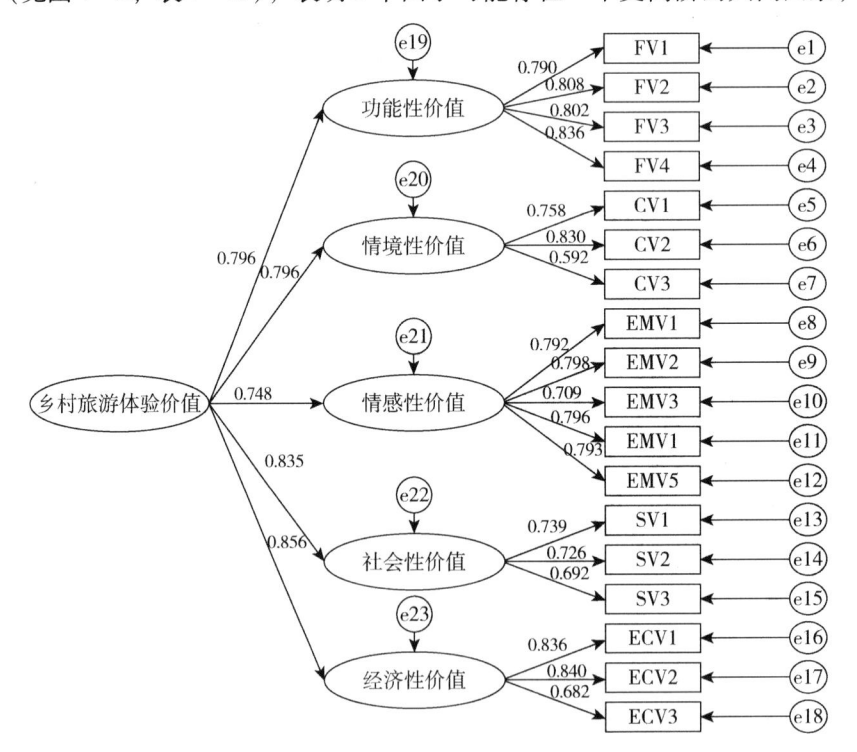

图 4-2 模型 M2：乡村旅游体验价值的一阶 5 因子结构的验证性因子分析结果

第四章 乡村旅游体验价值维度构思与量表设计

模型 M3 中，乡村旅游体验价值的 18 个测量题项在其所属的因子"功能性价值""情境性价值""情感性价值""社会性价值""经济性价值"上的标准化因子负荷均在 0.60 以上；并且，"功能性价值""情境性价值""情感性价值""社会性价值""经济性价值"在二阶因子"乡村旅游体验价值"的标准化因子负荷分别为：0.796、0.796、0.748、0.835、0.856，这说明 5 个因子存在一个更高阶的共同因素（见表 4-15），模型 M3 的适配度最为理想（见表 4-12）。此结果进一步验证了基于扎根理论分析得出的乡村旅游体验价值维度构思，由此表明，乡村旅游体验价值的结构是由功能性价值、情境性价值、情感性价值、社会性价值、经济性价值 5 个一阶因子所构成的二阶结构。

表 4-13　　乡村旅游体验价值二阶因子相关系数

维度	FV	CV	EMV	SV	ECV
功能性价值（FV）	—				
情境性价值（CV）	0.635	—			
情感性价值（EMV）	0.577	0.610	—		
社会性价值（SV）	0.648	0.686	0.626	—	
经济性价值（ECV）	0.703	0.653	0.645	0.710	—

表 4-14　　模型 M2：一阶 5 因子结构标准化估计参数与组合信度，平均方差提取值

			Estimate	S.E.	C.R.	P	CR	AVE
EMV1	←	EMV	0.792					
EMV2	←	EMV	0.798	0.069	14.822	***		
EMV3	←	EMV	0.709	0.075	12.855	***	0.8847	0.6058
EMV4	←	EMV	0.796	0.071	14.784	***		
EMV5	←	EMV	0.793	0.069	14.711	***		
FV1	←	FV	0.790					
FV2	←	FV	0.808	0.066	14.996	***	0.8555	0.5973
FV3	←	FV	0.802	0.069	14.879	***		
FV4	←	FV	0.836	0.072	15.623	***		

续表

			Estimate	S.E.	C.R.	P	CR	AVE
ECV1	←	ECV	0.836					
ECV2	←	ECV	0.840	0.067	15.863	***	0.8310	0.6232
ECV3	←	ECV	0.682	0.063	12.450	***		
CV1	←	CV	0.758					
CV2	←	CV	0.830	0.085	12.668	***	0.7742	0.5380
CV3	←	CV	0.592	0.081	9.554	***		
SV1	←	SV	0.739					
SV2	←	SV	0.726	0.092	11.082	***	0.7626	0.5174
SV3	←	SV	0.692	0.075	10.642	***		

注：*** 表示 P<0.001。

表4-15　模型 M3：一阶5因子结构标准化估计参数与组合信度、平均方差提取值

			Estimate	S.E.	C.R.	P	CR	AVE
EMV	←	RTEV	0.748					
FV	←	RTEV	0.796	0.112	9.478	***		
ECV	←	RTEV	0.856	0.131	10.092	***	0.9031	0.6513
CV	←	RTEV	0.796	0.113	8.978	***		
SV	←	RTEV	0.835	0.099	9.084	***		
EMV1	←	EMV	0.792					
EMV2	←	EMV	0.798	0.069	14.821	***		
EMV3	←	EMV	0.710	0.075	12.871	***	0.8849	0.6064
EMV4	←	EMV	0.796	0.071	14.779	***		
EMV5	←	EMV	0.794	0.069	14.728	***		
FV1	←	FV	0.789					
FV2	←	FV	0.808	0.066	14.998	***		
FV3	←	FV	0.802	0.070	14.854	***	0.8835	0.6548
FV4	←	FV	0.837	0.072	15.611	***		
ECV1	←	ECV	0.836					
ECV2	←	ECV	0.838	0.067	15.827	***	0.8304	0.6221
ECV3	←	ECV	0.682	0.063	12.462	***		

续表

			Estimate	S. E.	C. R.	P	CR	AVE
CV1	←	CV	0.759				0.7739	0.5375
CV2	←	CV	0.829	0.085	12.655	***		
CV3	←	CV	0.591	0.081	9.547	***		
SV1	←	SV	0.737				0.7626	0.5137
SV2	←	SV	0.725	0.092	11.035	***		
SV3	←	SV	0.695	0.075	10.650	***		

注：***表示 P<0.001。

五 构思效度检验

乡村旅游体验价值维度构思效度[①]、收敛效度[②]和区分效度[③]主要通过组合信度与平均方差提取值（AVE）来判定，依据经验判断标准，组合信度应高于0.70，平均方差提取值（AVE）应高于0.50（Fornell & Larcker，1981）。本书通过组合信度（CR）与平均方差提取值（AVE）分析，研究结果表明，功能性价值、情境性价值、情感性价值、社会性价值、经济性价值5个因子的组合信度分别为0.8835、0.7739、0.8849、0.7626、0.8304，高于0.70的标准，表明乡村旅游体验价值5维度构思效度良好；功能性价值、情境性价值、情感性价值、社会性价值、经济性价值5个因子平均方差提取值（AVE）分别为0.6548、0.5375、0.6064、0.5137、0.6221，高于0.50的标准，表明量表收敛效度良好，说明潜变量对构念的解释变异量大于误差。并且，二阶验证性因子分析显示，功能性价值、情境性价值、情感性价值、社会性价值、经济性价

---

① 构思效度（Construct Validity）又称结构效度，它解释了能够测量的理论构想和特质的程度，即检验结果能否证实或解释某一理论假设以及解释的程度如何，并且，构思效度主要通过收敛效度与区分效度对其有效性进行检验。
② 收敛效度（Convergent Validity）又称聚合效度，是指采用不同测量方法测定同一特征时测量结果的相似程度，即不同测量方式在相同特征的测定中应是聚合的。
③ 区分效度（Discriminant Validity）是指在应用不同方法测量不同构念时，观测到的数值能够加以区分。

值 5 个一阶因子在二阶因子"乡村旅游体验价值"的标准化因子负荷分别为 0.796、0.796、0.748、0.835、0.856，说明乡村旅游体验价值 5 维度收敛效度良好，乡村旅游体验价值维度结构的区分效度良好（见表 4-15）。

六　量表确立

基于上述理论与实证研究，对乡村旅游体验价值量表进行了探索性因子分析与验证性因子分析以及构思效度检验，最终形成了包含 18 个题项的乡村旅游体验价值量表，见表 4-16。本书将在下一步研究中，进一步探讨并验证乡村旅游体验价值量表的普适性，并深入探究乡村旅游体验价值与旅游者幸福感的关系。

表 4-16　　　　　　　　乡村旅游体验价值量表

维度	指标	测量题项
功能性价值（FV）	交通便利性	FV1：乡村体验旅游地交通便利
	规划布局	FV2：乡村体验旅游地规划设计布局合理
	基础设施	FV3：乡村体验旅游地基础设施完善
	服务设施	FV4：乡村体验旅游地服务设施完善
情境性价值（CV）	环境氛围	CV1：乡村体验旅游地环境氛围和谐
	感官享受	CV2：乡村体验旅游让我获得了视、听、嗅、味等感官享受
	主题特色	CV3：乡村体验旅游地主题特色鲜明
情感性价值（EMV）	吸引性	EMV1：乡村体验旅游地有吸引力
	快乐感	EMV2：在乡村体验旅游活动中我感觉很快乐
	遁世感	EMV3：乡村体验旅游活动让我暂时忘记了烦恼和压力
	亲切感	EMV4：乡村体验旅游地让我倍感亲切
	融入感	EMV5：我感觉我融入了当地生活
社会性价值（SV）	文化感受	SV1：我感受并了解了特色乡土文化
	互动沟通	SV2：当地居民和旅游者都与我友好互动沟通
	美好回忆	SV3：乡村体验旅游给我留下了美好回忆

续表

维度	指标	测量题项
经济性价值（ECV）	花费合理	ECV1：乡村体验旅游花费合理
	省时省力	ECV2：乡村体验旅游时间、精力等出行成本低
	物有所值	ECV3：乡村体验旅游物有所值

七 乡村旅游体验价值结构体系构建

上述研究探讨并通过实证研究验证了乡村体验旅游价值可分为"功能性价值""情境性价值""情感性价值""社会性价值""经济性价值"5个维度。其中，功能性价值主要包括交通便利性、规划布局、基础设施、服务设施4个子维度；情境性价值包括环境氛围、感官享受、主题特色3个子维度；情感性价值主要包括吸引性、快乐感、遁世感、亲切感、融入感5个子维度；社会性价值主要包括文化感受、互动沟通、美好回忆3个子维度；经济性价值主要包括花费合理、省时省力、物有所值3个子维度。因此，基于上述研究结论，本书构建了乡村旅游体验价值结构体系，见图4-3，这是进一步探讨乡村旅游体验价值与旅游者幸福感关系的研究基础。

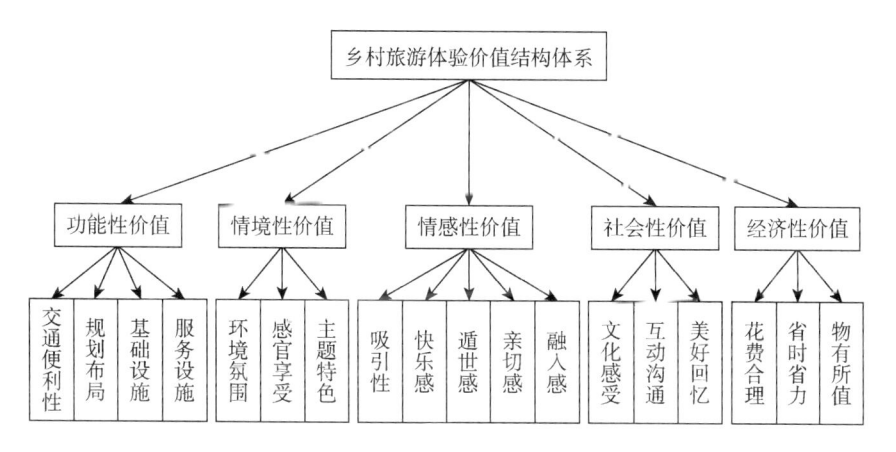

图4-3 乡村旅游体验价值结构体系

第五章 概念模型与研究假设

第一节 研究目的

  本书在界定变量内涵的基础上,通过初步讨论变量间的关系形成概念模型,并通过进一步理论推理构建研究假设模型。基于第四章研究结论,乡村旅游体验价值包括功能性价值、情境性价值、情感性价值、社会性价值和经济性价值5个维度,本章主要通过理论分析探讨乡村旅游体验价值5维度与旅游者幸福感之间的关系,探讨乡村旅游体验价值与旅游者幸福感之间是否存在作用机制与边界条件;基于顾客满意理论,探究游客满意度是否以及如何中介二者之间的影响;基于地方理论,探究地方依恋是否以及如何中介二者之间的影响;同时,探究二者之间影响作用的边界条件,即旅游涉入如何调节乡村旅游体验价值对旅游者幸福感的影响;并进一步探讨影响乡村旅游体验价值与旅游者幸福感关系的变量即游客满意度、地方依恋与旅游涉入之间的影响作用。在此基础上,最终构建本书假设模型,为进一步实证分析提供研究基础。

第二节 研究变量与概念模型

一 研究变量

  本书主要探讨乡村旅游体验价值与旅游者幸福感的关系,探究游客满意度、地方依恋与旅游涉入对二者关系的中介与调节作用。通过上述研究可知，乡村旅游体验价值包括功能性价值、情境性价值、情感性价值、社会性价值和经济性价值5个维度。此外，本书基于"真实幸福感"视角探讨旅游者幸福感相关问题，以往学者大都从积极情绪、体验参与及意义获得3个方面对真实幸福感进行测量，并进行了理论与实证研究（Seligman，2002；Peterson，Park & Seligman，2005；Filep，2012；周蜀溪，2013），本书将旅游者幸福感作为一个变量。因此，本书的主要变量包括功能性价值、情境性价值、情感性价值、社会性价值、经济性价值、旅游者幸福感、游客满意度、地方依恋与旅游涉入。

（一）乡村旅游体验价值的变量确定

乡村旅游体验价值可划分为5个维度即5个变量：功能性价值是旅游者对乡村旅游产品的功能性、实用性属性的感知（Sheth & Cross，1991）；情境性价值是旅游者对特定乡村体验旅游情境的感知（张凤超、尤树洋，2009）；情感性价值是旅游者对情感体验是否被满足的感知；社会性价值是旅游者对其与社区居民或游客群体关系联结的感知（Sheth & Cross，1991）；经济性价值是旅游者对出行成本与投资报酬的感知（王锡秋，2005）。

（二）旅游者幸福感的变量确定

旅游者幸福感不仅包含享乐等愉悦生活的"积极情绪"，也包括沉浸在有意义的旅游活动中，通过"体验参与"而获得美好旅游体验，并通过旅游体验参与最终产生"意义获得"，从而获得幸福感（Filep，2012）。因此，旅游者幸福感是指旅游者通过旅游体验等愉悦生活的方式而产生情感体验，沉浸在美好的旅游生活中，从而获得持续不断的生活意义（Peterson，Park & Seligman，2005；Filep，2012；周蜀溪，2013）。

（三）游客满意度的变量确定

以往学者基于体验、期望、社会交换等研究视角，探讨了游客满意度的内涵。本书基于期望视角，认为游客满意度是指游客将旅游期望与真实旅游体验进行比较后而感知的满足程度（Pizam，1978；汪侠等，2006；Chon，1989）。

（四）地方依恋的变量确定

结合以往学者对地方依恋内涵的探讨，本书认为乡村体验旅游情境下的地方依恋是指旅游者基于情绪和感觉等个体情感，在思想与知识上对旅游地"乡村性"和"地方性"进行认知，并在实践中参与乡村体验旅游活动，通过行为与行动进一步强化旅游者与乡村的联系，最终形成旅游者对乡村的认同、归属与依恋（Moore & Graefe，1994；Bricker & Kerstetter，2000；Gieryn，2000）。

（五）旅游涉入的变量确定

以往学者对旅游涉入内涵的研究，大都基于社会心理学、消费行为学研究领域。本书在以往研究成果的基础上，认为旅游涉入是旅游者所体验的旅游活动对其个人产生的意义与情感联系，反映了旅游者的动机、兴趣被激活的心理状态，它受到旅游者价值观、个体需求与期望目标的影响（Havitz & Dimanche，1990，1997；张宏梅、陆林，2010，2011；雷嫚嫚，2013）。

二 概念模型

通过第二章文献综述和第三章理论基础的研究，本书已对模型构建的理论依据进行了充分探讨。依据顾客体验理论和顾客价值理论研究，乡村旅游体验价值是游客满意度、地方依恋、幸福感等产生的主要因素，且乡村旅游体验价值受到旅游者旅游涉入的影响，因此，将乡村旅游体验价值作为旅游者幸福感的前置变量，并探讨旅游涉入对乡村旅游体验价值与旅游者幸福感关系的调节作用，且注重分析乡村体验旅游情境因素，以及旅游者情绪与感受等个人情感因素；依据顾客满意理论研究，顾客满意度是顾客感知价值与其幸福感的中介变量，且游客满意度受到旅游者旅游涉入的影响，因此，本书将探讨游客满意度对乡村旅游体验价值与旅游者幸福感关系的中介作用，以及旅游涉入对游客满意度的影响作用；依据地方理论研究，地方依恋是顾客感知价值与其幸福感的中介变量，并且，游客满意度是地方依恋的前置变量，因此，本书将探讨地方依恋对乡村旅游体验价值与旅游者幸福感关系的中介作用，以及游客满意度对地方依恋的影响作用。

基于以上理论分析，本书提出乡村旅游体验价值、旅游者幸福感、游客满意度、地方依恋、旅游涉入的概念模型（见图 5-1）。从模型体现出 5 个方面的研究关系：(1) 乡村旅游体验价值 5 维度对旅游者幸福感的影响关系；(2) 乡村旅游体验价值 5 维度对游客满意度、地方依恋的影响关系；(3) 游客满意度、地方依恋对旅游者幸福感 3 维度的影响关系；(4) 旅游涉入对乡村旅游体验价值 5 维度与旅游者幸福感 3 维度之间关系的调节作用；(5) 旅游涉入、游客满意度与地方依恋的影响关系。

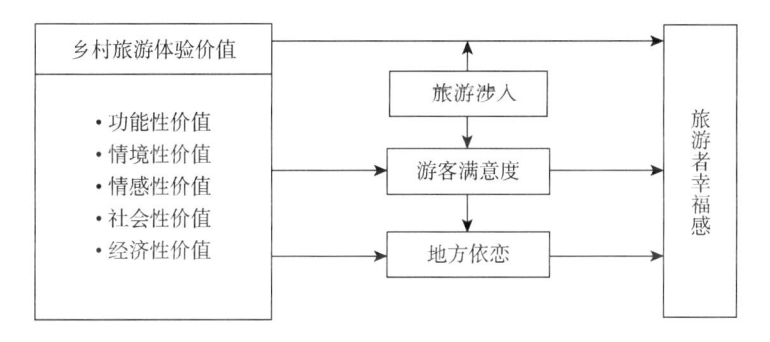

图 5-1 概念模型

第三节 理论与假设

一 乡村旅游体验价值与旅游者幸福感关系假设

在旅游研究领域，"旅游让生活更幸福"的议题已得到普遍认可与广泛讨论。学者们普遍认为旅游可提升游客积极情绪、减少消极情绪并提升其生活满意度（Gilbert & Abdullah, 2004; Dolnicar, Yanamandram & Cliff, 2012; McCabe & Johnson, 2013）。随着旅游者幸福感影响因素研究的不断深入，学者们研究发现旅游体验是影响旅游者幸福感的主要因素，并且，旅游体验价值往往对旅游者幸福感存在正向影响（Chen, Lehto & Cai, 2013; Pyke, Hartwell, Blake, et al., 2016）；与此同时，随着旅游体验价值研究的不断深入，学者们发现旅游体验价值正向影响旅游者幸福感，即旅游者幸福感是旅游体验价值的主要结果变量之一

(Kim,2010;陈怡琛、柏智勇,2017;马鹏、张威,2017)。因此,本书推断旅游者旅游体验价值的感知对其幸福感有正向影响。

在乡村体验旅游情境下,乡村旅游者往往远离日常琐事和工作压力,到乡村欣赏体验有异于居住地的自然和人文环境、参与新奇的旅游项目,使身心得到彻底放松以获得积极情绪,并沉浸在旅游体验活动中,从而获得旅游的意义,最终提升旅游者幸福感(黄向,2014;Jew,2015;Pyke & Hartwell,2016)。因此,旅游者对乡村旅游体验价值的感知在一定程度上影响了旅游者幸福感即旅游者积极情绪、体验参与及意义获得(Kim,2010;马鹏、张威,2017)。并且,通过第四章乡村旅游体验价值维度构思的探讨,本书认为乡村旅游体验价值是指旅游者通过乡村体验旅游对乡村体验旅游地功能性价值、情境性价值、情感性价值、社会性价值以及经济性价值等的感知与评价。因此,旅游者对于乡村旅游体验价值各维度的感知可能均会影响旅游者幸福感的获得。

首先,乡村体验旅游的功能性价值是旅游者对乡村旅游产品功能性、实用性等属性的体验与感知评价(Sheth & Cross,1991)。当旅游者到达乡村体验旅游地时,便会对其交通便利性、景区规划布局与设计、基础设施(停车场、厕所、供水供电、通信等)、服务设施(餐饮、住宿、娱乐、购物等)、旅游服务质量以及旅游地安全状况等进行初步感知与评价,以形成对乡村体验旅游地功能性价值的认知。功能性价值是旅游者对乡村体验旅游地产生地方依赖[①]的关键因素,因此,功能性价值往往会对旅游者是否获得积极情绪、能否沉浸在旅游体验活动中并获得较高的旅游体验价值以及持续不断的生活意义有直接正向影响。鉴于此,本书提出以下假设:

H1:功能性价值对旅游者幸福感有直接正向影响

其次,情境性价值是旅游者对特定乡村旅游情境进行体验而感知的

[①] 地方依赖是指人对地方的功能性依赖,它反映了地方能在多大程度上为旅游休闲体验活动提供必要条件,从而有助于个体目的达成;一般而言,能够满足个体更多需求的"地方"往往会产生更强的地方依赖。Hou, J. S., Lin, C. H., Morais, D. B., Antecedents of Attachment to a Cultural Tourism Destination: the Case of Hakka and Non-Hakka Taiwanese Visitors to Pei-Pu, Taiwan, *Journal of Travel Research*, 2005, 44 (2): 221 – 233.

价值（张凤超、尤树洋，2009）。在乡村体验旅游过程中，旅游者往往会对乡村体验旅游地的自然环境与乡土氛围进行感知，并形成感官享受（视觉、听觉、嗅觉、触觉、味觉等），同时，体验感知乡村旅游产品的主题特色，并对服务人员服务态度进行评价，旅游者通过这些特定情境进行乡村体验旅游感知而形成情境性价值。情境性价值是旅游者对乡村体验旅游地的环境氛围、感官享受、主题特色与服务态度的综合评价，在情境性价值体验过程中，旅游者通过体验环境氛围、获得感官享受而产生积极情感体验，并使自身沉浸在美好的旅游生活中，使旅游者获得较高的旅游体验价值以及持续不断的生活意义（Peterson，Park & Seligman，2005；Filep，2012；周蜀溪，2013；张天问等，2014）。因此，本书推断情境性价值可能会对旅游者幸福感有直接正向影响。鉴于此，本书提出以下假设：

H2：情境性价值对旅游者幸福感有直接正向影响

再次，旅游者在乡村体验旅游地进行旅游体验活动时，会在旅游地产生一定的情感体验。情感性价值是旅游者对情感体验是否被满足或提升的感知评价（Sheth & Cross，1991）。在乡村体验旅游过程中，旅游者会产生一定的情感体验，首先被乡村体验旅游地吸引而产生快乐感与舒适感，进而卸下负担和压力产生遁世感，并通过参与旅游体验活动开始对乡村体验旅游地倍感亲切，最后融入当地人的生活中并无陌生感（Gallarza，Arteaga，2015）。在乡村体验旅游中，旅游者被乡村体验旅游地吸引，产生快乐感、舒适感、遁世感等积极情感体验，从而对旅游地倍感亲切并融入旅游地生活中，使旅游者获得较高的旅游体验价值以及持续不断的生活意义（Seligman，2002；Peterson，Park & Seligman，2005；Filep，2012）。因此，本书推断情感性价值可能会对旅游者幸福感有直接正向影响。鉴于此，本书提出以下假设：

H3：情感性价值对旅游者幸福感有直接正向影响

复次，社会性价值由旅游者在社区居民或游客群体中产生的关系联结而感知获得（Williams等，2000）。旅游者在乡村体验旅游活动中，会与社区居民及其他游客进行社会交往与互动沟通。在旅游过程中，旅游者会产生社会体验价值，旅游者到乡村体验旅游地与当地居民一起生活，体验异于客源地的生活方式，感受独特的乡土文化，与当地居民以及同属游客进行互动沟通，从而产生对旅游地的归属感与认同感，最终将在乡村体验旅游地的体验变成美好回忆（李建州、范秀成，2006）。社会性价值包括旅游者在乡村体验旅游地的生活体验与文化感受、与当地居民及其他游客互动沟通、认同感与美好回忆等方面，在社会性价值体验过程中，旅游者通过旅游体验愉悦生活而产生积极情感体验，并使自身沉浸在美好的旅游生活中，从而获得较高的旅游体验价值以及持续不断的生活意义（Seligman 等，2002；陈国海，2010；Filep，2012；周蜀溪，2013）。因此，本书推断社会性价值可能会对旅游者幸福感有直接正向影响。鉴于此，本书提出以下假设：

H4：社会性价值对旅游者幸福感有直接正向影响

最后，经济性价值是旅游者对出行成本与投资报酬的感知评价（Mathwick，2001）。在乡村体验旅游过程中及旅游结束后，旅游者会对自己付出的成本与感知收益进行比较评价，从而确定是否物有所值。并且，旅游者在购买旅游产品时，会对其价格是否公正产生认知；在旅游活动结束后，会对其花费是否合理、成本是否较低进行感知，从而确定此次旅游是否物有所值。旅游者对旅游产品价格是否公正、花费是否合理、是否省时省力、是否物有所值进行感知评价，从而产生积极的情感体验，沉浸在花费合理、省时省力、物有所值的美好旅游生活中，并获得较高的旅游体验价值以及持续不断的生活意义（Mathwick，2001；郑锐洪等，2016；向坚持，2017）。因此，本书推断经济性价值可能会对旅游者幸福感有直接正向影响。鉴于此，本书提出以下假设：

H5：经济性价值对旅游者幸福感有直接正向影响

二 游客满意度中介乡村旅游体验价值与旅游者幸福感关系假设

学者们认为影响游客满意度的主要因素包括游客感知价值、期望、情感、产品价格、旅游地形象、感知质量、旅游服务等方面（Anderson，1973；Gallarza & Saura，2006；Moital & Dias，2013；Woo & Kim，

2015；刘福承等，2017），将旅游体验价值作为游客满意度的前置变量并构建了游客满意度影响机制模型（Fornell & Anderson，1996；Jo & Lee，2014；Lu，2015），因此，乡村体验旅游情境下，旅游体验价值影响旅游者对乡村体验旅游的满意程度。

乡村旅游体验价值是旅游者通过体验旅游对旅游地功能性价值、情境性价值、情感性价值、社会性价值以及经济性价值等的感知与评价。

首先，旅游者会将乡村体验旅游地功能性价值与自身期望相比较以形成满意程度评价。因此，本书推断功能性价值可能会对游客满意度有直接正向影响。鉴于此，本书提出以下假设：

H6：功能性价值对游客满意度有直接正向影响

其次，旅游者会将乡村体验旅游地环境氛围、主题特色、服务态度、自身感官感受等与期望结果相比较，并形成满意程度评价。因此，本书推断情境性价值可能会对游客满意度有直接正向影响。鉴于此，本书提出以下假设：

H7：情境性价值对游客满意度有直接正向影响

再次，旅游者会对旅游地的吸引性及其为自己带来的快乐感、舒适感、遁世感、亲切感、融入感等与期望结果相比较，并形成满意程度评价。因此，本书推断情境性价值可能会对游客满意度有直接正向影响。鉴于此，本书提出以下假设：

H8：情感性价值对游客满意度有直接正向影响

复次，旅游者基于在乡村体验旅游地的生活体验与文化感受以及与社区居民或游客的互动沟通，形成对旅游地的认同感与美好回忆，旅游者会将其与期望结果相比较以形成满意程度评价。因此，本书推断社会性价值可能会对游客满意度有直接正向影响。鉴于此，本书提出以下假设：

H9：社会性价值对游客满意度有直接正向影响

最后，旅游者会将旅游花费是否合理、出行成本是否较低、是否物有所值等与期望结果相比较，并形成满意程度评价。因此，本书推断经济性价值可能会对游客满意度有直接正向影响。鉴于此，本书提出以下假设：

H10：经济性价值对游客满意度有直接正向影响

学者们认为游客满意度是影响旅游者幸福感的主要因素之一，游客满意度正向影响旅游者幸福感，游客满意度越高，旅游者幸福感越强，且游客满意度可预测旅游者幸福感（Iso-Ahola，1980；Mannell，1997；Neal，et al.，2004）。首先，在乡村体验旅游情境下，旅游者的旅游目的之一是通过乡村体验旅游活动获得享乐并愉悦生活，游客是否满意会影响旅游者旅游体验中积极情绪的获得；其次，在乡村体验旅游活动中，旅游者期望投入并沉浸在美好的旅游生活中，积极主动体验参与各种旅游活动，游客满意度作为旅游者与其期望的比较结果，会影响游客是否能沉浸在旅游生活中进行体验参与；最后，依据旅游者旅游动机的不同，旅游者进行乡村体验旅游是为了暂时忘却烦琐的生活和工作压力，或是为了慰藉乡愁，或是为了融洽和家人及朋友的感情，或是为了亲近自然，或是为了体验乡土文化，等等，在为了实现旅游目的的乡村体验旅游过程中，旅游者会或多或少地获得某些有关生命或生活的意义，游客有无实现期望的旅游目的，直接与其旅游意义的获得相关，即游客满意度会影响旅游者能否获得较高的旅游体验价值以及持续不断的生活意义。因此，本书推断游客满意度可能会对旅游者幸福感有直接正向影响。鉴于此，本书提出以下假设：

H11：游客满意度对旅游者幸福感有直接正向影响

此外，前期对游客满意度的相关研究，大都将其作为中介变量，研究游客满意度对原因变量与结果变量关系的中介传导机制。学者们认为游客感知价值、期望、感知质量等均是影响游客满意度的主要因素（Anderson，1973；Gallarza & Saura，2006；Moital & Dias，2013；Woo & Kim，2015；刘福承等，2017），将体验价值作为游客满意度的前置变量进行研究，并构建了游客满意度影响机制模型（Fornell & Anderson，1996；Jo & Lee，2014；Lu，2015）。还有些学者对游客满意度结果变量和旅游者幸福感前置变量进行了研究，认为旅游者幸福感是游客满意度的结果变量之一，或者说游客满意度是旅游者幸福感的前置变量之一，即游客满意度对旅游者幸福感有正向影响，且部分学者开始探讨游客满意度对旅游者幸福感各维度的影响（Iso-Ahola，1980；Mannell，1997；

黄蓉蓉，2015；金锡钟，2017）。也就是说，前期学者最初探讨了旅游感知价值、感知质量、动机等对游客满意度的影响（Crompton，1979）。随着研究的不断深化，学者们开始探究游客满意度对生活满意度及幸福感的影响（Neal，et al.，2004），并初步探讨旅游体验价值不仅直接正向影响旅游者幸福感，而且通过游客满意度间接影响旅游者幸福感。因此，本书推断游客满意度中介乡村旅游体验价值对旅游者幸福感的影响。

首先，在乡村体验旅游过程中旅游者会将乡村体验旅游地功能性价值与自身期望相比较以形成满意度评价，并且，游客是否满意又会对旅游者能否在旅游体验中获得积极情绪、能否沉浸在旅游生活中进行体验参与、能否获得较高的旅游体验价值以及持续不断的生活意义产生直接正向影响，即游客满意度影响旅游者幸福感。前期对游客满意度与旅游者幸福感关系的研究发现，游客满意度可预测旅游者幸福感（Iso-Ahola，1980；Mannell，1997；Neal，et al.，2004）。因此，本书推断游客满意度可能中介功能性价值对旅游者幸福感的影响。鉴于此，本书提出以下假设：

Hz1：游客满意度中介功能性价值对旅游者幸福感的影响

其次，在乡村体验旅游过程中，旅游者会将乡村体验旅游地环境氛围、主题特色、服务态度、自身感官感受等与期望结果相比较，将乡村体验旅游地情境性价值与自身期望相比较以形成满意程度评价，游客是否满意又会对旅游者幸福感产生影响。并且，前期研究发现游客满意度可预测旅游者幸福感，游客满意度越高，旅游者幸福感越强（Iso-Ahola，1980；Mannell，1997；Neal，et al.，2004）。因此，本书推断游客满意度可能中介情境性价值对旅游者幸福感的影响。鉴于此，本书提出以下假设：

Hz2：游客满意度中介情境性价值对旅游者幸福感的影响

再次，在乡村体验旅游过程中，旅游者会将情感性体验价值与期望结果相比较，并形成满意程度评价。并且，游客满意度越高，旅游者幸福感越强，游客满意度可预测旅游者幸福感（Iso-Ahola，1980；Mannell，1997；Neal，et al.，2004），即游客是否满意对旅游者幸福感有直

接正向影响。因此,本书推断游客满意度可能中介情感性价值对旅游者幸福感的影响。鉴于此,本书提出以下假设:

Hz3:游客满意度中介情感性价值对旅游者幸福感的影响

复次,在乡村体验旅游过程中,旅游者会基于在旅游地的生活体验、文化感受以及人际互动与沟通,形成对旅游地的认同感与美好回忆,并将社会性价值与期望结果相比较以形成满意度评价。同时,由于游客满意度越高,旅游者幸福感越强(Iso-Ahola,1980;Mannell,1997;Neal,et al.,2004),因此,本书推断游客满意度可能中介社会性价值对旅游者幸福感的影响。鉴于此,本书提出以下假设:

Hz4:游客满意度中介社会性价值对旅游者幸福感的影响

最后,在乡村体验旅游过程中以及旅游活动结束后,旅游者会将旅游花费、出行成本等与期望结果相比较,并由此形成满意度评价。由于游客满意度可预测旅游者幸福感,即游客满意度越高,旅游者幸福感越强(Iso-Ahola,1980;Mannell,1997;Neal,et al.,2004),即游客是否满意对旅游者幸福感有直接正向影响。因此,本书推断游客满意度可能中介经济性价值对旅游者幸福感的影响。鉴于此,本书提出以下假设:

Hz5:游客满意度中介经济性价值对旅游者幸福感的影响

三 地方依恋中介乡村旅游体验价值与旅游者幸福感关系假设

以往学者探讨影响地方依恋的因素主要包括旅游者旅游体验价值、旅游动机、旅游者专业化程度、旅游地品牌等,研究结果表明,旅游体验价值感知作为地方依恋的前置变量之一对地方依恋有正向影响(Bricker & Kerstetter,2000;Kyle & Mowen,2004;张春晖、白凯,2011;赵宏杰、吴必虎,2012;余意峰、张春燕等,2017)。因此,在乡村体验旅游情境下,乡村旅游体验价值影响旅游者对旅游地的地方依恋。

如上所述,乡村旅游体验价值主要包括功能性价值、情境性价值、情感性价值、社会性价值以及经济性价值5个维度。

首先,旅游者对旅游地功能性价值的认知强化了其与乡村的联系,不断建立与乡村的情感联结，并影响了旅游者对乡村的认同、归属与依恋（Bricker & Kerstetter，2000）。因此，本书推断功能性价值可能会对地方依恋有直接正向影响。鉴于此，本书提出以下假设：

H12：功能性价值对地方依恋有直接正向影响

其次，旅游者基于个体情感，对乡村体验旅游地环境氛围、主题特色、服务态度、自身感官感受等进行认知，由此强化自身与乡村的联系，并形成对乡村的情感归属与依恋（Gieryn，2000；黄向、保继刚，2006）。因此，本书推断情境性价值可能会对地方依恋有直接正向影响。鉴于此，本书提出以下假设：

H13：情境性价值对地方依恋有直接正向影响

再次，旅游者对旅游地的吸引性及其为自己带来的快乐感、舒适感、遁世感、亲切感、融入感等的认知，并通过情感性价值认知强化自身与乡村的联系，不断建立与乡村的情感联结，以形成对乡村的情感归属与依恋。因此，本书推断情感性价值可能会对地方依恋有直接正向影响。鉴于此，本书提出以下假设：

H14：情感性价值对地方依恋有直接正向影响

复次，旅游者对乡村体验旅游地的生活体验与文化感受以及与社区居民或游客的互动沟通、认同感进行认知，形成对旅游地的美好回忆，以此强化了自身与乡村的联系，并形成对乡村的认同、归属与依恋（Gieryn，2000；黄向、保继刚，2006）。因此，本书推断社会性价值可能会对地方依恋有直接正向影响。鉴于此，本书提出以下假设：

H15：社会性价值对地方依恋有直接正向影响

最后，旅游者对旅游花费是否合理、出行成本是否较低、是否物有所值等的认知亦会强化或弱化旅游者对乡村的情感，并影响其是否会对乡村体验旅游地产生地方依恋。因此，本书推断经济性价值可能会对地方依恋有直接正向影响。鉴于此，本书提出以下假设：

H16：经济性价值对地方依恋有直接正向影响

此外，学者们认为地方依恋是影响旅游者幸福感的主要因素之一，地方依恋正向影响旅游者幸福感，并且，对旅游者游后行为意向、消费意愿、环境责任行为等均有正向影响（Williams & Vaske，2003；范钧等，2014）。在乡村体验旅游情境下，首先，旅游者基于个体情感，对乡村体验旅游地"乡村性"和"地方性"进行认知，强化自身与旅游地的联系，并把体验旅游活动作为愉悦生活的方式，形成了对乡村体验旅游地的地方依恋，这种情感有助于旅游者积极情绪的获得。其次，在乡村体验旅游活动中，地方依恋的形成强化了旅游者对乡村体验旅游地的积极情感，将有助于旅游者沉浸在美好的旅游生活中，并积极主动体验参与乡村体验旅游活动，也就是说，地方依恋促进了旅游者参与体验并投入乡村旅游活动中。最后，乡村体验旅游中旅游者地方依恋的形成，使得旅游者强化了对乡村体验旅游地的情感，更有助于旅游者旅游目的的实现，如暂时忘却烦琐的生活和工作压力，慰藉乡愁，融洽和家人及朋友的感情等。因而，在一定程度上，旅游者地方依恋影响了旅游者获得较高的旅游体验价值以及持续不断的生活意义的可能。因此，本书推断地方依恋可能会对旅游者幸福感各维度有直接正向影响。鉴于此，本书提出以下假设：

H17：地方依恋对旅游者幸福感有直接正向影响

前期研究认为旅游体验价值、旅游动机、旅游者专业化程度、旅游地品牌等是影响地方依恋的主要因素，并认为旅游体验价值感知作为地方依恋的前置变量，正向影响旅游者地方依恋（Bricker & Kerstetter，2000；Kyle & Mowen，2004；张春晖、白凯，2011；赵宏杰、吴必虎，2012；余意峰、张春燕等，2017）。并且，学者们研究发现地方依恋的结果变量主要有游后行为意向、消费意愿、旅游者幸福感等，地方依恋对旅游者幸福感有正向影响（Williams & Vaske，2003；范钧等，2014）。基于地方理论视角研究乡村体验旅游地，对于旅游者来说，未到达的乡村往往是抽象与模糊的，接近于地理学中"空间"的概念；旅游者通过到达乡村并参与乡村体验旅游活动，使其加深了对乡村的了解，并使旅游者地方感知更加具体，"空间"的概念逐渐向"地方"转变，旅游者又会通过旅游体验对乡村进行"经验建构"，不断建立与地方的情感联结，并赋予乡村独特的"地方"意义，"经验建构"过程与旅游者对乡村旅游体验价值的感知及其幸福感的获得息息相关。并且，前期对于地方依恋的相关研究，大都将其作为中介变量，研究地方依恋对前置变量与结果变量关系的中介传导机制（Bricker & Kerstetter，2000；贾衍菊、林德荣，2016，2017）。因此，本书推断地方依恋中介乡村旅游体验价值对旅游者幸福感的影响。

首先，在乡村体验旅游过程中，旅游者会通过功能性价值的认知强化其与乡村的联系，并不断建立与乡村体验旅游地的情感联结，功能性价值影响了旅游者对乡村的认同、归属与依恋（Bricker & Kerstetter，2000）。与此同时，旅游者对乡村体验旅游地的地方依恋，又影响了旅游者能否获得积极情绪，能否体验参与旅游活动，能否获得旅游意义，即影响旅游者幸福感的获得（Williams & Vaske，2003；范钧等，2014）。因此，本书推断地方依恋可能中介功能性价值对旅游者幸福感的影响。鉴于此，本书提出以下假设：

Hz6：地方依恋中介功能性价值对旅游者幸福感的影响

其次，在乡村体验旅游过程中，旅游者会通过情境性价值的认知，逐渐形成对乡村的地方依恋（Gieryn，2000；黄向、保继刚，2006）。并且，旅游者地方依恋又会对其积极情绪、体验参与、意义获得等幸福感获得产生影响（Williams & Vaske，2003；范钧等，2014）。因此，本书推断地方依恋可能中介情境性价值对旅游者幸福感的影响。鉴于此，本书提出以下假设：

Hz7：地方依恋中介情境性价值对旅游者幸福感的影响

再次，在乡村体验旅游过程中，旅游者对旅游地的情感性价值进行感知，并通过情感性价值认知强化自身与乡村的联系，不断建立与乡村的情感联结，以形成对乡村的情感归属与依恋。与此同时，旅游者对乡村体验旅游地的地方依恋又会影响其积极情绪、体验参与、意义获得等幸福感的获得（Williams & Vaske，2003；范钧等，2014）。因此，本书推断地方依恋可能中介情感性价值对旅游者幸福感的影响。鉴于此，本书提出以下假设：

Hz8：地方依恋中介情感性价值对旅游者幸福感的影响

复次，在乡村体验旅游过程中，旅游者通过对社会性价值感知进行，并以此强化旅游者自身与乡村的联系，形成对乡村的认同、归属与依恋（Gieryn，2000；黄向、保继刚，2006）。并且，旅游者对乡村体验旅游地的地方依恋又会对其积极情绪、体验参与、意义获得等幸福感获得产生影响（Williams & Vaske，2003；范钧等，2014）。因此，本书推断地方依恋可能中介社会性价值对旅游者幸福感的影响。鉴于此，本书提出以下假设：

Hz9：地方依恋中介社会性价值对旅游者幸福感的影响

最后，在乡村体验旅游过程中，旅游者经济性价值感知会直接影响其对乡村体验旅游地的地方依恋。与此同时，旅游者的地方依恋又会对其积极情绪、体验参与、意义获得等幸福感的获得产生影响（Williams & Vaske，2003；范钧等，2014）。因此，本书推断地方依恋可能中介经济性价值对旅游者幸福感的影响。鉴于此，本书提出以下假设：

Hz10：地方依恋中介经济性价值对旅游者幸福感的影响

四 旅游涉入调节乡村旅游体验价值与旅游者幸福感关系假设

以往学者认为旅游涉入是旅游者基于自身需求、特性与兴趣，而对旅游、休闲、游憩活动的重要程度及关联程度的感知（Zaichkowsky，1985；Havitz & Dimanche，1990，1997；雷嫚嫚，2013）；并探讨了旅游涉入与相关变量的影响关系，主要深入探究了旅游涉入与旅游动机、旅游体验价值、游客满意度、幸福感等的影响关系，研究结果显示，旅游动机对旅游者旅游涉入有正向影响；旅游涉入正向影响游客满意度、旅游者旅游体验价值感知、旅游者幸福感等相关变量（Losier & Bourque，1993；Iwasaki & Havitz，2004；Hwang et al.，2005）。由于旅游涉入对旅游体验价值和旅游者幸福感均有正向影响，因此，本书推断旅游涉入调节乡村旅游体验价值对旅游者幸福感的影响，即旅游涉入度越高，乡村旅游体验价值对旅游者幸福感的影响越强烈。

在乡村体验旅游情境下，旅游涉入是乡村旅游者所体验的旅游活动对其个人产生的意义与情感联系，反映了旅游者的动机、兴趣被激活的心理状态（Havitz & Dimanche，1990，1997；雷嫚嫚，2013）。在乡村旅游体验活动中，旅游者将旅游产生的意义与个人情感相连，因此，旅游者的动机与兴趣处于激活状态，能够积极主动地参与乡村旅游体验活动，并与各种旅游体验、各种经历以及各种有关的人等产生情感互动，从而获得更多且较为深刻的乡村旅游体验价值感知，并由此提升积极情绪，沉浸在美好的旅游生活中，进而获得较高的旅游价值以及持续不断的生活意义。因此，本书推断旅游涉入调节乡村旅游体验价值对旅游者幸福感的影响，即旅游涉入度越高，乡村旅游体验价值对旅游者幸福感的影响越强烈。

首先，旅游者在乡村体验旅游过程中旅游涉入度高，了解乡村体验旅游地功能性价值的动机与兴趣就被激活，则其对乡村体验旅游地功能性价值感知越大（Havitz & Dimanche，1990，1997；雷嫚嫚，2013）。并且，功能性价值是旅游者对乡村体验旅游地基础的功能性依赖，功能性价值感知越深往往越有利于旅游者获得积极情绪，并沉浸在旅游体验活动中，从而获得较高的旅游体验价值以及持续不断的生活意义。因此，本书推断旅游涉入可能会调节功能性价值对旅游者幸福感的影响。鉴于此，本书提出以下假设：

Ht1：旅游涉入调节功能性价值对旅游者幸福感的影响，即旅游涉入度越高，功能性价值对旅游者幸福感的影响越强烈

其次，旅游者在乡村体验旅游过程中旅游涉入度越高，旅游者情境性价值感知越大，从而通过体验环境氛围、获得感官享受而产生积极情感体验，并使自身沉浸在美好的旅游生活中，获得较高的旅游体验价值以及持续不断的生活意义。因此，本书推断旅游涉入可能会调节情境性价值对旅游者幸福感的影响。鉴于此，本书提出以下假设：

Ht2：旅游涉入调节情境性价值对旅游者幸福感的影响，即旅游涉入度越高，情境性价值对旅游者幸福感的影响越强烈

再次，在乡村体验旅游过程中，旅游涉入度越高，旅游者的情感体验往往更能够满足或提升。进而获得积极情绪，并投入到美好的旅游生活中，从而获得较高的旅游体验价值以及持续不断的生活意义。因此，本书推断旅游涉入可能会调节情感性价值对旅游者幸福感的影响。鉴于此，本书提出以下假设：

Ht3：旅游涉入调节情感性价值对旅游者幸福感的影响，即旅游涉入度越高，情感性价值对旅游者幸福感的影响越强烈

复次，在乡村体验旅游过程中，旅游涉入度越高，旅游者对乡村体验旅游地社会性体验价值感知越大。当旅游者了解旅游地的动机与兴趣被激活时，旅游者更易体验异于客源地的生活方式、感受独特的地方文化，同时，更好地与当地居民以及同属游客进行互动沟通，从而更易产生对旅游地的归属感与认同感，最终获得更多美好回忆（李建州、范秀成，2006）；进而使旅游者获得更多积极情感体验，并使其沉浸在美好的旅游生活中，从而获得较高的旅游体验价值以及持续不断的生活意义。因此，本书推断旅游涉入可能会调节社会性价值对旅游者幸福感的影响。鉴于此，本书提出以下假设：

Ht4：旅游涉入调节社会性价值对旅游者幸福感的影响，即旅游涉入度越高，社会性价值对旅游者幸福感的影响越强烈

最后，在乡村体验旅游过程中，旅游涉入度越高，旅游者获得经济性价值越多，这是因为，当旅游者旅游涉入度较高时，其对乡村体验旅游地相关情况较为了解，对其旅游产品的价格以及花费是否合理、如何省时省力、是否物有所值等问题进行了预判，旅游者往往会基于这种预判选择最好的旅游方式，从而获得更高的经济性价值感知。由此产生更多积极的情感体验，并沉浸在花费合理、省时省力、物有所值的美好旅游生活中，从而获得较高的旅游体验价值以及持续不断的生活意义。因此，本书推断旅游涉入可能会调节经济性价值对旅游者幸福感的影响。鉴于此，本书提出以下假设：

Ht5：旅游涉入调节经济性价值对旅游者幸福感的影响，即旅游涉入度越高，经济性价值对旅游者幸福感的影响越强烈

五 旅游涉入与游客满意度关系假设

学者们认为不同旅游涉入程度会导致不同的游客满意度，旅游涉入是游客满意度评价的一种衡量，游客满意度是旅游涉入的重要结果变量（Hwang et al.，2005；张宏梅、陆林，2010；陆相林、孙中伟，2017），

比如，Kim（2008）以美国大学生为研究样本，探讨了旅游动机、旅游涉入、游客满意度和游客忠诚度等变量之间的关系，并通过构建结构方程模型验证了旅游涉入正向影响游客满意度。并且，旅游涉入作为旅游活动对旅游者产生的意义与情感联系，反映了旅游者的动机、兴趣被激活的心理状态（Havitz & Dimanche，1990，1997；雷嫚嫚，2013）。当乡村体验旅游活动对旅游者产生意义与情感联系并激活了旅游者的动机与兴趣时，即旅游者旅游涉入程度较高时，亦会产生较高的游客满意度，这说明旅游涉入是影响游客满意度的重要变量。因此，本书推断旅游涉入可能会直接正向影响游客满意度。鉴于此，本书提出以下假设：

H18：旅游涉入对游客满意度有直接正向影响

六 游客满意度与地方依恋关系假设

以往学者认为地方依恋是旅游者个体情感的归属，游客满意度对地方依恋有正向影响。如贾衍菊、林德荣（2016）基于厦门的实证研究探讨了旅游服务感知、满意度、地方依恋与游客忠诚度[①]的关系，并验证了游客满意度对旅游者地方依恋有正向影响。通过对地方依恋影响因素的探讨，发现旅游者专业化程度、游客满意度以及旅游体验价值均对地方依恋有正向影响（Bricker & Kerstetter，2000；Kyle & Mowen，2004；张春晖、白凯，2011；赵宏杰、吴必虎，2012）。并且，地方依恋是个体对地方的情感涉入与归属感（Hummon，1992），代表了个体对地方的认同与评价（Moore & Graefe，1994），取决于个体感知到的与地方相结合的程度（Bricker & Kerstetter，2000）。地方依恋是人与地方的某种联系，这种联系基于情感等因素（Gieryn，2000）。游客满意度作为旅游者将旅游期望与真实旅游体验比较而感知的满足程度，往往会对旅游者与"地方"情感联结的建立产生影响（Bricker & Kerstetter，2000；

---

① 游客忠诚度源于顾客忠诚度的概念，是指由于受到旅游产品质量、价格以及旅游服务等诸多因素的影响，旅游者对某一旅游地或旅游产品产生感情，逐渐形成旅游偏好并进行多次重游的程度。白凯：《乡村体验旅游地场所依赖和游客忠诚度关联研究——以西安市长安区"农家乐"为例》，《人文地理》2010年第4期。

Kyle & Mowen，2004)。因此，本书推断游客满意度可能会直接正向影响地方依恋。鉴于此，本书提出以下假设：

H19：游客满意度对地方依恋有直接正向影响

首先，旅游者会对乡村体验旅游地功能性价值与自身期望相比较而形成感知评价，旅游地功能性价值会影响游客满意度。同时由前文可知，游客满意度会对旅游者地方依恋的形成产生影响（Bricker & Kerstetter，2000；Kyle & Mowen，2004)。因此，本书推断游客满意度可能中介功能性价值对地方依恋的影响。鉴于此，本书提出以下假设：

Hz11：游客满意度中介功能性价值对地方依恋的影响

其次，旅游者会将乡村体验旅游地情境性价值与自身期望相比较而形成满意度评价，情境性价值影响游客满意度。同时由前文可知，游客满意度会对旅游者地方依恋的形成产生影响。因此，本书推断游客满意度可能中介情境性价值对地方依恋的影响。鉴于此，本书提出以下假设：

Hz12：游客满意度中介情境性价值对地方依恋的影响

再次，旅游者会将乡村体验旅游地情感性价值与期望结果相比较而形成满意程度评价，情感性价值影响游客满意度。同时由前文可知，游客满意度会对旅游者地方依恋的形成产生影响。因此，本书推断游客满意度可能中介情感性价值对地方依恋的影响。鉴于此，本书提出以下假设：

Hz13：游客满意度中介情感性价值对地方依恋的影响

复次，旅游者会将乡村体验旅游地社会性价值与期望相比较以形成满意度评价，社会性价值影响游客满意度。同时由前文可知，游客满意度会对旅游者地方依恋产生影响。因此，本书推断游客满意度可能中介社会性价值对地方依恋的影响。鉴于此，本书提出以下假设：

Hz14：游客满意度中介社会性价值对地方依恋的影响

最后，旅游者会将乡村体验旅游地经济性价值与期望相比较而形成满意度评价，经济性价值影响游客满意度。同时，由前文可知，游客满意度会对旅游者地方依恋的形成产生影响。因此，本书推断游客满意度可能中介经济性价值对地方依恋的影响。鉴于此，本书提出以下假设：

Hz15：游客满意度中介经济性价值对地方依恋的影响

地方依恋作为个体对地方的情感涉入与归属感（Hummon，1992），代表了旅游者对旅游地的认同与评价（Moore & Graefe，1994），取决于旅游者感知到的与旅游地相结合的程度（Bricker & Kerstetter，2000），是旅游者与旅游地之间的情感联系（Gieryn，2000）。因此，游客满意度作为旅游者将旅游期望与真实旅游体验比较而感知的满足程度，会对旅游者与旅游地情感联结的建立产生影响。与此同时，旅游者对乡村体验旅游地的地方依恋，又会影响旅游者积极情绪、体验参与、旅游意义等幸福感的获得（Williams & Vaske，2003；范钧等，2014）。因此，本书推断地方依恋中介游客满意度对旅游者幸福感的影响。鉴于此，本书提出以下假设：

Hz16：地方依恋中介游客满意度对旅游者幸福感的影响

七 假设模型

基于上述概念模型与研究假设，构建了本书的假设模型（见图5-2）。通过上述理论分析，本书认为乡村旅游体验价值各维度直接正

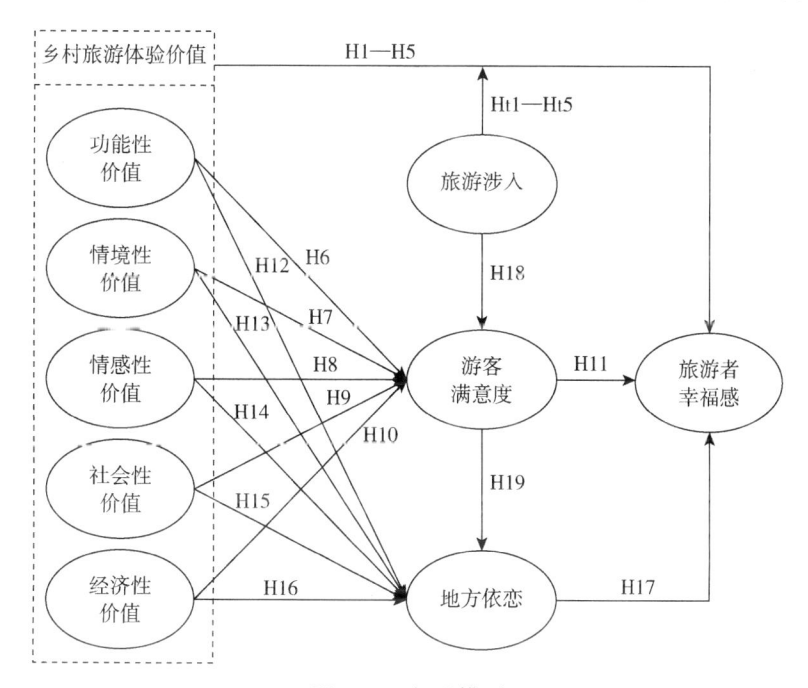

图5-2 假设模型

向影响旅游者幸福感；游客满意度中介乡村旅游体验价值对旅游者幸福感的影响；地方依恋中介乡村旅游体验价值对旅游者幸福感的影响；旅游涉入调节乡村旅游体验价值对旅游者幸福感的影响；旅游涉入直接正向影响游客满意度；游客满意度直接正向影响地方依恋。基于上述乡村旅游体验价值与旅游者幸福感关系分析形成的研究假设，将在第六章通过实证研究设计与分析进行验证。

第六章 实证研究设计与分析

第一节 研究目的

基于第五章假设模型的构建，本章将对变量之间的关系进行实证检验，以验证变量之间的影响关系、中介作用与调节作用。在上述研究的基础上，通过文献分析、专家咨询等研究方法拟定各变量测量题项，形成总体测量量表，并进行小样本问卷预试，对量表信度及其测量题项质量进行检验，并在此基础上，形成大样本调研问卷；通过问卷调研等研究方法获取研究数据，对量表进行信度、效度检验，然后，采用结构方程模型进行路径分析、影响关系检验与中介作用检验，并运用SPSS软件通过层次回归进行调节作用检验；最终验证乡村旅游体验价值与旅游者幸福感的关系，验证游客满意度、地方依恋对二者关系的中介作用、旅游涉入对二者关系的调节作用，以及旅游涉入、游客满意度、地方依恋的影响关系，以揭示乡村旅游体验价值与旅游者幸福感二者之间的作用机制与边界条件。

第二节 研究方法——问卷调查

一 问卷测量方法

本章采用问卷调研研究方法，问卷内容主要包括：（1）受访者基本情况，包括受访者性别、年龄、家庭结构、受教育程度、职业、月收入等个人基本信息；（2）受访者乡村体验旅游消费特征，包括乡村体验旅游地的体验活动类型、出游动机、出游时间、出游方式、出游天数、同行客群、人均消费、出游频次等受访者乡村体验旅游基本情况；（3）受访者对乡村旅游体验价值、旅游者幸福感、游客满意度、地方依恋、旅游涉入的感知评价，依据第五章假设模型中的11个变量进行测量，均采用李克特7点计分法："1"代表"完全不符合"，"2"代表"不符合"，"3"代表"有点不符合"，"4"代表"中立"，"5"代表"有点符合"，"6"代表"符合"，"7"代表"完全符合"。

二 量表设计

本书乡村旅游体验价值各维度即功能性价值、情境性价值、情感性价值、社会性价值、经济性价值的测量，采用第四章开发的乡村旅游体验价值量表；旅游者幸福感、游客满意度、地方依恋与旅游涉入测量量表均借鉴国外研究文献，所用英文量表均遵循翻译和回译程序进行中文翻译，以保证语义的准确性及量表的信度与效度，最终形成包括40个题项的总体结构量表，各变量测量题项见表6-1。

表6-1　　　　　　　　各变量测量题项

变量	代码	题项	来源
功能性价值（FV）	FV1	乡村体验旅游地交通便利	Babin（1994）；Sheth（2001）；Javier（2006）；Vesna（2010）；Christina（2008）；Jooyeon（2010）；徐虹、李秋云（2017）；Gallarza & Arteaga（2015）；深度访谈
	FV2	乡村体验旅游地规划设计布局合理	
	FV3	乡村体验旅游地基础设施完善	
	FV4	乡村体验旅游地服务设施完善	
情境性价值（CV）	CV1	乡村体验旅游地环境氛围和谐	Lai（1995）；Creusen（2005）；Hanny（2008）；Crdric His-Jui（2009）；张凤超（2010）；Gallarza & Arteaga（2015）；郑锐洪等（2016）；深度访谈
	CV2	乡村体验旅游让我获得了视、听、嗅、味等感官享受	
	CV3	乡村体验旅游地主题特色鲜明	

续表

变量	代码	题项	来源
情感性价值（EMV）	EMV1	乡村体验旅游地有吸引力	Babin（1994）；Holbrook（1999）；Mathwick（2001）；Yooshik（2005）；Vesna（2010）；申光龙、彭晓东（2017）；向坚持（2017）；深度访谈
	EMV2	在乡村体验旅游活动中我感觉很快乐	
	EMV3	乡村体验旅游让我暂时忘记了烦恼和压力	
	EMV4	乡村体验旅游地让我倍感亲切	
	EMV5	我感觉我融入了当地生活	
社会性价值（SV）	SV1	我感受并了解了特色乡土文化	Sheth（1991）；Williams（2000）；Crdric（2009）；Choong-Ki Lee（2007）；Gallarza & Arteaga（2015）；郑锐洪等（2016）；深度访谈
	SV2	当地居民和旅游者都与我友好互动沟通	
	SV3	乡村体验旅游给我留下了美好回忆	
经济性价值（ECV）	ECV1	乡村体验旅游花费合理	Mathwick（2001）；Kotler（2001）；Hanny（2008）；Joe（2009）；Prebensen等（2014）；Amoah, Radder & Eyk（2017）；深度访谈
	ECV2	乡村体验旅游时间、精力等出行成本低	
	ECV3	乡村体验旅游物有所值	
旅游者幸福感（TW）	TW1	乡村体验旅游让我不由自主地感到欣喜	Peterson, Park & Seligman（2005）；Chen（2010）；周蜀溪（2013）
	TW2	在选择乡村体验旅游的时候，我总是考虑它是否会令人愉快	
	TW3	我喜欢能刺激我感官的乡村体验旅游地	
	TW4	我认为满意的乡村体验旅游就是快乐的旅游	
	TW5	乡村体验旅游的时间总是讨得很快	
	TW6	在选择乡村体验旅游的时候，我总是会考虑我是否会沉浸其中	
	TW7	在乡村体验旅游过程中，我很少为周围发生的事心烦意乱	
	TW8	乡村体验旅游能带给我持续不断的生活意义	
	TW9	我有责任让乡村体验旅游地变成更美好的地方	
	TW10	我花了很多时间思考乡村体验旅游的意义以及如何获得意义	

续表

变量	代码	题项	来源
游客满意度（TSD）	TSD1	乡村体验旅游让我非常开心	Lee 等（2005）；Duman（2005）；Bosque 等（2008）；Moital 等（2013）
	TSD2	乡村体验旅游是一个明智的选择	
	TSD3	乡村体验旅游满足了我的旅游需求	
	TSD4	我对乡村体验旅游总体感到满意	
地方依恋（PA）	PA1	乡村体验旅游地的设施能满足我的需求	Lee 等（2005）；Duman（2005）；Bosque 等（2008）；Moital 等（2013）
	PA2	我喜欢这个乡村体验旅游地胜过其他	
	PA3	我感觉我是这个乡村体验旅游地的一部分	
	PA4	我非常留恋这个乡村体验旅游地	
旅游涉入（TI）	TI1	乡村体验旅游让我感到愉悦	Zaichkowsy（1985）；Laurent & Kapferer（1985）；Mc Intyre & Pigram（1992）；Hwang 等（2005）
	TI2	对我来说，乡村体验旅游是重要的	
	TI3	我的活动大多与乡村体验旅游有关	
	TI4	我有些朋友是在乡村体验旅游中认识的	

（一）旅游者幸福感量表

关于真实幸福感（Authentic Well-being，AWB）的测量，Peterson、Park 和 Seligman（2005）编制了幸福导向量表（the Orientations to Happiness Scale，OHS），Chen（2010）对其进行了修订，该量表测量了旅游者幸福感的3个维度即积极情绪、体验参与和意义获得，每个维度包含6个测量题项。

本书采用的旅游者幸福感量表主要参考幸福导向量表。由于研究对象是乡村体验旅游者，根据以往研究成果以及研究实际，本书对幸福导向量表测量题项数量及语言表述进行了适当修改。本书旅游者幸福感量表将采用3个指标进行测量，即积极情绪、体验参与和意义获得，共包括"乡村体验旅游让我不由自主地感到欣喜"等10个测量题项。

（二）游客满意度量表

关于游客满意度（Tourist Satisfaction）的测量，Lee 等（2005）基于"不满意/满意、不高兴/高兴"两个维度对游客满意度进行测量；Duman（2005）在 Lee 等（2005）研究的基础上，增加"失望/满意"、"糟糕/愉快"、"低于/超过我的预期"、"比我想象的更糟/更好"4个测量题项测量游客满意度；Bosque 等（2008）从情感（我非常开心）、认知（我做了一个明智的选择）、需求满足（满足了我的需求）等方面测量游客满意度；Moital 等（2013）通过单一问题对游客进行调查游客满意度，用 1—10 的分值衡量游客满意度。

本书游客满意度量表主要参考以上成熟测量方法，但由于本书的调查对象是乡村体验旅游者，需对量表测量题项及语言表述做适当修改。因此，根据以往研究成果以及研究实际，本书游客满意度将采用 4 个指标进行测量，即情感、认知、需求满足、总体满意感，共包括"乡村体验旅游让我非常开心"等 4 个测量题项。

（三）地方依恋量表

关于地方依恋（Place Attachment）的测量，Williams（2000）基于地方认同与地方依赖两个维度，开发了包括 20 个题项的地方依恋量表；Williams 和 Vaske（2003）基于森林旅游研究情境，开发了包括 12 个测量题项的地方依恋量表；Kyle 和 Graefe（2003）基于活动涉入研究，开发了包括 12 个测量题项的地方依恋量表。

本书地方依恋量表主要参考以上成熟量表，但由于本书基于乡村体验旅游情境，调查对象是乡村体验旅游者，因此，根据研究实际，对量表测量题项数量及语言表述做了适当修改。本书地方依恋量表将采用 2 个指标进行测量，即地方依赖、地方认同，共包括"乡村体验旅游地的设施能满足我的需求"等 4 个测量题项。

（四）旅游涉入量表

关于旅游涉入（Tourism Involvement）的测量，Zaichkowsky（1985）研究提出 PII 量表，认为可用 20 对语义形容词进行涉入测量，把涉入分为高、中、低三个层次，分析不同旅游涉入程度在其他变量上的差异；Laurant 和 Kapferer（1985）开发了消费者涉入量表（CIP），该量表包括 5 个维度即重要性、愉悦价值、象征性、风险概率、风险后果；在 PII 量表和 CIP 量表的基础上，McIntyre 和 Pigram（1992）开发了 EIS 量表，主要从愉悦性、重要性、自我表现、中心性等维度对旅游涉入进行测量。

本书旅游涉入量表主要参考以上成熟量表，但由于本书基于乡村体验旅游情境，调查对象是乡村体验旅游者，因此，根据研究实际，对量表测量题项及语言表述做了适当修改。本书旅游涉入量表将采用4个指标进行测量，即愉悦性、重要性、自我表现、中心性，共包括"乡村体验旅游让我感到愉悦"等4个测量题项。

第三节　问卷预试

一　研究取样

本书选取武汉市黄陂区"美丽乡村旅游点"木兰山景区、木兰云雾山景区、清凉寨景区等为调研景区；调研时间为2018年6月1—3日，其间包含儿童节和周末，游客流量较多；调研对象为乡村体验旅游者；调研时机选择在乡村体验旅游活动基本结束后，在景区休息处或出口处进行问卷发放，并附赠纪念品。本次共发放问卷145份，其中，木兰山景区发放预试问卷52份，木兰云雾山景区发放预试问卷51份、清凉寨景区发放预试问卷42份；最终回收问卷136份，问卷回收率93.8%，去除无效问卷（空白问卷、关键数据缺失问卷、随意填答问卷）9份，有效问卷共127份。

二　预试量表题项的筛选与保留

通过相关性检验验证量表各题项与总分的相关性（Corrected Item-Total Correlation，CITC），研究结果显示，其相关系数均大于0.40，呈显著相关；所有测量题项上的载荷都在0.40以上，交叉负荷均在0.35以下，每个测量题项的因子载荷均在0.50以上；本书采用同质性检验对预试量表进行信度分析，研究结果显示，预试量表Cronbach's α系数为0.805，并通过删除每一个测量题项观察预试量表内部一致性系数的变化，每个题项删除后其Cronbach's α系数均小于或等于0.805，说明该预试量表稳定性较好（吴明隆，2012）。因此，与相关专家讨论后，保留预试量表40个题项。

三 因子分析过程与结果

首先,通过对研究样本进行 KMO 检验和 Bartlett's 球形检验,研究结果显示,KMO 值为 0.735;Bartlett's 球形检验卡方值为 3196.645(df = 780;sig. = 0.000),说明数据样本适合因子分析。其次,预试量表 40 个测量题项可以抽取 9 个特征值大于 1 的因素(见图 6 - 1),这 9 个因素解释了总体变异的 70.361%,高于 60%(见表 6 - 2)。并且,提取的 9 个因子即社会性价值、情境性价值、经济性价值、功能性价值、情感性价值、旅游者幸福感、游客满意度、地方依恋、旅游涉入的 Cronbach's α 系数分别为 0.770、0.720、0.767、0.865、0.873、0.938、0.918、0.822、0.830,均在 0.70 以上,说明各因子有较好的内部一致性。

表 6 - 2　　　　　　　预试量表探索性因子分析结果

测量题项	成分								
	1	2	3	4	5	6	7	8	9
SV1	0.053	0.167	-0.010	0.023	0.165	0.044	0.782	0.117	0.039
SV2	-0.019	0.167	-0.073	0.038	0.144	0.079	0.783	0.005	0.038
SV3	0.107	0.188	-0.054	-0.064	0.179	-0.138	0.736	0.145	0.111
CV1	-0.017	-0.084	0.032	0.005	0.008	0.101	0.145	0.054	0.872
CV2	-0.041	0.020	-0.060	0.034	0.078	0.126	0.147	0.087	0.815
CV3	0.029	0.036	0.022	-0.077	0.051	-0.031	-0.087	-0.053	0.656
EMC1	-0.031	0.116	-0.050	-0.077	0.078	-0.001	0.018	0.792	-0.004
EMC2	-0.015	0.071	0.031	-0.125	0.205	0.030	0.154	0.780	0.157
EMC3	0.021	0.035	0.007	-0.146	0.149	0.039	0.080	0.798	-0.060
FV1	0.010	0.145	0.023	0.018	0.809	0.001	0.135	0.137	0.124
FV2	-0.040	0.102	0.089	0.024	0.848	-0.027	0.156	0.103	0.027
FV3	-0.157	0.203	-0.055	-0.063	0.771	-0.125	0.180	0.114	0.037
FV4	-0.080	0.186	0.074	-0.037	0.782	0.175	0.042	0.108	-0.014
EMV1	-0.022	0.817	0.023	0.061	0.081	-0.176	0.119	0.045	-0.038
EMV2	-0.004	0.787	0.022	-0.043	0.129	-0.086	0.130	0.004	-0.023

续表

测量题项	成分								
	1	2	3	4	5	6	7	8	9
EMV3	0.072	0.797	0.059	-0.098	0.150	0.054	0.089	0.029	0.020
EMV4	0.043	0.754	-0.043	-0.084	0.144	-0.055	0.133	0.047	0.061
EMV5	-0.044	0.814	0.047	-0.019	0.084	0.061	0.039	0.130	-0.035
TW1	0.823	-0.063	-0.006	-0.169	-0.100	0.053	0.174	-0.050	0.077
TW2	0.812	0.000	0.029	0.012	-0.064	0.148	-0.010	-0.010	-0.056
TW3	0.835	-0.051	0.011	-0.162	-0.117	0.051	0.161	-0.012	0.061
TW4	0.802	-0.072	0.108	0.067	-0.044	0.041	0.038	-0.013	0.026
TW5	0.735	0.057	-0.022	0.004	0.002	-0.094	-0.039	0.030	-0.113
TW6	0.827	0.029	0.024	0.008	-0.050	-0.059	-0.063	-0.026	-0.023
TW7	0.812	0.011	-0.057	0.018	0.086	0.126	-0.120	0.021	-0.016
TW8	0.804	0.088	0.079	-0.020	0.072	0.035	-0.153	-0.012	0.063
TW9	0.770	0.077	0.030	0.058	-0.074	-0.038	0.034	0.006	-0.039
TW10	0.788	-0.052	-0.059	0.003	-0.012	-0.149	0.221	0.035	0.045
TSD1	0.101	-0.044	0.869	0.079	0.044	-0.148	0.060	-0.013	-0.033
TSD2	-0.051	0.048	0.876	0.029	0.007	0.136	-0.090	0.067	-0.111
TSD3	0.078	0.066	0.912	-0.010	0.048	-0.046	-0.042	-0.065	0.081
TSD4	-0.010	0.035	0.914	-0.055	0.032	0.048	-0.066	-0.010	0.059
PA1	0.032	-0.090	-0.080	0.023	0.109	0.738	-0.074	-0.057	0.097
PA2	0.038	0.036	0.012	0.398	-0.096	0.767	-0.040	0.086	0.050
PA3	0.055	-0.159	0.109	0.308	0.007	0.760	0.059	-0.033	0.025
PA4	-0.014	0.046	-0.025	0.411	-0.037	0.674	0.122	0.161	0.049
TI1	-0.174	-0.170	-0.015	0.517	0.040	0.246	-0.043	-0.213	-0.054
TI2	0.013	0.083	0.100	0.838	0.010	0.153	0.059	-0.160	0.006
TI3	-0.004	-0.050	-0.018	0.893	0.015	0.147	0.001	-0.054	0.000
TI4	0.011	-0.129	-0.033	0.769	-0.104	0.301	-0.043	-0.070	-0.035
特征值	6.539	3.515	3.291	2.942	2.903	2.639	2.184	2.130	2.002
解释变异量(%)	16.347	8.786	8.228	7.354	7.258	6.597	5.461	5.325	5.005

续表

测量题项	成分								
	1	2	3	4	5	6	7	8	9
解释累积变异量(%)	16.347	25.134	33.362	40.715	47.973	54.570	60.031	65.356	70.361

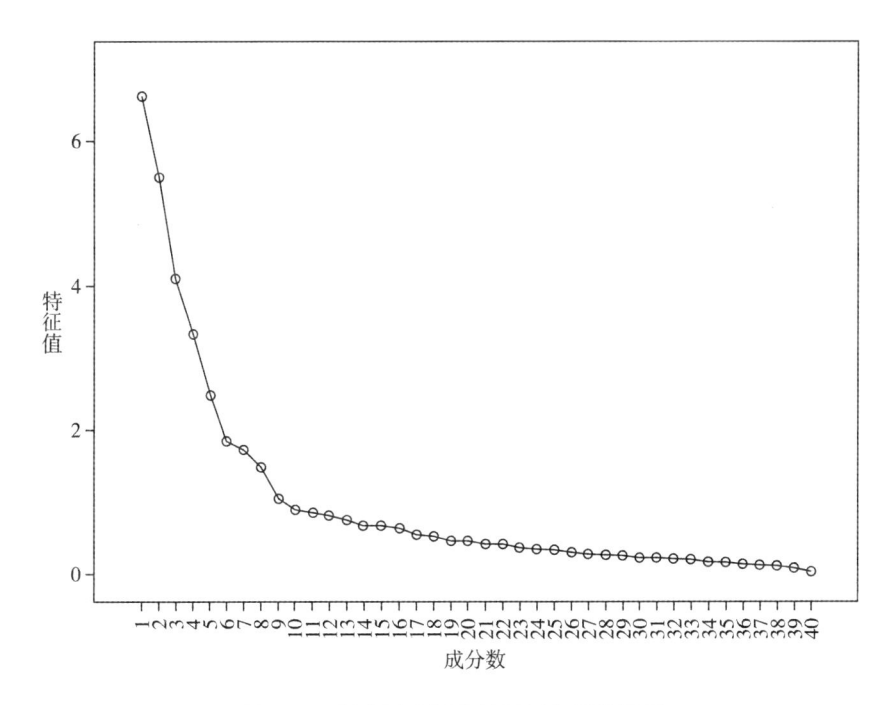

图6-1 预试量表探索性因子分析碎石图

第四节 数据收集

一 研究取样

为使本书在全国范围内具有普适性，本次问卷调研采取网络问卷发放和实地问卷发放相结合的方式。

（一）网络问卷发放

在调研对象的选择上，本书不仅仅局限于武汉市及其周边地区乡村体验旅游者，而是选取全国范围内在过去三个月内有乡村体验旅游经历且印象深刻的游客，采取网络问卷发放的方式进行问卷调研。之所以选取三个月内有乡村体验旅游经历且印象深刻的游客为调研对象，是因为本书要探讨乡村旅游体验价值与旅游者"真实"幸福感的关系，游客结束印象深刻的乡村体验旅游后，针对本次调研进行旅游体验回顾时，可较为理性地分析其旅游体验价值、游客满意度、地方依恋、旅游涉入，及其在较长的时间内对其"真实"幸福感的影响。本次网络调研时间为 2018 年 6 月 5 日至 7 月 11 日；问卷发放方式主要是通过"问卷星"专业问卷调查网站，设计并发布"关于乡村旅游体验价值与旅游者幸福感关系的调查问卷"，问卷网址链接为：https：//www.wjx.cn/jq/26508415.aspx，然后，通过 E-mail、微信、QQ 等信息交流平台将网址链接发送给选取的调研对象，并采用"滚雪球"的方式，请接受调研的游客协助将网址链接转发给其他符合调研要求的游客；并且，考虑到受访游客所在地区、所属行业、年龄段等个人基本情况，以尽可能保证在全国范围、不同行业、不同年龄段的乡村体验旅游者中进行调研。此次网络问卷发放较为顺利，只是在某些题项的理解上，有些受访者进行了提问，对其问题作答后，受访者顺利完成问卷。同时以发送红包的方式激励并答谢受访者的问卷填写及反馈。此次发放网络问卷 462 份，由于不合格问卷不予提交，462 份问卷均为有效问卷。

（二）实地问卷发放

本书考虑到网络问卷调研的弊端，比如 50 岁以上年龄段受访者可能存在填写网络问卷的限制性，以及受访者作答时可能由于不理解或其他原因，导致选项并未反映乡村体验旅游真实情况。因此，为了保证受访者年龄比例较为合适，并与网络调研问卷进行回答无偏性检验，本书还采取了实地问卷发放的方式。实地问卷发放选取武汉市黄陂区木兰云雾山景区、清凉寨景区、木兰脉地花都景区为调研地点；调研时间为 2018 年 6 月 16—19 日，其间包含了端午假期，游客流量较多且结构较为合理；调研对象为乡村体验旅游者；调研时机选择在乡村体验旅游活动基本结束后，在景区休息处或出口处进行问卷发放，并附赠纪念品。本次共发放问卷 165 份，其中，木兰云雾山景区发放问卷 57 份，清凉寨景区发放问卷52份，木兰脉地花都景区发放问卷56份；最终回收问卷159份，问卷回收率96.4%，去除无效问卷（空白问卷、关键数据缺失问卷、随意填答问卷）11份，有效问卷共148份。

综上，通过网络和实地问卷发放，共回收有效问卷610份。网络问卷来源涉及全国28个省、自治区和直辖市，基本体现了我国旅游者乡村旅游体验价值感知、幸福感、满意度、地方依恋、旅游涉入的基本情况，具有一定的代表性，总体样本基本信息见表6-3，总体样本消费特征见表6-4。

表6-3　　　　　　　　　　样本基本信息

基本信息	类别	频次（人次）	频率（%）
性别	男	269	44.1
	女	341	55.9
年龄	18岁以下	7	1.1
	18—29岁	197	32.3
	30—39岁	285	46.7
	40—49岁	78	12.8
	50岁及以上	43	7.0
家庭结构	未婚	211	34.6
	已婚无子女	48	7.9
	子女未成年	275	45.1
	子女已成年	76	12.5
受教育程度	初中	40	6.6
	高中	31	5.1
	专科	51	8.4
	本科	340	55.7
	研究生	148	24.3
月收入	4000元以下	243	39.8
	4000—6999元	215	35.2
	7000—9999元	79	13.0
	10000元及以上	73	12.0

续表

基本信息	类别	频次（人次）	频率（%）
职业	公司职员	92	15.1
	企业经理	48	7.9
	专业技术人员	164	26.9
	政府公务员	37	6.1
	农民	24	3.9
	军人	5	0.8
	学生	115	18.9
	离退休人员	6	1.0
	自由职业者	55	9.0
	其他	64	10.5

注：因四舍五入，合计数可能不等于100%。下同。

表6-4　　　　　　　　　　样本消费特征

消费特征	类别	频次（人次）	频率（%）
出游动机	亲近自然	512	83.9
	了解文化	246	40.3
	休闲度假	433	71.0
	健康疗养	155	25.4
	新鲜独特感	169	27.7
	探亲访友	134	22.0
	亲子教育	166	27.2
	商务会议	24	3.9
	购买土特产	60	9.8
	慰藉乡愁	77	12.6
	其他	60	9.8
出游时间	工作日	60	3.9
	周末	113	18.5
	节假日	187	30.7
	寒暑假	184	30.2
	休假	102	16.7

续表

消费特征	类别	频次（人次）	频率（%）
出游方式	自驾游	335	54.9
	随团出游	54	8.9
	乘火车	123	20.2
	乘汽车	31	5.1
	乘飞机	15	2.5
	其他	52	8.5
出游天数	当天往返	115	18.9
	2天	187	30.7
	3天	142	23.3
	4天	47	7.7
	5天及以上	119	19.5
同行客群	家人	400	65.6
	亲戚	20	3.3
	朋友	124	20.3
	同事	30	4.9
	合作伙伴	8	1.3
	其他	28	4.6
体验活动	田园观光	433	71.0
	民俗文化体验	312	51.1
	传统手工艺体验	201	33.0
	农（渔）家乐	275	45.1
	登山览景	231	37.9
	滨水休闲	115	18.9
	水上项目	83	13.6
	农事体验	87	14.3
	拓展训练	66	10.8
	表演娱乐	80	13.1
	文物古迹参观	181	29.7
	其他	45	7.4

续表

消费特征	类别	频次（人次）	频率（%）
人均消费	200元及以下	126	20.7
	201—400元	187	30.7
	401—600元	144	23.6
	601—800元	57	9.3
	800元以上	96	15.7
出游频次	1次	146	23.9
	2次	234	38.4
	3次	113	18.5
	4次	27	4.4
	5次及以上	90	14.8
期望的体验活动	田园观光	341	55.9
	民俗文化体验	281	46.1
	传统手工艺体验	263	43.1
	农（渔）家乐	253	41.5
	登山览景	248	40.7
	滨水休闲	190	31.1
	水上项目	154	25.2
	农事体验	98	16.1
	拓展训练	108	17.7
	表演娱乐	97	15.9
	文物古迹参观	193	31.6
	其他	40	6.6

二 样本容量分析

由于结构方程模型根据协方差矩阵进行分析，因而适配度检验与参数估计受到样本容量的影响，样本数量越大，结构方程模型统计分析的稳定性及指标适用性越好（吴明隆，2012）。关于结构方程分析的样本容量，学者们认为结构方程模型适合做大样本分析，统计分析的稳定性与样本数量成正比。Velicer 和 Fava（1998）在结构方程模型探索性因子分析中，样本容量、因子载荷、变量数目等是决定因子模型好坏的重要因素，因此，结构方程模型的样本数最好在 200 以上。Boomsma（1983）认为样本容量应大于 100，如能大于 200 更好，且越大越好；Bentler（1989）研究发现样本容量至少应为自有参数的 5 倍；Nunnally（1994）认为样本容量至少应为变量的 10 倍；Shumacker 和 Lomax（1996）研究发现大多数结构方程模型分析的样本容量在 200—500 较为合适；Rigdon（2005）认为结构方程模型的样本容量应大于 150，如果样本容量小于 150，则估计结果不稳定；吴明隆（2012）认为若要理论模型能够反映实际样本的性质，样本容量应在 200 以上。此外，对于每个因子应有测量指标的要求，侯杰泰、温忠麟等（2004）从可识别的角度分析，认为每个变量最好至少有 3 个测量指标。本书测量量表共有 11 个变量，每个变量的测量题项均等于或大于 3，并且，本次大样本调研共获取有效问卷 610 份，均符合上述学者对样本容量和测量指标的要求。

三 回答偏差检验

本书采用网络问卷发放和实地问卷发放两种方式，由于网络问卷受访者可能由于不理解某些问卷内容或其他原因，而导致选项答案并未反映实际情况，因此，需检验两种方式获取样本是否存在回答偏差。本书对实地调研发放的 148 份问卷与网络调研发放的 462 份问卷进行了独立样本 T 检验（见表 6-5），两种样本在 0.05 显著水平下并未有显著差异，表明两种样本并不存在因调查方式不同而造成的回答偏差。

表 6-5　　　　　　实地调研与网络调研回答偏差检验

变量	实地调研		网络调研		独立样本 T 检验	
	Mean	S. D.	Mean	S. D.	T 统计量	P 值
功能性价值	4.677	0.9678	4.722	1.1253	0.538	0.591
情境性价值	4.615	1.2215	4.738	1.1432	1.280	0.201
情感性价值	5.433	0.9892	5.337	1.0646	-1.144	0.253

续表

变量	实地调研 Mean	实地调研 S.D.	网络调研 Mean	网络调研 S.D.	独立样本T检验 T统计量	独立样本T检验 P值
社会性价值	5.044	1.1497	4.997	1.2293	-0.479	0.632
经济性价值	4.952	1.0490	4.886	1.1793	-0.738	0.461
旅游者幸福感	4.974	1.1899	5.038	1.1555	0.664	0.507
游客满意度	5.188	1.0096	5.170	1.1910	-0.201	0.841
地方依恋	5.137	0.9990	5.097	1.1481	-0.458	0.647
旅游涉入	4.092	1.1431	3.992	1.3084	-1.007	0.315

四 量表题项描述性统计

本书借助SPSS21.0统计分析软件，采用均值和标准差对问卷题项进行描述性统计分析（见表6-6）。

表6-6　　　　　　　　量表题项描述性统计

测量变量	代码	样本总量（份）	极小值统计量	极大值统计量	均值统计量	标准差统计量	偏度统计量	标准误	峰度统计量	标准误
功能性价值	FV1	610	1	7	4.73	1.272	-0.204	0.099	-0.214	0.198
功能性价值	FV2	610	1	7	4.75	1.274	-0.200	0.099	-0.272	0.198
功能性价值	FV3	610	1	7	4.70	1.247	-0.213	0.099	0.073	0.198
功能性价值	FV4	610	1	7	4.62	1.233	-0.155	0.099	0.074	0.198
情境性价值	CV1	610	1	7	4.43	1.517	-0.272	0.099	-0.601	0.198
情境性价值	CV2	610	1	7	4.89	1.235	-0.459	0.099	0.040	0.198
情境性价值	CV3	610	1	7	4.74	1.270	-0.337	0.099	-0.270	0.198
情感性价值	EMV1	610	1	7	5.34	1.172	-0.782	0.099	0.919	0.198
情感性价值	EMV2	610	1	7	5.39	1.234	-0.799	0.099	0.679	0.198
情感性价值	EMV3	610	1	7	5.39	1.189	-0.856	0.099	1.125	0.198
情感性价值	EMV4	610	1	7	5.34	1.279	-0.690	0.099	0.310	0.198
情感性价值	EMV5	610	1	7	5.44	1.276	-0.785	0.099	0.525	0.198

第六章　实证研究设计与分析 / 175

续表

测量变量	代码	样本总量（份）	极小值统计量	极大值统计量	均值统计量	标准差统计量	偏度统计量	标准误	峰度统计量	标准误
社会性价值	SV1	610	1	7	4.84	1.327	-0.482	0.099	-0.049	0.198
	SV2	610	1	7	5.04	1.384	-0.490	0.099	-0.248	0.198
	SV3	610	1	7	5.17	1.333	-0.751	0.099	0.344	0.198
经济性价值	ECV1	610	1	7	4.94	1.261	-0.387	0.099	-0.030	0.198
	ECV2	610	1	7	4.87	1.238	-0.380	0.099	-0.085	0.198
	ECV3	610	1	7	4.93	1.260	-0.433	0.099	0.066	0.198
旅游者幸福感	TW1	610	1	7	5.06	1.430	-1.080	0.099	0.951	0.198
	TW2	610	1	7	5.37	1.519	-1.142	0.099	0.892	0.198
	TW3	610	1	7	4.76	1.472	-0.749	0.099	0.199	0.198
	TW4	610	1	7	5.10	1.342	-0.733	0.099	0.393	0.198
	TW5	610	1	7	5.32	1.471	-1.132	0.099	1.031	0.198
	TW6	610	1	7	4.84	1.622	-0.542	0.099	-0.461	0.198
	TW7	610	1	7	5.06	1.427	-0.875	0.099	0.430	0.198
	TW8	610	1	7	4.61	1.404	-0.276	0.099	-0.400	0.198
	TW9	610	1	7	5.04	1.383	-1.047	0.099	1.223	0.198
	TW10	610	1	7	4.94	1.622	-0.766	0.099	0.154	0.198
游客满意度	TSD1	610	1	7	5.20	1.267	-0.745	0.099	0.514	0.198
	TSD2	610	1	7	5.07	1.252	-0.818	0.099	0.749	0.198
	TSD3	610	1	7	5.24	1.252	-0.817	0.099	0.777	0.198
	TSD4	610	1	7	5.20	1.290	-0.745	0.099	0.419	0.198
地方依恋	PA1	610	1	7	5.00	1.149	-0.567	0.099	0.725	0.198
	PA2	610	1	7	4.93	1.247	-0.491	0.099	0.323	0.198
	PA3	610	1	7	5.24	1.279	-0.713	0.099	0.580	0.198
	PA4	610	1	7	5.29	1.240	-0.754	0.099	0.676	0.198
旅游涉入	TI1	610	1	7	3.74	1.678	0.094	0.099	-0.825	0.198
	TI2	610	1	7	3.78	1.603	0.047	0.099	-0.800	0.198
	TI3	610	1	7	3.60	1.665	0.234	0.099	-0.872	0.198
	TI4	610	1	7	5.02	1.270	-0.577	0.099	0.314	0.198

第五节 量表信度和效度检验

进行结构方程分析之前，需对量表进行稳定性、可靠性和测量的正确性检验，即信度和效度检验，以判断量表质量。信度采用内部一致性 Cronbach's α 系数和组合信度（Composite Reliability，CR）进行检验；效度采用因子分析和平均方差提取值（Average variance extraction，AVE）进行检验。

一 信度检验

为衡量量表的稳定性和一致性，需进行信度检验，以判断观察变量对潜变量的表达程度。本书首先进行总体量表和各变量的信度检验，得出总体量表和各变量的 Cronbach's α 系数，并得出各题项与总分的相关系数（Corrected Item-Total Correlation，CITC）；研究结果显示，Cronbach's α 系数都在 0.8 以上，题项与总分的相关系数（CITC）均在 0.3 以上，如表 6-7 所示。问卷总体量表 Cronbach's α 系数为 0.952，删除项后的 Cronbach's α 系数均未大于 0.956，说明问卷总体信度非常高且 40 个题项都通过检验，不予删除。根据吴明隆（2012）的研究，Cronbach's α 系数大于 0.8 说明信度水平较佳，量表具有很高的内部一致性和稳定性。

表 6-7　　　　　　　　　样本数据的信度检验

题项		题项与总分的相关系数 CITC	删除该题项后的 Cronbach's α 系数	Cronbach's α 系数
总体量表：	样本容量 = 610（份）		题项数 = 40（题）	0.952
功能性价值	FV1	0.365	0.952	0.864
	FV2	0.391	0.952	
	FV3	0.363	0.952	
	FV4	0.356	0.952	

续表

题项		题项与总分的相关系数 CITC	删除该题项后的 Cronbach's α 系数	Cronbach's α 系数
情境性价值	CV1	0.364	0.952	0.848
	CV2	0.574	0.950	
	CV3	0.516	0.951	
情感性价值	EMV1	0.646	0.950	0.895
	EMV2	0.670	0.950	
	EMV3	0.572	0.950	
	EMV4	0.615	0.950	
	EMV5	0.674	0.950	
社会性价值	SV1	0.574	0.950	0.863
	SV2	0.625	0.950	
	SV3	0.566	0.950	
经济性价值	ECV1	0.684	0.950	0.878
	ECV2	0.606	0.950	
	ECV3	0.692	0.950	
旅游者幸福感	TW1	0.625	0.950	0.935
	TW2	0.585	0.950	
	TW3	0.594	0.950	
	TW4	0.625	0.950	
	TW5	0.558	0.951	
	TW6	0.601	0.950	
	TW7	0.629	0.950	
	TW8	0.586	0.950	
	TW9	0.643	0.950	
	TW10	0.696	0.950	
游客满意度	TSD1	0.667	0.950	0.904
	TSD2	0.562	0.951	
	TSD3	0.634	0.950	
	TSD4	0.642	0.950	

续表

题项		题项与总分的相关系数 CITC	删除该题项后的 Cronbach's α 系数	Cronbach's α 系数
地方依恋	PA1	0.661	0.950	0.905
	PA2	0.587	0.950	
	PA3	0.686	0.950	
	PA4	0.648	0.950	
旅游涉入	TI1	0.378	0.952	0.803
	TI2	0.392	0.952	
	TI3	0.386	0.952	
	TI4	0.421	0.951	

二 探索性因子分析（EFA）

由于本书总体量表是在深度访谈、专家咨询、文献分析的基础上形成的，具有较好的内容效度和表面效度，因此，需对量表进行结构效度检验。首先需进行探索性因子分析（EFA），在此基础上进行验证性因子分析（CFA），以确定变量和测量指标之间的结构关系，并通过因子载荷、组合信度（CR）、平均方差提取值（AVE）检验其区分效度和收敛效度。Bentler 和 Chou（1987）认为当变量数目较多时，应将变量分组进行探索性因子分析。因此，本书将采用 SPSS21.0，分别对乡村旅游体验价值、旅游者幸福感、游客满意度、地方依恋、旅游涉入等变量进行探索性因子分析。

（一）乡村旅游体验价值的 EFA 分析

在进行探索性因子分析前，需先对乡村旅游体验价值的 18 个测量指标进行 KMO 检验和 Bartlett's 球形检验，以判断取样是否充分以及变量间的共同因素，判定获取的数据是否能进行探索性因子分析。据 Kaiser（1974）经验法则，KMO 值越大，表明变量间存在的共同因素越多，KMO 值越接近于 1，说明变量间的相关性越强，偏相关性越弱，因子分析的效果越好，只有当 KMO 值在 0.7 以上时，说明分析效果尚可接受；并且，Bartlett's 球形检验卡方值达到显著水平，说明原相关矩阵存在共同因素，样本数据可以进行探索性因子分析。数据样本研究结果显示，KMO 值为 0.899，大于 0.7；Bartlett's 球形检验卡方值为 6735.033，卡方统计值 P 的显著性概率为 0.000，小于 0.01（见表 6-8），说明数据样本适合进行探索性因子分析。

表 6-8　　　　　　　KMO 检验和 Bartlett's 球形检验

KMO 检验		0.899
Bartlee's 特球形检验	Approx. Chi-square	6735.033
	df	153
	Sig.	0.000

然后，选取主成分—直交旋转—最大变异法进行探索性因子分析。从乡村旅游体验价值的 18 个测量题项中抽取 5 个特征值大于 1 的因素（见图 6-2），这 5 个因素解释了总体变异的 75.486%，高于 60%（见表 6-9）；并且，所有测量题项上的载荷都在 0.40 以上，交叉负荷均在 0.35 以下，每个测量题项的因素负荷均在 0.50—0.87，不需删除题项。

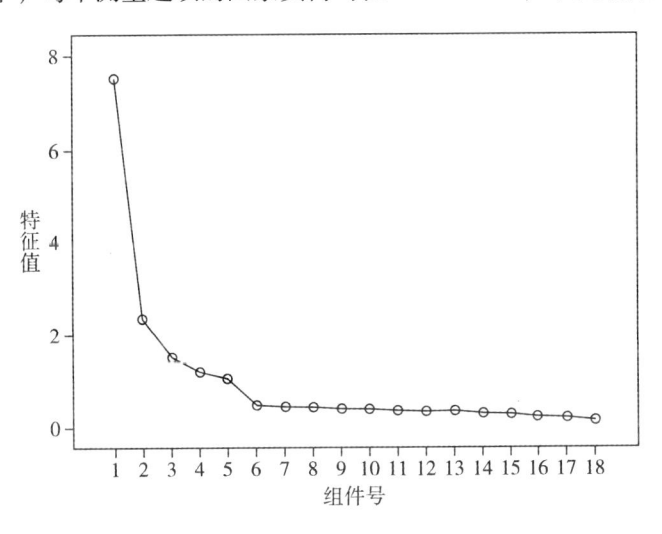

图 6-2　乡村旅游体验价值因子分析碎石图

表6-9　　　　　　　　　　直交旋转后的因子载荷矩阵

测量题项	因素1	因素2	因素3	因素4	因素5
SV1：我感受并了解了特色乡土文化	0.267	0.112	0.229	0.782	0.156
SV2：当地居民和旅游者都与我友好互动沟通	0.310	0.167	0.167	0.775	0.201
SV3：乡村体验旅游给我留下了美好回忆	0.308	0.122	0.048	0.804	0.191
CV1：乡村体验旅游地环境氛围和谐	0.104	0.017	0.850	0.049	0.111
CV2：乡村体验旅游让我获得了视、听、嗅、味等感官享受	0.239	0.111	0.774	0.239	0.199
CV3：乡村体验旅游地主题特色鲜明	0.223	0.052	0.866	0.134	0.172
ECV1：乡村体验旅游花费合理	0.315	0.119	0.204	0.263	0.721
ECV2：乡村体验旅游时间、精力等出行成本低	0.191	0.089	0.145	0.121	0.845
ECV3：乡村体验旅游物有所值	0.271	0.139	0.193	0.190	0.855
FV1：乡村体验旅游地交通便利	0.101	0.822	0.060	0.092	0.070
FV2：乡村体验旅游地规划设计布局合理	0.135	0.826	0.007	0.082	0.136
FV3：乡村体验旅游地基础设施完善	0.072	0.830	0.089	0.146	0.015
FV4：乡村体验旅游地服务设施完善	0.122	0.827	0.021	0.037	0.092
EMV1：乡村体验旅游地有吸引力	0.818	0.107	0.188	0.234	0.121
EMV2：在乡村体验旅游活动中我感觉很快乐	0.710	0.106	0.184	0.347	0.163
EMV3：乡村体验旅游让我暂时忘记了烦恼和压力	0.783	0.126	0.105	0.115	0.175
EMV4：乡村体验旅游地让我倍感亲切	0.740	0.106	0.133	0.197	0.213
EMV5：我感觉我融入了当地生活	0.764	0.146	0.160	0.226	0.249
特征值	7.446	2.363	1.529	1.211	1.038
解释变异量（%）	19.754	16.184	13.266	13.177	13.106
解释累积变异量（%）	19.754	35.937	49.204	62.381	75.486

（二）旅游者幸福感的 EFA 分析

在进行探索性因子分析前，需先对旅游者幸福感的 10 个测量指标进行 KMO 检验和 Bartlett's 球形检验。数据样本研究结果显示，KMO 值为 0.942，大于 0.7；Bartlett's 球形检验卡方值为 4102.217，卡方统计值 P 的显著性概率为 0.000 小于 0.01（见表 6-10），说明数据样本适合进行探索性因子分析。

表 6-10　KMO 和 Bartlett's 球形检验

KMO 检验		0.942
Bartlett's 球形检验	Approx. Chi-square	4102.217
	df	45
	Sig.	0.000

然后，选取主成分—直交旋转—最大变异法进行探索性因子分析。从旅游者幸福感的 10 个测量题项中抽取 1 个特征值大于 1 的因素（见图 6-3），该因素解释了总体变异的 63.573%，高于 60%（见表 6-11）；并且，所有测量题项上的载荷都在 0.70 以上，不需删除题项。

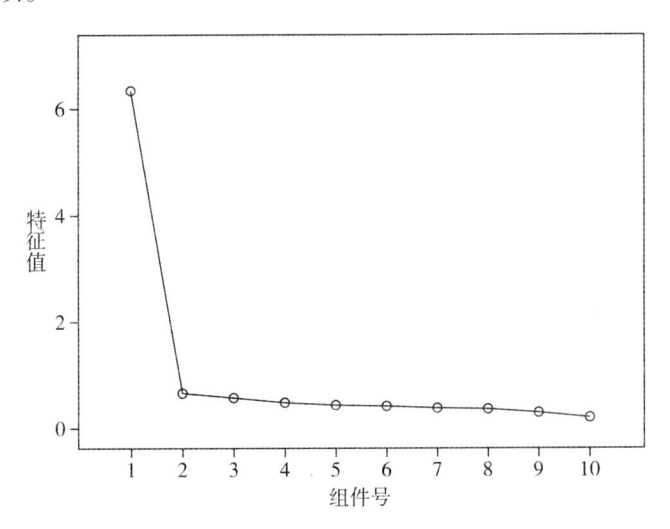

图 6-3　旅游者幸福感因子分析碎石图

表 6-11　直交旋转后的因子载荷矩阵

测量题项	成分
	因素 1
TW1：乡村体验旅游让我不由自主地感到欣喜	0.840

续表

测量题项	成分
	因素1
TW2：在选择乡村体验旅游的时候，我总是考虑它是否会令人愉快	0.825
TW3：我喜欢能刺激我感官的乡村体验旅游地	0.759
TW4：我认为满意的乡村体验旅游就是快乐的旅游	0.803
TW5：乡村体验旅游的时间总是过得很快	0.784
TW6：在选择乡村体验旅游的时候，我总是会考虑我是否会沉浸其中	0.740
TW7：在乡村体验旅游过程中，我很少为周围发生的事心烦意乱	0.820
TW8：乡村体验旅游能带给我持续不断的生活意义	0.740
TW9：我有责任让乡村体验旅游地变成更美好的地方	0.819
TW10：我花了很多时间思考乡村体验旅游的意义以及如何获得意义	0.835
特征值	6.357
解释变异量（%）	63.573
解释累积变异量（%）	63.573

（三）游客满意度的 EFA 分析

在进行探索性因子分析前，需先对游客满意度的4个测量指标进行 KMO 检验和 Bartlett's 球形检验。数据样本研究结果显示，KMO 值为 0.848，大于 0.7；Bartlett's 球形检验卡方值为 1523.392，卡方统计值 P 的显著性概率为 0.000，小于 0.01（见表 6 - 12），说明数据样本适合进行探索性因子分析。

表 6 - 12　　　　　　KMO 和 Bartlett's 球形检验

KMO 检验		0.848
Bartlett's 球形检验	Approx. Chi-square	1523.392
	df	6
	Sig.	0.000

然后，选取主成分—直交旋转—最大变异法进行探索性因子分析。从游客满意度的4个测量题项中抽取1个特征值大于1的因素（见图 6 - 4），这1个因素解释了总体变异的 77.628%，高于 60%（见

表6-13）；并且，每个测量题项的因素负荷均在0.50—0.90，不需删除题项。

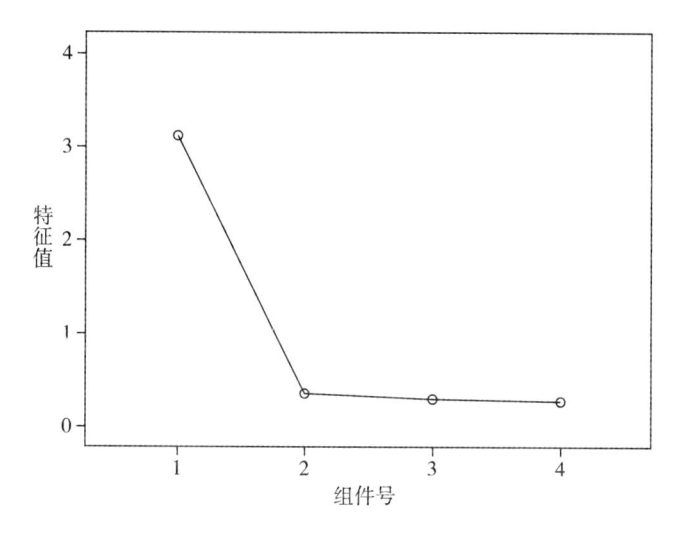

图6-4 游客满意度因子分析碎石图

表6-13 直交旋转后的因子载荷矩阵

测量题项	成分
	因素1
T3D1：乡村体验旅游让我非常开心	0.877
TSD2：乡村体验旅游是一个明智的选择	0.876
TSD3：乡村体验旅游满足了我的旅游需求	0.892
TSD4：我对乡村体验旅游总体感到满意	0.880
特征值	3.105
解释变异量（%）	77.628
解释累积变异量（%）	77.628

（四）地方依恋的 EFA 分析

在进行探索性因子分析前，需先对地方依恋的4个测量指标进行 KMO 检验和 Bartlett's 球形检验。数据样本研究结果显示，KMO 值为 0.846，大于 0.7；Bartlett's 球形检验卡方值为 1558.545，卡方统计值 P 的显著性概率为 0.000，小于 0.01（见表 6-14），说明数据样本适合进行探索性因子分析。

表 6-14　KMO 和 Bartlett's 球形检验

KMO 检验		0.846
Bartlett's 球形检验	Approx. Chi-square	1558.545
	df	6
	Sig.	0.000

然后，选取主成分—直交旋转—最大变异法进行探索性因子分析。从地方依恋的 4 个测量题项中抽取 1 个特征值大于 1 的因素（见图 6-5），这 1 个因素解释了总体变异的 77.890%，高于 60%（见表 6-15）；并且，每个测量题项的因素负荷均在 0.50—0.91，不需删除题项。

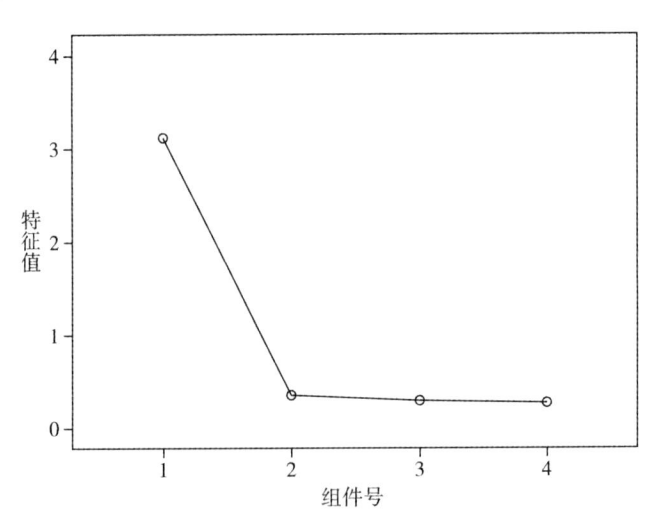

图 6-5　地方依恋因子分析碎石图

表 6-15　直交旋转后的因子载荷矩阵

测量题项	成分
	因素 1
PA1：乡村体验旅游地的设施能满足我的需求	0.868

续表

测量题项	成分
	因素1
PA2：我喜欢这个乡村体验旅游地胜过其他	0.876
PA3：我感觉我是这个乡村体验旅游地的一部分	0.908
PA4：我非常留恋这个乡村体验旅游地	0.879
特征值	3.116
解释变异量（%）	77.890
解释累积变异量（%）	77.890

（五）旅游涉入的 EFA 分析

在进行探索性因子分析前，需先对旅游涉入的4个测量指标进行 KMO 检验和 Bartlett's 球形检验。数据样本研究结果显示，KMO 值为 0.770，大于0.7；Bartlett's 球形检验卡方值为 908.541，卡方统计值 P 的显著性概率为 0.000，小于0.01（见表6-16），说明数据样本适合进行探索性因子分析。

表6-16　　　　　　KMO 和 Bartlett's 球形检验

KMO 检验		0.770
Bartlett's 球形检验	Approx. Chi-square	908.541
	df	6
	Sig.	0.000

然后，选取主成分—直交旋转—最大变异法进行探索性因子分析。从旅游涉入的4个测量题项中抽取1个特征值大于1的因素（见图6-6），这1个因素解释了总体变异的63.164%，高于60%（见表6-17）；并且，每个测量题项的因素负荷均在0.50—0.88，不需删除题项。

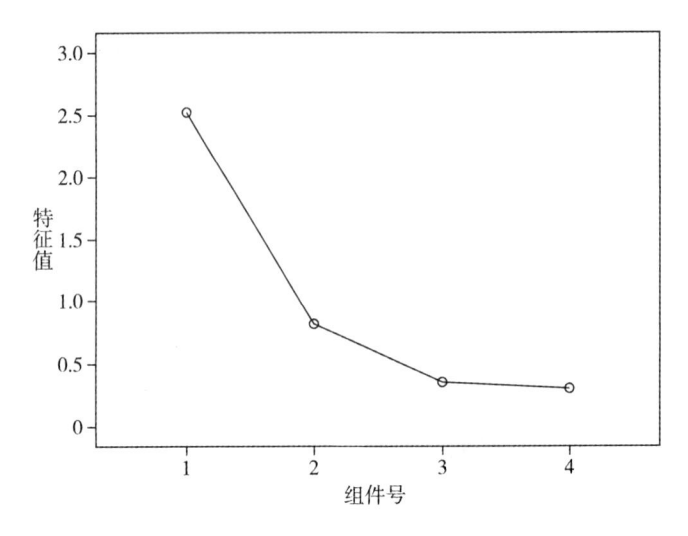

图 6-6　旅游涉入因子分析碎石图

表 6-17　　　　　　　　直交旋转后的因子载荷矩阵

测量题项	成分
	因素 1
TI1：乡村体验旅游让我感到愉悦	0.856
TI2：对我来说，乡村体验旅游是重要的	0.879
TI3：我的活动大多与乡村体验旅游有关	0.860
TI4：我有些朋友是在乡村体验旅游中认识的	0.530
特征值	2.527
解释变异量（%）	63.164
解释累积变异量（%）	63.164

三　验证性因子分析（CFA）

本书将分别对乡村旅游体验价值各维度、旅游者幸福感各维度以及游客满意度、地方依恋和旅游涉入进行验证性因子分析，并分别对各变量进行区分效度和收敛效度检验，以检验各指标对变量的解释程度。

(一) 乡村旅游体验价值 CFA 分析

乡村旅游体验价值由功能性价值、情境性价值、情感性价值、社会性价值、经济性价值5个维度构成,各维度指标均采用深度访谈、专家咨询、文献分析等方法形成,功能性价值由 FV1、FV2、FV3、FV4 4 个指标进行测量;情境性价值由 CV1、CV2、CV3 3 个指标进行测量;情感性价值由 EMV1、EMV2、EMV3、EMV4、EMV5 5 个指标进行测量;社会性价值由 SV1、SV2、SV3 3 个指标进行测量;经济性价值由 ECV1、ECV2、ECV3 3 个指标进行测量;均符合至少3 个指标的模型识别要求。乡村旅游体验价值结构方程见图6-7,各指标因子载荷、组合信度 (CR) 和平均方差提取值 (AVE) 见表6-18。

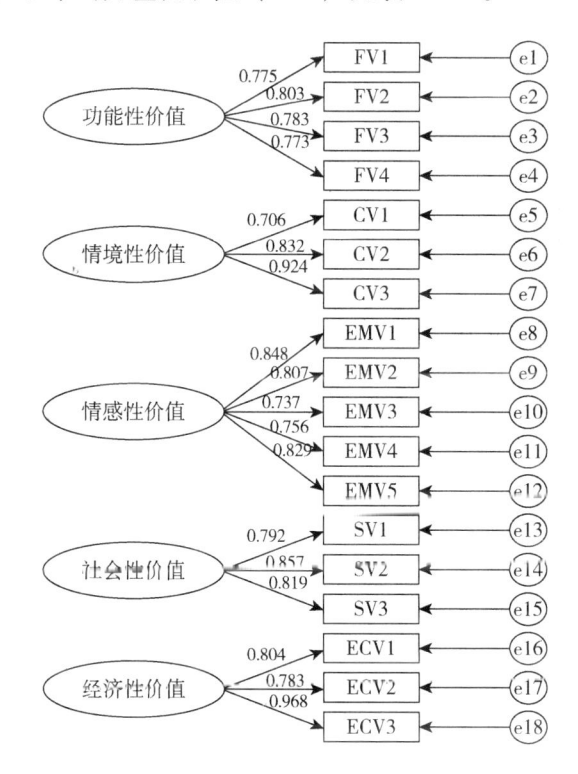

图 6-7 乡村旅游体验价值验证性因子分析模型

通过对结构方程模型进行适配度检验,模型各适配度指标:CMIN/DF = 2.270 < 3, RMSEA = 0.046 < 0.08, GFI = 0.952 > 0.9, CFI =

0.976>0.9，TLI=0.971>0.9，PNFI=0.783>0.5，均超过检验标准，这说明数据适配度较好。此外，各测量题项因子载荷在0.70—0.97，均大于0.5，在0.001显著水平下通过检验；5个维度的组合信度均大于0.8，平均方差提取值均大于0.5，均达到检验标准；这说明乡村旅游体验价值验证性因子分析模型具有良好的聚合效度。

表6-18　　　　　乡村旅游体验价值验证性因子分析

			Estimate	S. E.	C. R.	P	CR	AVE
FV1	←	FV	0.775					
FV2	←	FV	0.803	0.053	19.554	***	0.8642	0.614
FV3	←	FV	0.783	0.052	19.092	***		
FV4	←	FV	0.773	0.051	18.848	***		
CV1	←	CV	0.706					
CV2	←	CV	0.832	0.050	19.078	***	0.8638	0.6815
CV3	←	CV	0.924	0.055	19.788	***		
EMV1	←	EMV	0.848					
EMV2	←	EMV	0.807	0.042	23.739	***		
EMV3	←	EMV	0.737	0.042	20.790	***	0.8964	0.6345
EMV4	←	EMV	0.756	0.045	21.555	***		
EMV5	←	EMV	0.829	0.043	24.754	***		
SV1	←	SV	0.792					
SV2	←	SV	0.857	0.051	22.085	***	0.8629	0.6775
SV3	←	SV	0.819	0.049	21.149	***		
ECV1	←	ECV	0.804					
ECV2	←	ECV	0.783	0.043	22.034	***	0.8904	0.7322
ECV3	←	ECV	0.968	0.045	26.768	***		

注：***表示P<0.001。

（二）旅游者幸福感、游客满意度、地方依恋和旅游涉入CFA分析

旅游者幸福感由10个测量题项构成，各题项均采用深度访谈、专家咨询、文献分析等方法形成。研究探讨了游客满意度、地方依恋和旅游涉入对旅游者幸福感关系的多重影响作用，因此，将四个变量作为一组进行验证性因子分析，其结构方程见图 6-8，各指标因子载荷、组合信度（CR）和平均方差提取值（AVE）见表 6-19。

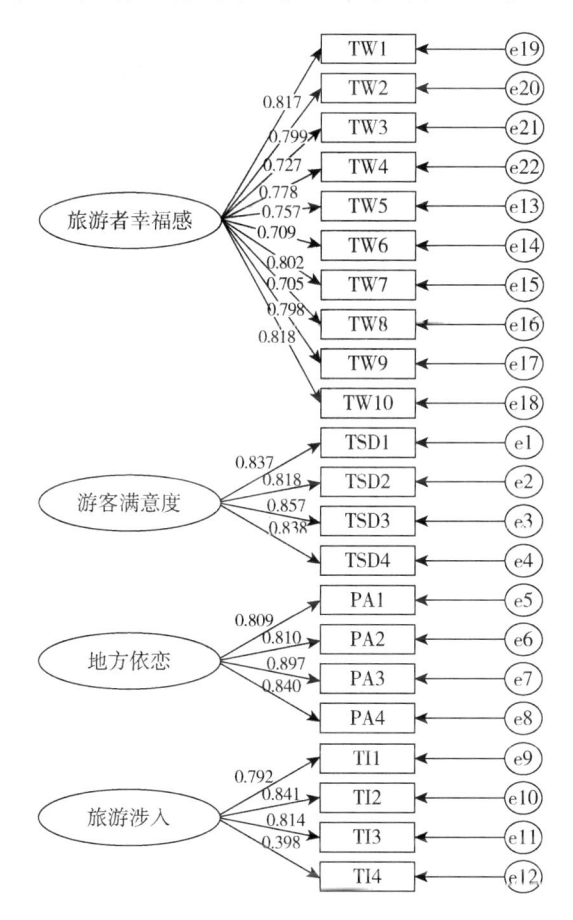

图 6-8　旅游者幸福感、游客满意度、地方依恋和旅游涉入验证性因子分析模型

模型各适配度指标：CMIN/DF = 2.647 < 3，RMSEA = 0.052 < 0.08，GFI = 0.926 > 0.9，CFI = 0.962 > 0.9，TLI = 0.957 > 0.9，PNFI = 0.826 > 0.5，均超过检验标准，这说明数据适配度较好；此外，旅游者幸福感、游客满意度、地方依恋和旅游涉入各测量题项因子载荷在 0.398—0.897，TI4 的因子载荷系数虽为 0.398，但达到显著性水平，考虑保留，其他因子载荷均大于 0.5，在 0.001 显著水平下通过检验；各变量的组合信度均大于 0.8，平均方差提取值均大于0.5,均达到检验标准。这说明旅游者幸福感、游客满意度、地方依恋和旅游涉入验证性因子分析模型具有良好的聚合效度。

表6-19　　　　旅游者幸福感、游客满意度、地方依恋和
旅游涉入验证性因子分析

			Estimate	S.E.	C.R.	P	CR	AVE
TW1	←	TW	0.817				0.9364	0.5962
TW2	←	TW	0.799	0.045	23.010	***	0.9364	0.5962
TW3	←	TW	0.727	0.045	20.165	***		
TW4	←	TW	0.778	0.040	22.141	***		
TW5	←	TW	0.757	0.045	21.315	***		
TW6	←	TW	0.709	0.050	19.501	***		
TW7	←	TW	0.802	0.042	23.124	***	0.9364	0.5962
TW8	←	TW	0.705	0.044	19.375	***		
TW9	←	TW	0.798	0.041	22.948	***		
TW10	←	TW	0.818	0.048	23.810	***		
TSD1	←	TSD	0.837				0.9039	0.7016
TSD2	←	TSD	0.818	0.041	23.796	***		
TSD3	←	TSD	0.857	0.040	25.452	***		
TSD4	←	TSD	0.838	0.041	24.657	***		
PA1	←	PA	0.809				0.9052	0.7052
PA2	←	PA	0.810	0.048	22.568	***		
PA3	←	PA	0.897	0.048	25.792	***		
PA4	←	PA	0.840	0.047	23.710	***		
TI1	←	TI	0.792				0.8144	0.5389
TI2	←	TI	0.841	0.049	20.545	***		
TI3	←	TI	0.814	0.051	20.131	***		
TI4	←	TI	0.398	0.041	9.351	***		

注：***表示 $P<0.001$。

四　相关矩阵与 AVE 分析

各变量间相关系数的大小表明了变量之间的相关程度,相关系数越

大，相关程度就越高。各变量相关分析结果见表6-20，9个变量均在 0.01 显著性水平上相关。此外，本书通过平均方差提取值（AVE）检验模型判别效度，吴明隆（2012）提出判别效度的检验标准，即 AVE 值大于0.5，且 AVE 的平方根大于交叉变量相关系数。本书相关矩阵与 AVE 分析结果显示，AVE 值均大于0.5，且 AVE 的平方根均大于交叉变量相关系数，因此，模型具有良好的判别效度。

表 6-20　　　　　　　　相关矩阵与 AVE 分析

	FV	CV	EMV	SV	ECV	TW	TSD	PA	TI
FV	**0.784**								
CV	0.17**	**0.826**							
EMV	0.31**	0.45**	**0.797**						
SV	0.31**	0.41**	0.64**	**0.823**					
ECV	0.28**	0.45**	0.57**	0.52**	**0.856**				
TW	0.20**	0.37**	0.52**	0.42**	0.56**	**0.772**			
TSD	0.43**	0.30**	0.52**	0.49**	0.50**	0.51**	**0.838**		
PA	0.34**	0.39**	0.60**	0.52**	0.54**	0.52**	0.58**	**0.840**	
TI	0.21**	0.30**	0.36**	0.29**	0.45**	0.27**	0.32**	0.32**	**0.734**

注：** 表示在 0.01 的显著性水平上相关；对角线加黑数字为 AVE 平方根。

第六节　结构方程模型分析与假设检验

结构方程模型分析主要包括结构模型分析和测量模型分析两部分，上节信度和效度检验已进行了测量模型的验证，本节将对结构模型进行分析，并进行假设检验。

一　结构方程模型拟合检验

本书构建了包括9个结构变量的结构方程模型，并采用 Amos21.0 软件进行数据分析，模型主要路径见图6-9。其中，功能性价值、情境性价值、

图6-9 结构方程模型

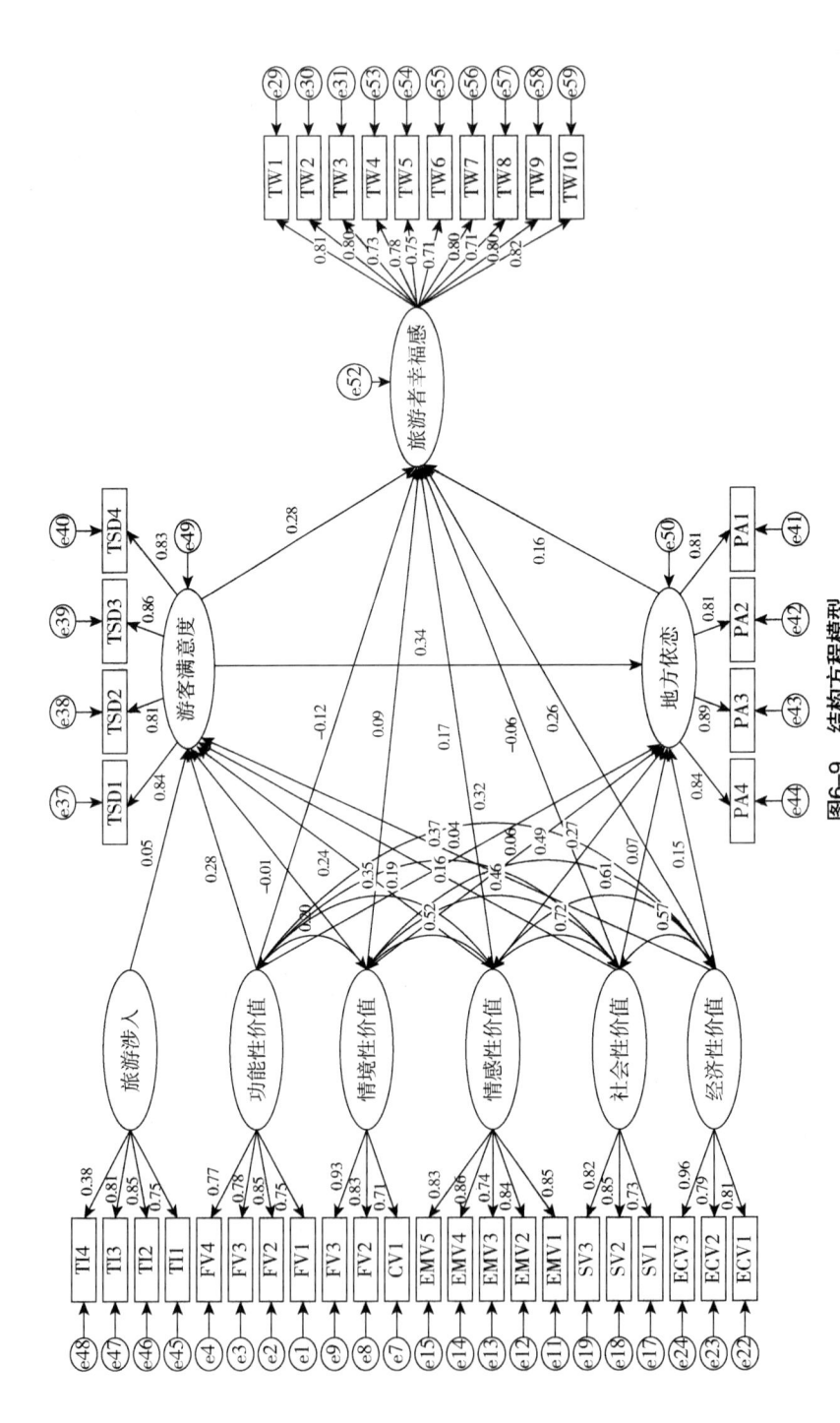

注：图中数据经过四舍五入处理。

情感性价值、社会性价值和经济性价值归属乡村旅游体验价值。

依据结构方程模型适配检验指标：卡方自由度的比值 NC 应在 1 至 3 之间；渐进残差均方根 RMSEA（Residual mean square error of approximation）值应介于 0.05—0.08，若低于 0.05 说明适配非常好；适配度指数 GFI 值一般认为应大于 0.9，若在 0.8 以上尚可接受；增值适配度指数 CFI 值应大于 0.9；非规准适配度指数 TLI 值应在 0.9 以上；简约调整后的规准适配度指数 PNFI 值应大于 0.5；一般认为样本数应大于 200（侯杰泰、温忠麟，2005；吴明隆，2012）。本书结构方程模型适配检验结果显示：卡方自由度的比值 NC 为 1.991，介于 1—3；渐进残差均方和平方根 RMSEA 值为 0.040，小于 0.08 的参考值要求；适配度指数 GFI 值为 0.899，接近于 0.9 的参考值要求；增值适配度指数 CFI 值为 0.956，大于 0.9 的参考值要求；非规准适配度指数 TLI 值为 0.952，大于 0.9 的参考值要求；简约调整后的规准适配度指数 PNFI 值为 0.835，大于 0.5 的参考值要求；样本数为 610，大于 200 的样本容量要求；因此，本书结构方程模型各项适配度指数均达到参考标准，说明模型适配良好。

表 6-21　　　　　　　　结构方程模型适配检验结果

适配度指标	指标值	适配结果
绝对适配度指数		
CMIN/DF（NC）	1.991	良好
RMSEA	0.040	良好
GFI	0.899	合理
AGFI	0.883	合理
增值适配度指数		
NFI	0.916	理想
RFI	0.908	理想
TLI	0.952	理想
CFI	0.956	理想
简约适配度指数		
PNFI	0.835	良好

续表

适配度指标	指标值	适配结果
PCFI	0.872	良好
样本容量		
CN	610（份）	符合要求

二 路径分析

本书采用 AMOS21.0 软件进行结构方程模型路径分析，从而得出结构方程模型路径系数值和 C.R. 值，路径系数反映了变量之间的影响关系及程度，临界比例 C.R.（Critical Ratio）可判断回归系数显著与否，一般认为 C.R. 值大于或等于 1.96，即可说明在 0.05 显著水平上有显著差异（侯杰泰，温忠麟，2005）。本书结构方程模型的标准化回归系数与方差参数估计见表 6-22。

表 6-22　结构方程模型的标准化回归系数与方差参数估计

假设路径	非标准化路径系数	路径系数	S.E.	C.R.	P
乡村旅游体验价值各维度对旅游者幸福感的影响					
H1：功能性价值→旅游者幸福感	0.299	0.280	0.044	6.736	***
H2：情境性价值→旅游者幸福感	-0.014	-0.014	0.044	-0.317	0.751
H3：情感性价值→旅游者幸福感	0.250	0.236	0.067	3.734	***
H4：社会性价值→旅游者幸福感	0.193	0.193	0.061	3.146	**
H5：经济性价值→旅游者幸福感	0.169	0.164	0.050	3.375	***
乡村旅游体验价值各维度对游客满意度的影响					
H6：功能性价值→游客满意度	-0.141	-0.120	0.049	-2.895	**
H7：情境性价值→游客满意度	0.096	0.088	0.046	2.067	*
H8：情感性价值→游客满意度	0.199	0.170	0.074	2.679	**
H9：社会性价值→游客满意度	-0.065	-0.059	0.065	-1.001	0.317
H10：经济性价值→游客满意度	0.300	0.265	0.055	5.456	***

续表

假设路径	非标准化路径系数	路径系数	S.E.	C.R.	P
游客满意度对旅游者幸福感的影响					
H11：游客满意度→旅游者幸福感	0.307	0.278	0.059	5.225	***
乡村旅游体验价值各维度对地方依恋的影响					
H12：功能性价值→地方依恋	0.035	0.037	0.037	0.955	0.340
H13：情境性价值→地方依恋	0.056	0.065	0.035	1.609	0.108
H14：情感性价值→地方依恋	0.256	0.273	0.055	4.659	***
H15：社会性价值→地方依恋	0.063	0.071	0.049	1.277	0.201
H16：经济性价值→地方依恋	0.137	0.151	0.041	3.390	***
地方依恋对旅游者幸福感的影响					
H17：地方依恋→旅游者幸福感	0.196	0.157	0.069	2.839	**
旅游涉入对游客满意度的影响					
H18：旅游涉入→游客满意度	0.041	0.051	0.028	1.425	0.154
游客满意度对地方依恋的影响					
H19：游客满意度→地方依恋	0.298	0.337	0.042	7.116	***

注：*** 表示 P<0.001，** 表示 0.001<P<0.01，* 表示 0.01<P<0.05。

三　乡村旅游体验价值与旅游者幸福感关系检验

对乡村旅游体验价值与旅游者幸福感关系的假设检验，本书依据表6-22对第五章提出的乡村旅游体验价值与旅游者幸福感关系的5项假设（H1—H5）进行逐一检验，研究结果显示，4项假设检验结果为支持，1项假设检验结果为不支持，假设检验结果见表6-23。

表6-23　乡村旅游体验价值与旅游者幸福感关系的假设检验结果

研究假设	路径系数	P值	检验结果
H1：功能性价值对旅游者幸福感有直接正向影响	0.280	***	支持
H2：情境性价值对旅游者幸福感有直接正向影响	-0.014	0.751	不支持
H3：情感性价值对旅游者幸福感有直接正向影响	0.236	***	支持

续表

研究假设	路径系数	P值	检验结果
H4：社会性价值对旅游者幸福感有直接正向影响	0.193	**	支持
H5：经济性价值对旅游者幸福感有直接正向影响	0.164	***	支持

注：*** 表示 $P<0.001$，** 表示 $0.001<P<0.01$。

四 游客满意度中介效应检验

在一些研究中，自变量不仅直接影响因变量，而且往往通过中介变量对因变量产生间接影响，中介效应[①]的研究目的就是检验自变量和因变量间的间接影响关系。温忠麟、侯杰泰等（2004）提出中介效应的检验方法：假设自变量是X、因变量是Y、中介变量是M，X对Y影响的总效应用c表示，中介变量存在的前提下，X对M的影响效应用a表示，M对Y的影响效应用b表示，那么，ab便是经过M的中介效应，且X对Y的直接影响效应用c′表示；若仅有一个中介变量，$c=c′+ab$，因此，中介效应 $ab=c-c′$，并以此来衡量中介效应的大小。中介效应检验需遵循检验步骤如图6-10所示，本书将遵循此步骤进行中介效应检验。

通过对本书结构方程模型进行分析发现，乡村旅游体验价值各维度即功能性价值、情境性价值、情感性价值、社会性价值、经济性价值对旅游者幸福感可产生直接影响，同时，可通过游客满意度间接影响旅游者幸福感，但是，仍需进一步检验中介效应是否显著。

首先，本书在结构方程模型路径分析（见表6-22）以及乡村旅游体验价值与旅游者幸福感关系假设检验（见表6-23）的基础上，依据表6-22对第五章提出的乡村旅游体验价值各维度对游客满意度有直接正向影响的研究假设（H6-H10），以及游客满意度对旅游者幸福感有

---

① 中介变量（mediator）是一个统计概念，已知自变量X直接影响因变量Y，如果自变量X通过变量M对因变量Y产生间接影响，则认为M就是X和Y的中介变量，中介作用的研究目的是探索自变量X影响因变量Y的内部作用机制。

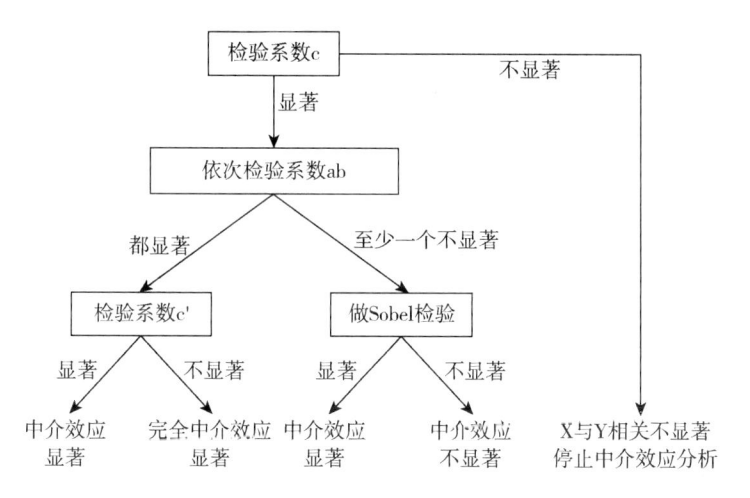

图 6-10 中介效应检验步骤

直接正向影响的研究假设（H11）进行逐一检验，研究结果显示，4 项假设检验结果为支持，2 项假设检验结果为不支持，假设检验结果见表 6-24。

表 6-24 乡村旅游体验价值与游客满意度、游客满意度与幸福感关系假设检验

研究假设	路径系数	P 值	检验结果
H6：功能性价值对游客满意度有直接正向影响	-0.120	**	不支持
H7：情境性价值对游客满意度有直接正向影响	0.088	*	支持
H8：情感性价值对游客满意度有直接正向影响	0.170	**	支持
H9：社会性价值对游客满意度有直接正向影响	-0.059	0.317	不支持
H10：经济性价值对游客满意度有直接正向影响	0.265	***	支持
H11：游客满意度对旅游者幸福感有直接正向影响	0.278	***	支持

注：*** 表示 $P<0.001$，** 表示 $0.001<P<0.01$，* 表示 $0.01<P<0.05$。

根据表 6-23 以及表 6-24，依据温忠麟、侯杰泰等（2005）中介效应的检验步骤，由于 H2 检验结果为不支持，因此，Hz2 无须继续进行中介效应检验，即 Hz2 检验结果为不支持，只需对 Hz1、Hz3、Hz4、Hz5 进行中介效应检验。

依据温忠麟、侯杰泰（2004）的观点，若 a 或 b 至少有一个不显著，需做 sobel 检验以确定中介效应是否显著，sobel 检验公式为：$s_{ab} = \sqrt{\hat{a}^2 s_b^2 + \hat{b}^2 s_a^2}$，其中，$\hat{a}$ 是中介变量对自变量的回归系数；S_a 是 a 的标准误；$\hat{b}$ 是因变量对中介变量的回归系数；S_b 是 b 的标准误；若概率 P > 0.05，则中介效应不显著。由于 H6、H9 检验结果为不支持，因此，需对 Hz1、Hz4 进行 sobel 检验，检验结果如表 6-25 所示，Hz1 为中介效应显著但是路径方向有误，Hz4 为中介效应不显著，故 Hz1、Hz4 检验结果为不支持。在上述研究的基础上，本书进行了 Hz3、Hz5 游客满意度中介效应显著性检验，检验结果均为支持，中介效应所占比重如表 6-25 所示。

表 6-25　　　　　　　游客满意度的中介效应假设检验结果

假设	路径	中介效应参数 路径系数	中介效应参数 标准误	中介效应所占比重（%）
Hz1	功能性价值→旅游者幸福感（c_1）		—	sobel 检验显著但方向为负向（P = 0.029）
	功能性价值→游客满意度（a_1）	-0.120	0.049	
	游客满意度→旅游者幸福感（b_1）	0.278	0.059	
	功能性价值→旅游者幸福感（c'_1）	0.280	0.044	
Hz3	情感性价值→旅游者幸福感（c_3）	0.283	—	16.68
	情感性价值→游客满意度（a_3）	0.170	0.074	
	游客满意度→旅游者幸福感（b_3）	0.278	0.059	
	情感性价值→旅游者幸福感（c'_3）	0.236	0.067	
Hz4	社会性价值→旅游者幸福感（c_4）		—	sobel 检验不显著（P = 0.372）
	社会性价值→游客满意度（a_4）	-0.059	0.065	
	游客满意度→旅游者幸福感（b_4）	0.278	0.059	
	社会性价值→旅游者幸福感（c'_4）	0.193	0.061	
Hz5	经济性价值→旅游者幸福感（c_5）	0.238	—	31.00
	经济性价值→游客满意度（a_5）	0.265	0.055	
	游客满意度→旅游者幸福感（b_5）	0.278	0.059	
	经济性价值→旅游者幸福感（c'_5）	0.164	0.050	

注：中介效应所占总效应的比重：$P = \hat{a}\hat{b} / (c' + \hat{a}\hat{b})$。

通过以上分析可知：

（1）游客满意度在情感性价值对旅游者幸福感的影响中存在中介效应，在不考虑其他影响因素的前提下，情感性价值对旅游者幸福感既存在直接效应（$c'3 = 0.236$，$P < 0.001$），也存在中介效应（$a3b3 = 0.047$，$P < 0.01$），中介效应占总效应的比重为 16.68%；

（2）游客满意度在经济性价值对旅游者幸福感的影响中存在中介效应，在不考虑其他影响因素的前提下，经济性价值对旅游者幸福感既存在直接效应（$c'5 = 0.164$，$P < 0.001$），也存在中介效应（$a5b5 = 0.074$，$P < 0.001$），中介效应占总效应的比重为 31.00%。

五 地方依恋中介效应检验

同样，本部分仍依据温忠麟、侯杰泰等（2004）提出的中介效应检验步骤对地方依恋的中介效应进行检验。通过对本书结构方程模型进行分析发现，乡村旅游体验价值各维度对旅游者幸福感产生直接影响，同时，可通过地方依恋间接影响旅游者幸福感，但是，仍需进一步检验中介效应是否显著。

首先，本书在结构方程模型路径分析的基础上，依据表 6 – 22 对第五章提出的乡村旅游体验价值各维度对地方依恋有直接正向影响的研究假设（H12—H16），以及地方依恋对旅游者幸福感有直接正向影响的研究假设（H17）进行逐一检验，研究结果显示，3 项假设检验结果为支持，3 项假设检验结果为不支持，假设检验结果见表 6—26。

表 6 – 26　乡村旅游体验价值与地方依恋、地方依恋与旅游者幸福感关系假设检验

研究假设	路径系数	P 值	检验结果
H12：功能性价值对地方依恋有直接正向影响	0.037	0.340	不支持
H13：情境性价值对地方依恋有直接正向影响	0.065	0.108	不支持
H14：情感性价值对地方依恋有直接正向影响	0.273	***	支持
H15：社会性价值对地方依恋有直接正向影响	0.071	0.201	不支持
H16：经济性价值对地方依恋有直接正向影响	0.151	***	支持

续表

研究假设	路径系数	P值	检验结果
H17：地方依恋对旅游者幸福感有直接正向影响	0.157	**	支持

注：*** 表示 P<0.001，** 表示 0.001<P<0.01。

根据表6-23以及表6-26，依据温忠麟、侯杰泰等（2004）中介效应的检验步骤，由于H2（见表6-23）、H13（见表6-26）检验结果为不支持，因此，Hz7无须继续进行中介效应检验，即Hz7检验结果为不支持，只需对Hz6、Hz8、Hz9、Hz10进行中介效应检验。

同样，依据温忠麟、侯杰泰（2004）的观点，由于H12、H15检验结果为不支持，因此，需对Hz6、Hz9进行sobel检验，检验结果如表6-27所示，均为中介效应不显著，故Hz6、Hz9检验结果均为不支持。在上述研究的基础上，本书进行了Hz8、Hz10地方依恋中介效应显著性检验，检验结果均为支持，中介效应所占比重如表6-27所示。

表6-27　　　　　　　地方依恋的中介效应假设检验结果

假设	路径	中介效应参数 路径系数	中介效应参数 标准误	中介效应所占比重（%）
Hz6	功能性价值→旅游者幸福感（c_6）		—	sobel检验不显著（P=0.360）
Hz6	功能性价值→地方依恋（a_6）	0.037	0.037	sobel检验不显著（P=0.360）
Hz6	地方依恋→旅游者幸福感（b_6）	0.157	0.069	sobel检验不显著（P=0.360）
Hz6	功能性价值→旅游者幸福感（c'_6）	0.280	0.044	sobel检验不显著（P=0.360）
Hz8	情感性价值→旅游者幸福感（c_8）	0.279		15.37
Hz8	情感性价值→地方依恋（a_8）	0.273	0.055	15.37
Hz8	地方依恋→旅游者幸福感（b_8）	0.157	0.069	15.37
Hz8	情感性价值→旅游者幸福感（c'_8）	0.236	0.067	15.37
Hz9	社会性价值→旅游者幸福感（c_9）		—	sobel检验不显著（P=0.222）
Hz9	社会性价值→地方依恋（a_9）	0.071	0.049	sobel检验不显著（P=0.222）
Hz9	地方依恋→旅游者幸福感（b_9）	0.157	0.069	sobel检验不显著（P=0.222）
Hz9	社会性价值→旅游者幸福感（c'_9）	0.193	0.061	sobel检验不显著（P=0.222）
Hz10	经济性价值→旅游者幸福感（c_9）	0.188	—	12.63
Hz10	经济性价值→地方依恋（a_{10}）	0.151	0.041	12.63

续表

假设	路径	中介效应参数 路径系数	中介效应参数 标准误	中介效应所占比重（%）
Hz10	地方依恋→旅游者幸福感（b_{10}）	0.157	0.069	12.63
	经济性价值→旅游者幸福感（c'_{10}）	0.164	0.050	

注：中介效应所占总效应的比重：$P = \hat{a}\hat{b}/(c' + \hat{a}\hat{b})$。

通过以上分析可知：

（1）地方依恋在情感性价值对旅游者幸福感的影响中存在中介效应，在不考虑其他影响因素的前提下，情感性价值对旅游者幸福感既存在直接效应（$c'8 = 0.236$，$P < 0.001$），也存在中介效应（$a8b8 = 0.043$，$P < 0.01$），中介效应占总效应的比重为 15.37%。

（2）地方依恋在经济性价值对旅游者幸福感的影响中存在中介效应，在不考虑其他影响因素的前提下，经济性价值对旅游者幸福感既存在直接效应（$c'10 = 0.164$，$P < 0.001$），也存在中介效应（$a10b10 = 0.024$，$P < 0.01$），中介效应占总效应的比重为 12.63%。

六 旅游涉入调节效应检验

通过结构方程模型分析，本书认为旅游涉入作为调节变量[①]对乡村

[①] 调节变量（moderator variable）是指如果自变量 X 与因变量 Y 的关系是变量 W 的函数，则认为 W 为调节变量，也就是说，自变量 X 与因变量 Y 的关系受到变量 W 的影响，且调节变量 W 影响自变量 X 和因变量 Y 的关系的方向（正向或负向）和强弱。
调节作用的回归方程表达如下：
$$Y = a0 + a1 \times X + a2 \times W + a3 \times (X \times W) + e \quad (1)$$
由式（1）得到：
$$Y = (a0 + a2 \times W) + (a1 + a3 \times W) \times X + e \quad (2)$$
由式（2）可知，调节变量在不同水平下，其截距（$a0 + a2 \times W$）和斜率（$a1 + a3 \times W$）不同，一般而言，（1）主效应 a1 为正且统计显著，若交互项系数 a3 为正且统计显著，表明 W 对主效应有增强作用；若交互项系数 a3 为负且统计显著，表明 W 对主效应有减弱作用；（2）主效应 a1 为负且统计显著，若交互项系数 a3 为正且统计显著，表明 W 对主效应有减弱作用；若交互项系数 a3 为负且统计显著，表明 W 对主效应有增强作用。此外，若主效应 a1 统计不显著，调节变量 W 增强或减弱主效应的表述则不妥。

旅游体验价值各维度与旅游者幸福感的关系具有调节作用，但调节效应是否显著，仍需进一步进行调节效应检验。因此，依据乡村旅游体验价值各维度与旅游者幸福感关系的假设检验结果（见表6-23），由于H2检验结果为不支持，因此，无须继续进行调节效应检验，即Ht2检验结果为不支持。在上述研究的基础上，本书将对Ht1、Ht3、Ht4、Ht5进行调节效应检验。

本书采用SPSS21.0软件通过回归分析进行旅游涉入调节效应检验。对于Ht1的检验，本书分别构建三个模型，其中，因变量均为旅游者幸福感，第一个模型引入自变量性别、年龄、家庭结构、受教育程度、月收入等；第二个模型引入自变量性别、年龄、家庭结构、受教育程度、月收入、功能性价值、调节变量旅游涉入；第三个模型引入自变量性别、年龄、家庭结构、受教育程度、月收入、功能性价值、调节变量旅游涉入、交互项功能性价值×旅游涉入。若交互项的回归系数显著且R^2改变显著，则说明调节变量旅游涉入的调节效应显著。

由表6-28得出，模型2和模型3的R^2分别为0.108、0.109，说明模型解释力较为一般，模型3相对于模型2的R^2未发生明显提高，说明调节变量作用不明显。根据模型拟合优度检验结果，模型2和模型3的显著性概率值均小于0.01，回归方程拟合效果较好；且功能性价值×旅游涉入对旅游者幸福感的标准化回归系数为-0.015，且t=-0.379，p>0.05，交互项系数不显著，说明旅游涉入对功能性价值与旅游者幸福感的关系不具有显著的调节作用，研究假设Ht1检验结果为不支持。

表6-28　旅游涉入调节功能性价值与旅游者幸福感关系的回归分析

		旅游者幸福感		
		模型1	模型2	模型3
控制变量	性别	0.061	0.053	0.052
	年龄	0.015	0.023	0.023
	家庭结构	-0.100	-0.098	-0.099
	受教育程度	-0.001	-0.001	0.001
	月收入	0.089	0.089*	0.090*

续表

		旅游者幸福感		
		模型1	模型2	模型3
自变量	功能性价值（FV）		0.142***	0.139**
调节变量	旅游涉入（TI）		0.244***	0.245***
交互项	Z（FV）×Z（TI）			-0.015
R^2		0.014	0.108	0.109
F		1.763	10.461***	9.159***

注：*** 表示 $P<0.001$，** 表示 $0.001<P<0.01$，* 表示 $0.01<P<0.05$。

对于 Ht3 的检验，本书分别构建三个模型，其中，因变量均为旅游者幸福感，第一个模型引入自变量性别、年龄、家庭结构、受教育程度、月收入等；第二个模型引入自变量性别、年龄、家庭结构、受教育程度、月收入、情感性价值、调节变量旅游涉入；第三个模型引入自变量性别、年龄、家庭结构、受教育程度、月收入、情感性价值、调节变量旅游涉入、交互项情感性价值×旅游涉入。若交互项的回归系数显著且 R^2 改变显著，则说明调节变量旅游涉入的调节效应显著。

由表 6-29 得出，模型 5 和模型 6 的 R^2 分别为 0.289、0.295，说明模型解释力均较好，模型 6 相对于模型 5 的 R^2 改变较为明显，说明调节变量的作用显著。根据模型拟合优度检验结果，模型 5 和模型 6 的显著性概率值均小于 0.05，回归方程拟合效果较好；且情感性价值×旅游涉入的标准化回归系数为 0.079，$t=2.133$，且 $p<0.05$，交互项系数显著，说明旅游涉入对情感性价值与旅游者幸福感的关系具有显著的调节作用，且是正向调节作用。根据标准化回归系数调节效应图（见图 6-11），情感性价值与旅游者幸福感的正相关关系在高旅游涉入情况下比在低旅游涉入情况下更强烈，故说明旅游涉入"干涉调节"情感性价值对旅游者幸福感的影响。因此，研究假设 Ht3 成立。

表6-29 旅游涉入调节情感性价值与旅游者幸福感关系的回归分析

		旅游者幸福感		
		模型4	模型5	模型6
控制变量	性别	0.061	0.078*	0.078*
	年龄	0.015	0.008	0.015
	家庭结构	-0.100	-0.066	-0.068
	受教育程度	-0.001	-0.003	-0.013
	月收入	0.089	0.102**	0.096*
自变量	情感性价值（EMV）		0.482**	0.511***
调节变量	旅游涉入（TI）		0.097**	0.090*
交互项	Z（EMV）×Z（TI）			0.079*
R^2		0.014	0.289	0.295
F		1.763	35.013***	31.386***

注：*** 表示 $P<0.001$，** 表示 $0.001<P<0.01$，* 表示 $0.01<P<0.05$。

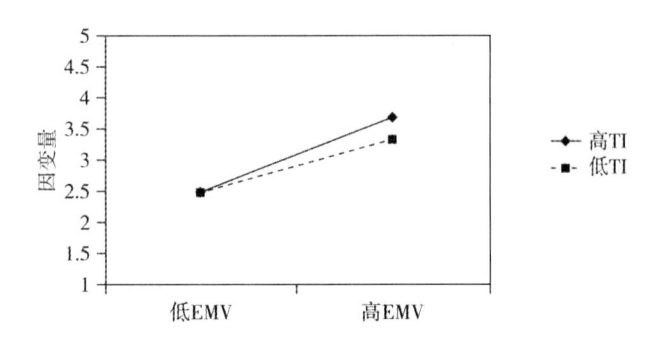

图6-11 情感性价值与旅游涉入交互影响旅游者幸福感

对于 Ht4 的检验，本书构建三个模型，其中，因变量均为旅游者幸福感，第一个模型引入自变量性别、年龄、家庭结构、受教育程度、月收入等；第二个模型引入自变量性别、年龄、家庭结构、受教育程度、月收入、社会性价值、调节变量旅游涉入；第三个模型引入自变量性别、年龄、家庭结构、受教育程度、月收入、社会性价值、调节变量旅游涉入、交互项社会性价值×旅游涉入。若交互项的回归系数显著且 R^2 改变显著，则说明调节变量旅游涉入的调节效应显著。

由表6-30得出，模型8和模型9的 R^2 分别为0.216和0.217，说明模型解释力均较好,模型9相对于模型8的R^2改变不明显,说明调节变量的作用不太显著。根据模型拟合优度检验结果,模型8和模型9的显著性概率值均小于0.001,回归方程拟合效果较好;且社会性价值×旅游涉入的标准化回归系数为-0.039,t=-1.048,且p>0.05,交互项系数不显著,说明旅游涉入对社会性价值与积极情绪的关系不具有显著的调节作用,研究假设Ht4检验结果为不支持。

表6-30 旅游涉入调节社会性价值与旅游者幸福感关系的回归分析

		旅游者幸福感		
		模型7	模型8	模型9
控制变量	性别	0.061	0.067	0.067
	年龄	0.015	0.016	0.014
	家庭结构	-0.100	-0.074	-0.076
	受教育程度	-0.001	0.030	0.033
	月收入	0.089	0.105*	0.108**
自变量	社会性价值(SV)		0.375***	0.367***
调节变量	旅游涉入(TI)		0.165***	0.169***
交互项	Z(SV)×Z(TI)			-0.039
R^2		0.014	0.216	0.217
F		1.763	23.680***	20.861***

注:***表示P<0.001,**表示0.001<P<0.01,*表示0.01<P<0.05。

对于Ht5的检验,本书构建三个模型,其中,因变量均为旅游者幸福感,第一个模型引入自变量性别、年龄、家庭结构、受教育程度、月收入等;第二个模型引入自变量性别、年龄、家庭结构、受教育程度、月收入、经济性价值、调节变量旅游涉入;第三个模型引入自变量性别、年龄、家庭结构、受教育程度、月收入、经济性价值、调节变量旅游涉入、交互项经济性价值×旅游涉入。若交互项的回归系数显著且R^2改变显著,则说明调节变量旅游涉入的调节效应显著。

由表6-31得出,模型11和模型12的R^2分别为0.325、0.330,说明模型解释力均较好,模型12相对于模型11的R^2变化较为显著,说明调节变量可能发挥作用。根据模型拟合优度检验结果，模型 11 和模型 12 的显著性概率值均小于 0.01，回归方程拟合效果较好；且经济性价值 × 旅游涉入对旅游者幸福感的标准化回归系数为 -0.071，t = -2.022，p < 0.05，交互项系数显著，说明旅游涉入对经济性价值与旅游者幸福感的关系具有显著的调节作用，但是负向调节作用（见图 6 - 12）。因此，研究假设 Ht5 检验结果为不支持。

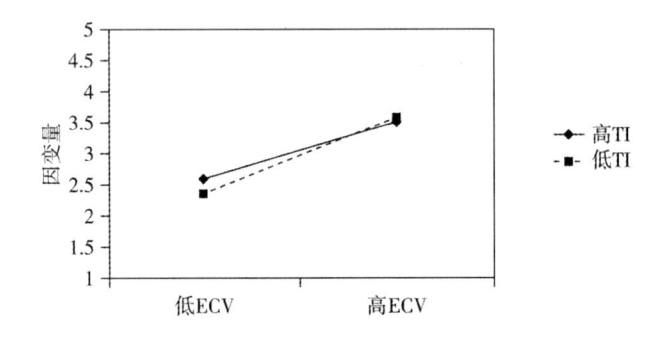

图 6 - 12　旅游涉入负向调节经济性价值与旅游者幸福感的关系

表 6 - 31　旅游涉入调节经济性价值与旅游者幸福感关系的回归分析

		旅游者幸福感		
		模型 10	模型 11	模型 12
控制变量	性别	0.061	0.053	0.052
	年龄	0.015	-0.004	-0.009
	家庭结构	-0.100	-0.067	-0.070
	受教育程度	-0.001	0.010	0.019
	月收入	0.089	0.085 *	0.090 *
自变量	经济性价值（ECV）		0.544 ***	0.525 ***
调节变量	旅游涉入（TI）		0.030	0.041
交互项	Z（ECV）×Z（TI）			-0.071 *
R^2		0.014	0.325	0.330
F		1.763	41.413 ***	36.934 ***

注：***表示 $P < 0.001$，*表示 $0.01 < P < 0.05$。

七 旅游涉入与游客满意度关系检验

对旅游涉入与游客满意度关系的假设检验，本书依据表 6-22 对第五章提出的旅游涉入与游客满意度关系的假设 H18 进行检验，结果为不支持（见表 6-32）。

表 6-32　　旅游涉入与游客满意度、游客满意度与地方
依恋关系的假设检验

研究假设	路径系数	P 值	检验结果
H18：旅游涉入对游客满意度有直接正向影响	0.051	0.154	不支持
H19：游客满意度对地方依恋有直接正向影响	0.337	***	支持

注：*** 表示 P<0.001。

八 游客满意度与地方依恋关系检验

对游客满意度与地方依恋关系的假设检验，本书依据表 6-22 对第五章提出的游客满意度与地方依恋关系的假设 H19 进行检验，结果为支持（见表 6-32）。

此外，通过结构方程模型分析，乡村旅游体验价值对地方依恋有直接影响，同时可通过游客满意度影响地方依恋；并且游客满意度对旅游者幸福感有直接影响，也可通过地方依恋影响旅游者幸福感，但中介效应是否显著，仍需进一步进行中介效应检验。因此，根据表 6-23、表 6-25 等，依据温忠麟、侯杰泰等（2004）中介效应的检验步骤，由于 H12、H13、H15 检验结果为不支持，因此，Hz11、Hz12、Hz14 3 项假设无须继续进行中介效应检验，即 Hz11、Hz12、Hz14 3 项假设检验结果为不支持，只需对 Hz13、Hz15、Hz16 3 项假设进行中介效应检验（见表 6-33）。

表6-33 游客满意度与地方依恋关系的假设检验

假设	路径	中介效应参数 路径系数	中介效应参数 标准误	中介效应所占比重（%）
Hz13	情感性价值→地方依恋（c_{13}）	0.330	—	17.35
	情感性价值→游客满意度（a_{13}）	0.170	0.074	
	游客满意度→地方依恋（b_{13}）	0.337	0.042	
	情感性价值→地方依恋（c'_{13}）	0.273	0.055	
Hz15	经济性价值→地方依恋（c_{15}）	0.240	—	37.16
	经济性价值→游客满意度（a_{15}）	0.265	0.055	
	游客满意度→地方依恋（b_{15}）	0.337	0.042	
	经济性价值→地方依恋（c'_{15}）	0.151	0.041	
Hz16	游客满意度→旅游者幸福感（c_{16}）	0.331	—	15.99
	游客满意度→地方依恋（a_{16}）	0.337	0.042	
	地方依恋→旅游者幸福感（b_{16}）	0.157	0.069	
	游客满意度→旅游者幸福感（c'_{16}）	0.278	0.059	

注：中介效应所占总效应的比重：$P = \hat{a}\hat{b}/(c' + \hat{a}\hat{b})$。

通过以上分析可知：

（1）游客满意度在情感性价值对地方依恋的影响中存在中介效应，在不考虑其他影响因素的前提下，情感性价值对地方依恋既存在直接效应（$c'_{13}=0.273$，$P<0.001$），也存在中介效应（$a_{13}b_{13}=0.057$，$P<0.01$），中介效应占总效应的比重为17.35%。

（2）游客满意度在经济性价值对地方依恋的影响中存在中介效应，在不考虑其他影响因素的前提下，经济性价值对地方依恋既存在直接效应（$c'_{15}=0.151$，$P<0.001$），也存在中介效应（$a_{15}b_{15}=0.089$，$P<0.001$），中介效应占总效应的比重为37.16%。

（3）地方依恋在游客满意度对旅游者幸福感的影响中存在中介效应，在不考虑其他影响因素的前提下，游客满意度对旅游者幸福感既存在直接效应（$c'_{16}=0.278$，$P<0.001$），也存在中介效应（$a_{16}b_{16}=0.053$，$P<0.01$），中介效应占总效应的比重为15.99%。

九 假设检验结果分析

（一）乡村旅游体验价值直接正向影响旅游者幸福感

本书通过构建结构方程模型，运用路径系数分析和 P 值显著性检验，乡村旅游体验价值各维度直接正向影响旅游者幸福感的 5 个假设 H1—H5 中，H1、H3、H4、H5 4 项假设获得支持，而研究假设 H2 不被支持。这说明乡村旅游体验价值对旅游者幸福感有直接正向影响，但是，并非乡村旅游体验价值各维度对旅游者幸福感均存在直接正向影响，各维度影响作用的路径和程度各异。

研究假设 H2 未获支持的可能原因主要有：（1）研究对象选取与研究样本数量的局限；（2）情境性价值是旅游者对乡村体验旅游地和谐的自然环境与乡土氛围进行感知，而形成的视觉、听觉、嗅觉、触觉、味觉等多种感官享受，以及旅游者对乡村旅游产品主题特色的感知等。但是，由于目前乡村体验旅游地的情境性价值开发有待提升，仍需进一步凸显旅游地主题特色，增强旅游者情境体验。因此，情境性价值未能对旅游者产生积极情绪、沉浸在美好的旅游生活中并获取旅游意义产生显著影响，这可能解释了情境性价值未能对旅游者幸福感产生显著影响的部分原因。

（二）乡村旅游体验价值直接正向影响游客满意度与地方依恋

通过上述对 11 个结构变量进行相关性分析，研究结果显示，变量之间具有较高相关性。并且，根据路径系数分析和 P 值显著性检验，乡村旅游体验价值各维度直接正向影响游客满意度的 5 个假设 H6—H10 中，H7、H8、H10 3 项研究假设检验结果为支持，而研究假设 H6 和 H9 不被支持。

研究假设 H6、H9 检验结果未获支持，可能原因主要有：（1）研究对象选取与研究样本数量的局限；（2）本书选取的研究对象为乡村体验旅游者，乡村体验旅游者较为关注乡村旅游活动的参与性，重视旅游活动中的人际互动，全方位体验异于惯常环境的乡村生活方式，获得精神享受并产生内心情感共鸣，从而产生对旅游地的归属感与认同感，将在乡村体验旅游地体验与经历的事件变成美好回忆，此类旅游者大多是较为成熟的旅游者。但是，由于目前我国许多乡村体验旅游地的规划布局、基础设施与服务设施等功能性价值仍处于提质增效阶段，乡村体验旅游地人际互动以及归属感与认同感仍需不断提升，这可能解释了功能性价值和社会性价值对游客满意度的影响不显著的部分原因。

乡村旅游体验价值各维度直接正向影响地方依恋的 5 个假设 H12—H16 中，H14、H16 2 个研究假设检验结果为支持，而 H12、H13、H15 3 项研究假设检验结果未获支持。

H12、H13 和 H15 未获支持的可能原因主要有以下几个方面。（1）研究对象选取与研究样本数量的局限。（2）地方依恋是旅游者基于个体情感，对旅游地"乡村性"和"地方性"进行认知，并通过行为强化和乡村的联系，最终形成对乡村的情感归属与依恋。这种情感归属和依恋大多源自旅游者对情感性价值以及经济性价值的感知与评价，而功能性价值、情境性价值与社会性价值作为旅游体验价值的维度，仅是旅游者形成情感归属与依恋的辅助部分，这可能解释了功能性价值、情境性价值与社会性价值对地方依恋影响不显著的部分原因。（3）旅游者通过旅游体验强化了对乡村体验旅游地的情感归属与依恋，但由于目前乡村体验旅游地的旅游体验价值有待继续提升，仍需进一步打造优质乡村体验旅游产品以提升旅游者功能性价值、情境性价值与社会性体验价值，进而增强旅游者地方依恋，这可能解释了功能性价值、情境性价值与社会性价值对地方依恋影响不显著的部分原因。

（三）游客满意度与地方依恋直接正向影响旅游者幸福感

游客满意度直接正向影响旅游者幸福感的研究假设 H11、地方依恋直接正向影响旅游者幸福感研究假设 H17 2 项假设检验结果均获得支持。综合以上假设检验结果，可知乡村旅游体验价值各维度不仅直接正向影响旅游者幸福感，而且通过游客满意度、地方依恋间接影响旅游者幸福感各维度，即游客满意度、地方依恋在乡村旅游体验价值各维度对旅游者幸福感各维度的影响中发挥中介传导机制。

（四）游客满意度与地方依恋的中介效应

游客满意度中介效应检验，依据温忠麟、侯杰泰等（2004）中介效应检验步骤，由于 H2 检验结果为不支持，因此，Hz2 假设检验结果为不支持。由于 H6、H9 检验结果为不支持，因此，需对 Hz1、Hz4 进行 sobel 检验，研究结果显示 Hz1 为中介效应显著但是路径方向有误，Hz4 为中介效应不显著。故假设 Hz1、Hz4 2 项中介效应检验结果为不支持。在上述研究的基础上，进行 Hz3、Hz5 游客满意度中介效应显著性检验，研究结果显示，Hz3、Hz5 2 项中介效应检验结果为支持。

同样，地方依恋中介效应检验，依据温忠麟、侯杰泰等（2004）中介效应检验步骤，由于 H2 检验结果为不支持，因此，Hz7 假设检验结果为不支持，只需对 Hz6、Hz8、Hz9、Hz10 进行中介效应检验。由于 H12、H15 检验结果为不支持，因此，需对 Hz6、Hz9 进行 sobel 检验，检验结果均显示中介效应不显著，故假设 Hz6、Hz9 2 项中介效应检验结果为不支持。在上述研究基础上，进行 Hz8、Hz10 中介效应显著性检验，研究结果显示，Hz8、Hz10 2 项中介效应检验结果为支持。

（五）旅游涉入的调节效应

由于 H2 检验结果为不支持，因此，此研究假设无须继续进行调节效应检验，即 Ht2 检验结果为不支持。并且，经过进一步调节效应检验，Ht3 检验结果为支持，经过调节作用检验，情感性价值×旅游涉入的标准化回归系数为 0.079（t = 2.133，$p < 0.05$），因此，情感性价值与意义获得的正相关关系在高旅游涉入情况下比在低旅游涉入情况下更强烈，故说明旅游涉入"干涉调节"情感性价值对意义获得的影响。此外，Ht1、Ht4、Ht5 检验结果均为不支持，这说明旅游涉入不能干涉调节功能性价值、情境性价值、社会性价值与经济性价值对旅游者幸福感的影响。

此外，本书在进行旅游涉入调节作用检验时，发现旅游涉入负向调节经济性价值对旅游者幸福感的影响。Ht5 的调节作用假设检验结果显示，经济性价值×旅游涉入的标准化回归系数为 -0.071（t = -2.022，$p < 0.05$），交互项系数显著，说明旅游涉入对经济性价值与旅游者幸福感的关系具有显著的调节作用，但由于回归系数为负值（-0.071），说明旅游涉入负向调节经济性价值对旅游者幸福感的影响。这可能是因为，当经济性体验价值正向影响旅游者幸福感时，旅游涉入度越高，旅游者对旅游地的了解越深入，其对经济性体验价值感知的期望和要求越高，因而越不易获得旅游者幸福感。

(六) 旅游涉入、游客满意度与地方依恋的影响作用

根据路径系数分析和 P 值显著性检验，H19 检验结果为支持。此外，H18 检验结果为不支持。此项研究假设未被支持的可能原因主要有以下几个方面。(1) 研究对象选取与研究样本数量的局限。(2) 本书基于乡村体验旅游情境研究旅游涉入对游客满意度的影响，旅游涉入体现了旅游者所体验的旅游活动对其个人产生的意义与情感联系，也反映了旅游者的动机、兴趣被激活的心理状态；然而，旅游者动机、兴趣被激活的心理状态，可能对旅游者旅游期望与真实旅游体验比较而感知的满足程度不存在显著影响，也就是说，对于高旅游期望的游客而言，即便其动机、兴趣被激活，也不一定会产生较高的满意度。

同时，根据上述检验结果，乡村旅游体验价值对地方依恋有直接正向影响，同时可通过游客满意度间接影响地方依恋；并且游客满意度对旅游者幸福感有直接影响，也可通过地方依恋间接影响旅游者幸福感，但中介效应是否显著，仍需进一步进行中介效应检验。依据温忠麟、侯杰泰等（2004）中介效应的检验步骤，由于 H12、H13、H15 检验结果为不支持，因此，Hz11、Hz12、Hz14 3 项假设无须继续进行中介效应检验，即 Hz11、Hz12、Hz14 3 项假设检验结果为不支持，只需对 Hz13、Hz15、Hz16 进行中介效应检验，研究结果显示，Hz13、Hz16 3 项假设中介效应检验结果均为支持。

十 乡村旅游体验价值与旅游者幸福感关系模型的确立

在上述检验结果分析（见表 6-34，表 6-35）的基础上，本书隐去结构方程模型中未获支持的路径，形成了确立的乡村旅游体验价值与旅游者幸福感关系模型，如图 6-13 所示。

表 6-34　　　　　　　　直接正向影响假设检验结果汇总

路径	研究假设	C. R.	P	检验结果
功能性价值→旅游者幸福感	H1：功能性价值对旅游者幸福感有直接正向影响	6.736	***	支持

续表

路径	研究假设	C.R.	P	检验结果
情境性价值→旅游者幸福感	H2：情境性价值对旅游者幸福感有直接正向影响	-0.317	0.751	不支持
情感性价值→旅游者幸福感	H3：情感性价值对旅游者幸福感有直接正向影响	3.734	***	支持
社会性价值→旅游者幸福感	H4：社会性价值对旅游者幸福感有直接正向影响	3.146	**	支持
经济性价值→旅游者幸福感	H5：经济性价值对旅游者幸福感有直接正向影响	3.375	***	支持
功能性价值→游客满意度	H6：功能性价值对游客满意度有直接正向影响	-2.895	**	不支持
情境性价值→游客满意度	H7：情境性价值对游客满意度有直接正向影响	2.067	*	支持
情感性价值→游客满意度	H8：情感性价值对游客满意度有直接正向影响	2.679	**	支持
社会性价值→游客满意度	H9：社会性价值对游客满意度有直接正向影响	-1.001	0.317	不支持
经济性价值→游客满意度	H10：经济性价值对游客满意度有直接正向影响	5.456	***	支持
游客满意度→旅游者幸福感	H11：游客满意度对旅游者幸福感有直接正向影响	5.225	***	支持
功能性价值→地方依恋	H12：功能性价值对地方依恋有直接正向影响	0.955	0.340	不支持
情境性价值→地方依恋	H13：情境性价值对地方依恋有直接正向影响	1.609	0.108	不支持
情感性价值→地方依恋	H14：情感性价值对地方依恋有直接正向影响	4.659	***	支持
社会性价值→地方依恋	H15：社会性价值对地方依恋有直接正向影响	1.277	0.201	不支持
经济性价值→地方依恋	H16：经济性价值对地方依恋有直接正向影响	3.390	***	支持
地方依恋→旅游者幸福感	H17：地方依恋对旅游者幸福感有直接正向影响	2.839	**	支持

续表

路径	研究假设	C.R.	P	检验结果
旅游涉入→游客满意度	H18：旅游涉入对游客满意度有直接正向影响	1.425	0.154	不支持
游客满意度→地方依恋	H19：游客满意度对地方依恋有直接正向影响	7.116	***	支持

注：*** 表示 $P<0.001$，** 表示 $0.001<P<0.01$，* 表示 $0.01<P<0.05$。

表6-35　　　　　　　　中介与调节效应检验结果汇总

研究假设	检验结果
Hz1：游客满意度中介功能性价值对旅游者幸福感的影响	不支持
Hz2：游客满意度中介情境性价值对旅游者幸福感的影响	不支持
Hz3：游客满意度中介情感性价值对旅游者幸福感的影响	支持
Hz4：游客满意度中介社会性价值对旅游者幸福感的影响	不支持
Hz5：游客满意度中介经济性价值对旅游者幸福感的影响	支持
Hz6：地方依恋中介功能性价值对旅游者幸福感的影响	不支持
Hz7：地方依恋中介情境性价值对旅游者幸福感的影响	不支持
Hz8：地方依恋中介情感性价值对旅游者幸福感的影响	支持
Hz9：地方依恋中介社会性价值对旅游者幸福感的影响	不支持
Hz10：地方依恋中介经济性价值对旅游者幸福感的影响	支持
Hz11：游客满意度中介功能性价值对地方依恋的影响	不支持
Hz12：游客满意度中介情境性价值对地方依恋的影响	不支持
Hz13：游客满意度中介情感性价值对地方依恋的影响	支持
Hz14：游客满意度中介社会性价值对地方依恋的影响	不支持
Hz15：游客满意度中介经济性价值对地方依恋的影响	支持
Hz16：地方依恋中介游客满意度对旅游者幸福感的影响	支持
Ht1：旅游涉入调节功能性价值对旅游者幸福感的影响，即旅游涉入度越高，功能性价值对旅游者幸福感的影响越强烈	不支持
Ht2：旅游涉入调节情境性价值对旅游者幸福感的影响，即旅游涉入度越高，情境性价值对旅游者幸福感的影响越强烈	不支持
Ht3：旅游涉入调节情感性价值对旅游者幸福感的影响，即旅游涉入度越高，情感性价值对旅游者幸福感的影响越强烈	支持
Ht4：旅游涉入调节社会性价值对旅游者幸福感的影响，即旅游涉入度越高，社会性价值对旅游者幸福感的影响越强烈	不支持

续表

研究假设	检验结果
Ht5：旅游涉入调节经济性价值对旅游者幸福感的影响，即旅游涉入度越高，经济性价值对旅游者幸福感的影响越强烈	不支持

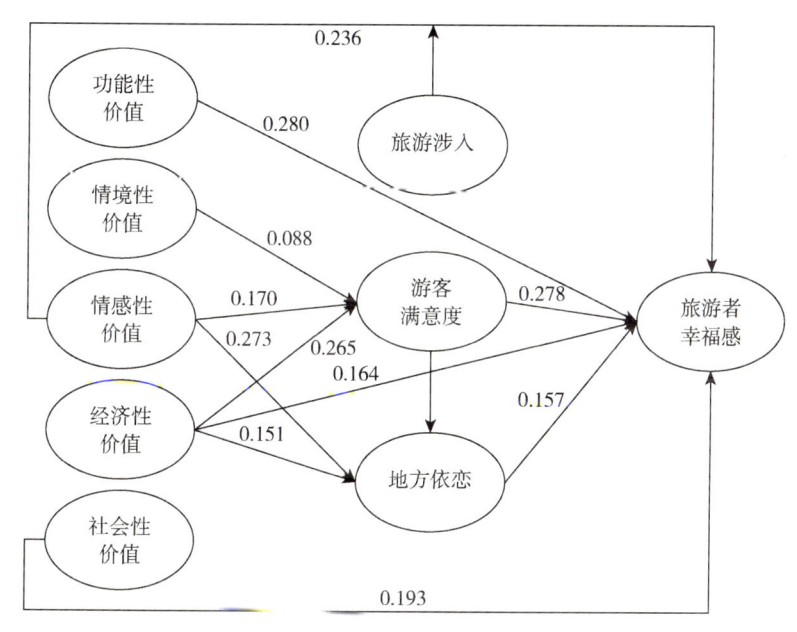

图 6-13 乡村旅游体验价值与旅游者幸福感关系模型

（一）功能性价值对旅游者幸福感的影响路径

功能性价值对旅游者幸福感有直接正向影响的研究假设 H1 检验结果为支持，即功能性价值直接正向影响旅游者幸福感。但是，功能性价值直接正向影响游客满意度和地方依恋的研究假设 H6、H12，检验结果均为不支持。因此，功能性价值对旅游者幸福感的影响路径：功能性价值直接正向影响旅游者幸福感。

（二）情境性价值对旅游者幸福感的影响路径

情境性价值对游客满意度有直接正向影响的研究假设 H7 检验结果为支持；而情境性价值对旅游者幸福感和地方依恋的直接正向影响不显著（P = 0.751；P = 0.108），即假设 H2、H13 检验结果为不支持。因此，情境性价值直接正向影响游客满意度，情境性价值对旅游者幸福感和地方依恋的直接正向影响不显著。

（三）情感性价值对旅游者幸福感的影响路径

情感性价值对旅游者幸福感、游客满意度、地方依恋有直接正向影响，即假设 H3、H8、H14 检验结果为支持。因此，情感性价值对旅游者幸福感的影响路径：一是情感性价值直接正向影响旅游者幸福感（β = 0.236，P < 0.001）；二是情感性价值通过游客满意度间接影响旅游者幸福感，即游客满意度中介情感性价值对旅游者幸福感的影响（a_3b_3 = 0.047，P < 0.01），且中介效应占总效应的比重为 16.68%；三是情感性价值通过地方依恋间接影响旅游者幸福感，即地方依恋中介情感性价值对旅游者幸福感的影响（a_8b_8 = 0.043，P < 0.01），且中介效应占总效应的比重为 15.37%；四是情感性价值对旅游者幸福感的影响受到旅游涉入的正向调节，情感性价值×旅游涉入的标准化回归系数为 0.079（t = 2.133，p < 0.05），说明旅游涉入"干涉调节"情感性价值对旅游者幸福感的影响。

（四）社会性价值对旅游者幸福感的影响路径

社会性价值对旅游者幸福感有直接正向影响的研究假设 H4 检验结果为支持；而社会性价值对游客满意度、地方依恋的直接正向影响不显著（P = 0.317；P = 0.201），即假设 H9、H15 检验结果为不支持。因此，社会性价值对旅游者幸福感的影响路径：社会性价值直接正向影响旅游者幸福感（β = 0.193，P < 0.01）。

（五）经济性价值对旅游者幸福感的影响路径

经济性价值对旅游者幸福感、游客满意度、地方依恋均有直接正向影响，即研究假设 H5、H10、H16 检验结果均为支持。经济性价值对旅游者幸福感的影响路径：一是经济性价值直接正向影响旅游者幸福感（β = 0.164，P < 0.001）；二是经济性价值通过游客满意度间接影响旅游者幸福感（a_5b_5 = 0.074，P < 0.001），即游客满意度中介经济性价值对旅游者幸福感的影响，且中介效应占总效应的比重为 31.00%；三是经济性价值通过地方依恋间接影响旅游者幸福感（$a_{10}b_{10}$ = 0.024，P < 0.01），即地方依恋中介经济性价值对旅游者幸福感的影响，且中介效应占总效应的比重为 12.63%；四是旅游涉入负向调节经济性价值对旅

游者幸福感的影响,回归系数为 -0.071 (t = -2.022,p < 0.05)。

(六)游客满意度与地方依恋的影响路径

游客满意度对地方依恋有直接正向影响的研究假设 H19 检验结果为支持。因此,游客满意度与地方依恋的影响路径:一是游客满意度直接正向影响地方依恋（β = 0.337,P < 0.001）;二是情感性价值通过游客满意度间接影响地方依恋,即游客满意度中介情感性价值对地方依恋的影响（$a_{13}b_{13}$ = 0.057,P < 0.01）,且中介效应占总效应的比重为 17.35%;三是经济性价值通过游客满意度间接影响地方依恋,即游客满意度中介经济性价值对地方依恋的影响（$a_{15}b_{15}$ = 0.089,P < 0.001）,且中介效应占总效应的比重为 37.16%;四是游客满意度通过地方依恋间接影响旅游者幸福感,即地方依恋中介游客满意度对旅游者幸福感的影响（$a_{16}b_{16}$ = 0.053,P < 0.01）,且中介效应占总效应的比重为 15.99%。

第七节 研究结论与讨论

以上实证研究验证了乡村旅游体验价值与旅游者幸福感的关系模型,揭示了乡村旅游体验价值与旅游者幸福感的内部关系与影响机制,构成了相互嵌套的影响机制模型。

乡村旅游体验价值与旅游者幸福感的内在关系主要表现为四方面的影响机制:一是乡村旅游体验价值直接正向影响旅游者幸福感;二是游客满意度的中介作用;三是地方依恋的中介作用;四是旅游涉入的调节作用。

一 乡村旅游体验价值直接正向影响旅游者幸福感

通过上述理论与实证研究,本书得出功能性价值、情感性价值、社会性价值、经济性价值直接正向影响旅游者幸福感的结论。

(一)功能性价值直接正向影响旅游者幸福感

功能性价值作为乡村旅游者对旅游产品功能性、实用性等属性的体验与感知,是旅游者对乡村体验旅游地的交通便利性、景区规划布局与设计、基础设施（停车场、厕所、供水供电、通信等）、服务设施（餐饮、住宿、娱乐、购物等）的感知评价，旅游者可以通过功能性价值感知获得愉悦生活的积极情感体验。因此，功能性价值往往会对旅游者幸福感产生影响。

（二）情感性价值直接正向影响旅游者幸福感

情感性价值作为旅游者对自身情感体验是否被满足或提升的感知评价，是旅游者在旅游过程中产生的情感体验。在乡村体验旅游中，旅游者往往被乡村体验旅游地吸引，产生快乐感与舒适感，卸下负担和压力而产生遁世感，并通过参与旅游活动融入当地人的生活中。因此，情感性价值往往会对旅游者幸福感产生影响。

（三）社会性价值直接正向影响旅游者幸福感

社会性价值作为旅游者与社区居民或游客群体产生关系联结而感知的体验价值，是旅游者到乡村体验旅游地体验异于客源地的生活方式并感受独特的乡土文化，同时，与当地居民以及同属游客进行友好互动沟通，从而将在乡村体验旅游地体验与经历的事件变成美好回忆。旅游者通过此种社会性价值的体验感知，获得了愉悦生活的积极情感体验。因此，社会性价值往往会对旅游者幸福感产生影响。

（四）经济性价值直接正向影响旅游者幸福感

经济性价值作为旅游者对出行成本与投资报酬的感知评价，是旅游者对自己付出的旅游成本与感知收益进行比较评价而确定是否物有所值的体验价值。旅游者会对其旅游花费是否合理、成本是否较低进行感知，从而确定此次旅游是否物有所值。经济性价值对旅游者是否能够通过旅游活动获得积极情感体验产生正向影响，并且影响旅游者能否沉浸在美好的旅游生活中并获取旅游体验的意义。因此，经济性价值往往会对旅游者幸福感产生影响。

鉴于此，乡村体验旅游地首先应对乡村体验旅游地进行科学规划与布局，不断完善其基础与服务设施，为旅游者营造特色乡村旅游氛围，让旅游者获得丰富的感官享受，以使旅游者对旅游地的主题特色留下深刻印象；其次，充分挖掘旅游地的特色自然与文化资源，以对旅游者形成吸引力，开发设计体验参与性的旅游项目，让旅游者可以在体验参与中了解特色乡土文化，体验异于客源地的生活方式而产生快乐感与遁世感，最终能够融入当地人的生活中；再次，乡村体验旅游地应对社区居民进行旅游接待培训，使其与旅游者友好互动沟通，形成热情友好的服务氛围，为旅游者创造并留下美好回忆；最后，在旅游产品价格上，乡村体验旅游地应做到旅游产品物有所值，让旅游者感到价格公道、花费合理。总之，乡村体验旅游地应在提升旅游者乡村旅游体验价值的基础上，进一步提升旅游者积极情绪、体验参与、意义获得等旅游者幸福感。

二 游客满意度的中介作用

（一）情境性价值直接正向影响游客满意度

旅游者可以通过情境性价值感知获得感官享受和乐趣，并通过这种愉悦生活的方式获得积极情感体验。游客会将其旅游前的期望与旅游地真实的情境性体验价值相比较，从而产生期望是否被满足的感知与评价，因此，情境性价值感知会影响游客满意度。

（二）游客满意度中介情感性价值、经济性价值对旅游者幸福感的影响

旅游者是否被满足以及在多大程度上被满足会影响旅游者愉悦生活的积极情感体验，进而影响其幸福感的获得。

经济性价值感知会对游客满意度产生影响，进而影响旅游者通过旅游活动愉悦生活的积极情感体验，还会对旅游者能否沉浸在美好的旅游生活中以及能否获得旅游意义产生一定程度的影响，进而影响旅游者幸福感的获得。

鉴于此，乡村体验旅游地首先应加强道路交通建设，保证交通便捷、道路畅通、路况较好、交通标志清晰准确等；并应对乡村体验旅游地进行科学合理的旅游规划与设计，保证空间布局与功能分区的规划设计合理；同时，不断完善乡村体验旅游地基础设施（停车场、厕所、供水供电、通信等）与服务设施（餐饮、住宿、娱乐、购物等）建设等，以提升游客满意度。其次，应提升乡村体验旅游地服务质量，促使从业人员热情友好地为旅游者提供服务；通过营造和谐、良好的旅游氛围，使得游客与旅游从业人员之间以及游客之间进行友好互动沟通；开发设

计有本地特色的体验性文化旅游项目,让游客在体验地方文化与当地生活方式的过程中留下美好回忆,以提升游客满意度进而提升旅游者积极情绪与体验参与。最后,乡村体验旅游地应加强旅游产品质量和价格管理,以使旅游者获得物有所值的满足感,进而在一定程度上提升其积极情绪与体验参与。

(三)游客满意度中介情感性价值、经济性价值对地方依恋的影响

游客能否获得积极的情感体验将对其满意度产生影响,同时,旅游者基于个体情感,对旅游地"乡村性"和"地方性"进行认知,并参与乡村体验旅游活动,通过行为强化与乡村的联系,最终形成对乡村的情感归属与依恋。因此,情感性价值会影响游客满意度,进而影响旅游者对乡村体验旅游地的地方依恋的形成。

经济性价值感知会对游客满意度产生影响。同时,乡村体验旅游地通过营造良好的旅游消费环境进行公平买卖,且旅游产品价格公平合理,会使得旅游者对乡村体验旅游地留有较好印象,增强旅游地亲切感与旅游者亲近感,进而影响旅游者对乡村体验旅游地产生情感归属与依恋。

鉴于此,乡村体验旅游地应充分挖掘具有地方特色的自然与文化旅游资源,设计具有本地特色的田园观光产品以及体验性的乡土文化产品,打造乡村体验旅游产品的特色"卖点"以对旅游者形成强大吸引力;并开发设计参与性的乡村体验旅游项目,让游客通过体验旅游项目产生快乐感,通过体验乡村氛围及其生活方式产生遁世感;让游客通过乡村体验旅游,"走进乡村、体验乡村、亲近乡村、融入乡村、留恋乡村"。因此,应通过提升旅游者情感性价值以提高其旅游满意度,进而促使其对乡村体验旅游地产生地方依恋并获得旅游意义,从而提升旅游者幸福感。

三 地方依恋的中介作用

(一)地方依恋中介情感性价值、游客满意度对旅游者幸福感的影响

通过上述理论与实证研究,本书得出情感性价值、游客满意度直接正向影响旅游者幸福感的结论。首先,在乡村体验旅游情境下,地方依恋是指旅游者基于个体情感,对旅游地"乡村性"和"地方性"进行

认知，并参与乡村体验旅游活动，通过行为与行动强化与乡村的联系，最终形成对乡村的情感归属与依恋。因此，作为旅游者对自身情感体验是否被满足或提升感知评价的情感性体验价值，以及作为旅游者将旅游期望与真实旅游体验进行比较后而感知的游客满意度，均会对旅游者是否对乡村产生情感归属与依恋有较大影响，并进一步影响旅游者旅游意义的获得。

（二）地方依恋中介经济性价值对旅游者幸福感的影响

经济性价值是旅游者对出行成本与投资报酬的感知评价，因此，旅游产品价格是否公平以及旅游花费是否合理等均影响旅游者对旅游地的感知，从而影响旅游者是否会对乡村产生情感归属与依恋，进而影响旅游者愉悦生活的积极情感体验。同时，游客满意度作为旅游者将旅游期望与真实旅游体验进行比较后而感知被满足的程度，影响了旅游者对乡村体验旅游地"乡村性"和"地方性"的认知，从而影响了旅游者对乡村的情感归属与依恋，并影响旅游者愉悦生活的积极情感体验，进而影响其幸福感的获得。

鉴于此，乡村体验旅游地应从提升旅游者情感性价值、经济性价值以及游客满意度入手，不断提升旅游者对乡村体验旅游地的情感归属与依恋，从而进一步提升旅游者幸福感。首先，乡村体验旅游地应进行科学合理的规划设计，开发有吸引力的旅游产品，实现旅游者田园观光、亲近自然、了解文化、休闲度假、健康疗养、获得新鲜独特感、探亲访友、亲子教育、慰藉乡愁等乡村体验旅游目的，满足旅游者情感体验需求；其次，加强社区居民、旅游服务人员与旅游者以及旅游者之间的友好互动，通过优良的旅游产品与服务氛围吸引并留住旅游者；再次，乡村体验旅游地应在旅游产品价格的合理性上进行多次论证，以保证旅游者形成物有所值的经济性价值感知；最后，不断提升游客满意度，促进旅游者产生对乡村体验旅游地的情感归属与依恋，从而提升旅游者幸福感。

四 旅游涉入的调节作用

（一）旅游涉入干涉调节情感性价值对旅游者幸福感的影响

情感性价值在一定程度上影响了旅游者能否获得积极情绪、沉浸在美好的旅游生活中并获得旅游意义。与此同时，旅游涉入是旅游者体验的旅游活动对其个人产生的意义与情感联系，反映了旅游者的动机、兴趣被激活的心理状态。当旅游者动机、兴趣被激活即旅游涉入度较高时，旅游者所体验的旅游活动及其体验价值感知对其幸福感的影响更强烈，因此，旅游涉入度越高，情感性价值对旅游者幸福感的影响越强烈，即旅游涉入干涉调节情感性价值对旅游者幸福感的影响。

（二）旅游涉入负向调节经济性价值对旅游者幸福感的影响

通过理论研究与调节效应检验，研究结果显示，旅游涉入负向调节经济性价值对旅游者幸福感的影响，即旅游涉入度越高，经济性价值对旅游者幸福感的影响越小。这可能是因为当经济性价值正向影响旅游者幸福感时，旅游涉入度越高，旅游者对旅游地的了解越深入，其对经济性体验价值感知的期望和要求越高，因而越不易获得幸福感。

鉴于此，乡村体验旅游地应关注旅游者旅游动机与兴趣被激活的心理状态，不断了解旅游市场的需求变化以及旅游者旅游动机、兴趣的动态发展趋势。乡村体验旅游地不仅要遵循旅游市场变化发展的规律，还要通过旅游产品开发设计引领市场消费趋势，并通过信息推广提高旅游者旅游涉入度，使乡村体验旅游活动对旅游者个人产生意义与情感联系，使其动机、兴趣被激活，并向其提供达到或超过其期望值的旅游产品，使旅游者获得较多乡村旅游体验价值感知，并进而提升旅游者幸福感。

第七章 乡村体验旅游情境下旅游者幸福感差异研究

第一节 研究目的

基于第六章收集的610份研究样本，本章将在分析乡村体验旅游的人口统计特征及其行为特征的基础上，探究乡村体验旅游开发与管理的未来发展方向，主要探讨不同人口统计及行为特征的旅游者幸福感的差异。首先，通过独立样本T检验和单因素方差分析，探讨不同人口统计特征的旅游者幸福感的差异；其次，进行不同消费行为特征的旅游者幸福感差异显著性分析；再次，采用SPSS软件通过分层聚类、K – Mean聚类、判别分析3个步骤，验证完成聚类分析[1]，并得出"高水平型""中水平型""低水平型"三种旅游者幸福感类型；最后，探究三种感知水平在出游天数和人均消费上的分布特征。

第二节 乡村体验旅游者人口统计和消费行为特征

一 乡村体验旅游者人口统计特征分析

（一）性别和年龄

据调查结果显示，610份研究样本中，男性占44.1%，女性占

---

[1] 聚类分析（cluster analysis）作为一种探索性分析方法，是将研究对象分为若干相对同质的群组的统计分析技术。聚类分析从研究样本数据出发进行自动分类，且分析方法不同会产生不同的结论。Hair, J., Anderson, R., Black, W., Babin, B., *Multivariate Data Analysis* (7th ed.), NJ: Pearson/Prentice Hall, 2009: 478 – 483.

55.9%，男女性别比例合适；年龄结构中，18 岁以下的占 1.1%，18—29 岁的占 32.3%，30—39 岁的占 46.7%，40—49 岁的占 12.8%，50 岁及以上的占 7.0%，如图 7-1 所示。

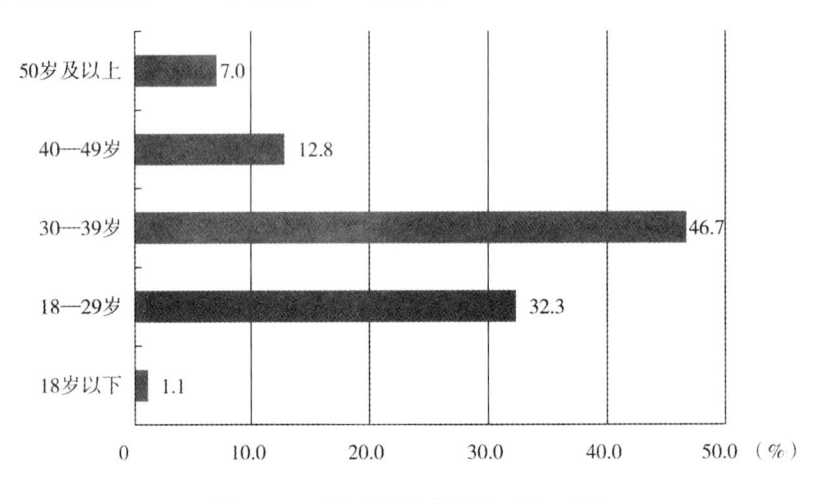

图 7-1　研究样本年龄结构（N=610）

注：本书对计算结果四舍五入，故加总不一定等于100%。下同。

（二）家庭结构

据调查结果显示，610 份研究样本中，未婚的占 34.6%，已婚无子女的占 7.9%，子女未成年的占 45.1%，子女已成年的占 12.5%，如图 7-2 所示。

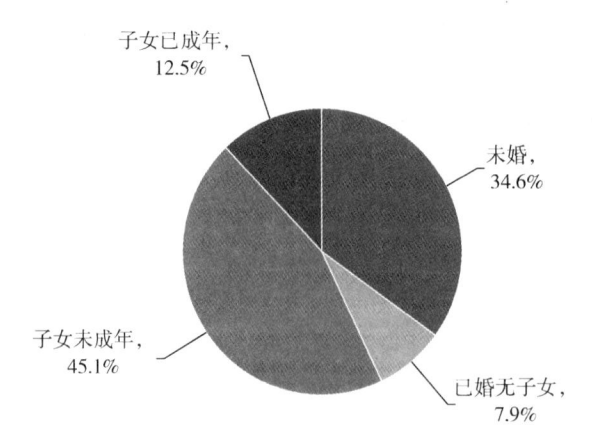

图 7-2　研究样本家庭结构（N=610）

(三) 受教育程度

据调查结果显示,610份研究样本的受教育程度,初中的占6.6%,高中的占5.1%,专科的占8.4%,本科的占55.7%,研究生的占24.3%,如图7-3所示。

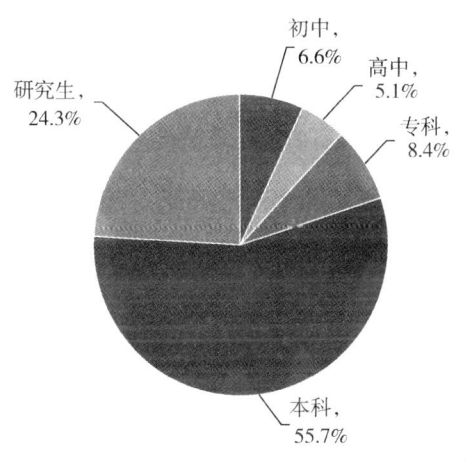

图7-3 研究样本受教育程度 (N=610)

(四) 月收入

据调查结果显示,610份研究样本中,月收入在4000元以下的占39.8%,4000—6999元的占35.2%,7000—9999元的占13.0%,10000元及以上的占12.0%,如图7-4所示。

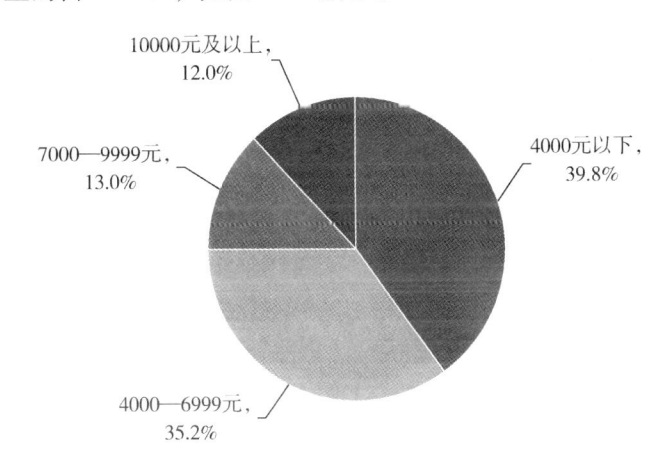

图7-4 研究样本月收入情况 (N=610)

(五) 职业

据调查结果显示，610 份研究样本中，专业技术人员（含教师、医生、律师、建筑师、会计师、歌手、演员等）占比最多，为 26.9%；其次为学生、公司职员，分别占比 18.9%、15.1%、其他详见图 7-5 所示。

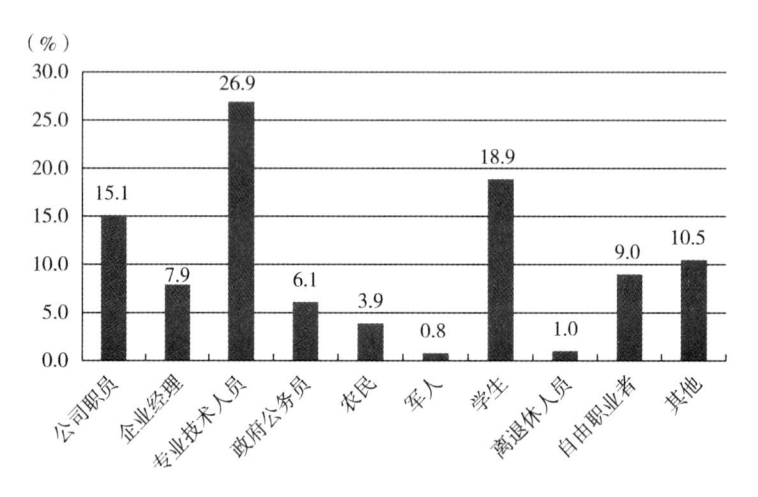

图 7-5 研究样本职业情况（N=610）

二 乡村体验旅游者消费行为特征分析

（一）出游动机

据调查结果显示，旅游者乡村体验旅游的主要动机是亲近自然（83.9%）和休闲度假（71.0%），其次是了解文化（40.3%）、新鲜独特感（27.7%）、亲子教育（27.2%）、健康疗养（25.4%），也有一些旅游者的旅游动机是探亲访友（22.0%）、慰藉乡愁（12.6%）、购买土特产（9.8%）、商务会议（3.9%）、其他（9.8%）等，如图 7-6 所示。这说明旅游者选择乡村体验旅游大多是为了亲近自然和休闲度假，放松身体和心情，以释放并缓解工作和生活的压力，同时，可以了解乡土文化，并获得新鲜独特感，或举家同游进行亲子教育与中老年健康疗养，或慰藉乡愁以满足思乡之情，等等。

因此，乡村体验旅游应打造高品质、多元化休闲度假旅游产品，以满足旅游者由观光向度假、由乡村旅游向乡村旅居的需求转变。

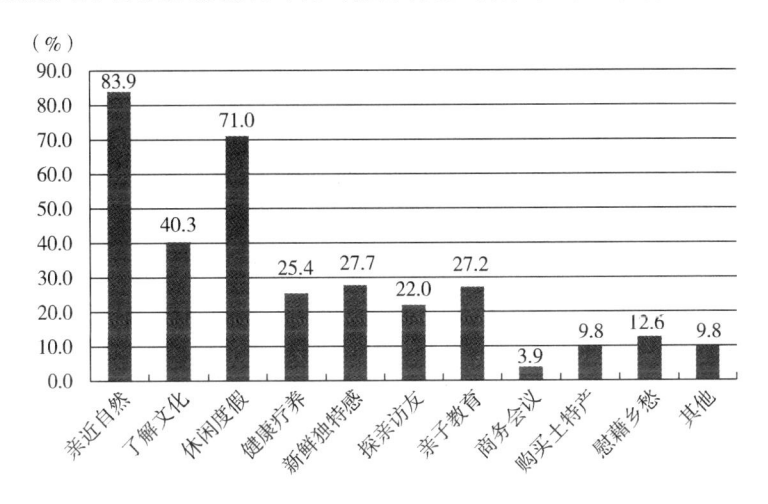

(%)
亲近自然	了解文化	休闲度假	健康疗养	新鲜独特感	探亲访友	亲子教育	商务会议	购买土特产	愿解乡愁	其他
83.9	40.3	71.0	25.4	27.7	22.0	27.2	3.9	9.8	12.6	9.8

图 7-6　研究样本出游动机（N=610）

（二）出游时间和出游方式

据 610 份研究样本调查结果显示，在出游时间上，以节假日（30.7%）和寒暑假（30.2%）为主，这与研究样本的年龄结构和家庭结构有关，在年龄结构上，30—39 岁的旅游者占了 46.7%。在家庭结构上，子女未成年的占 45.1%，因此，大多选择节假日和寒暑假进行乡村体验旅游；其他出游时间为周末（18.5%）、休假（16.7%）、工作日（3.9%），如图 7-7 所示。

在出游方式上，以自驾游为主，占了 54.9%，随团出游仅占 8.9%，说明乡村体验旅游市场以自驾游散客为主，因此，应加强乡村体验旅游地基础和服务设施建设，保证具有交通便利性，保持道路畅通、路况较好、交通标志清楚、停车位充足等，对餐饮、住宿、购物等设施及服务进行人性化设计，注重细节服务；其他出游方式分别为乘火车（20.2%）、乘汽车（5.1%）、乘飞机（2.5%）、其他（8.5%）等，这说明除了以中短途乡村休闲游为主外，长途乡村体验旅游可能开始出现并逐渐发展，如图 7-8 所示。

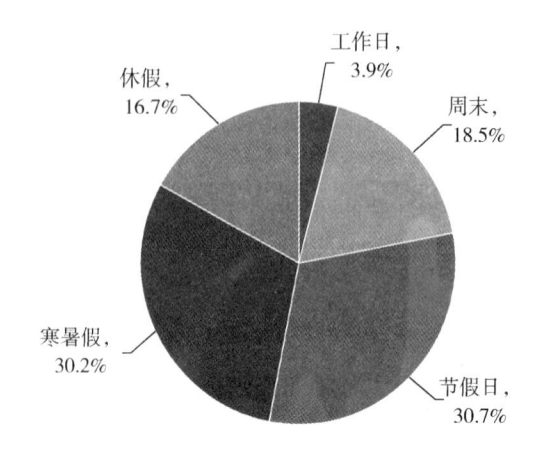

图 7-7 研究样本出游时间（N=610）

- 工作日，3.9%
- 周末，18.5%
- 节假日，30.7%
- 寒暑假，30.2%
- 休假，16.7%

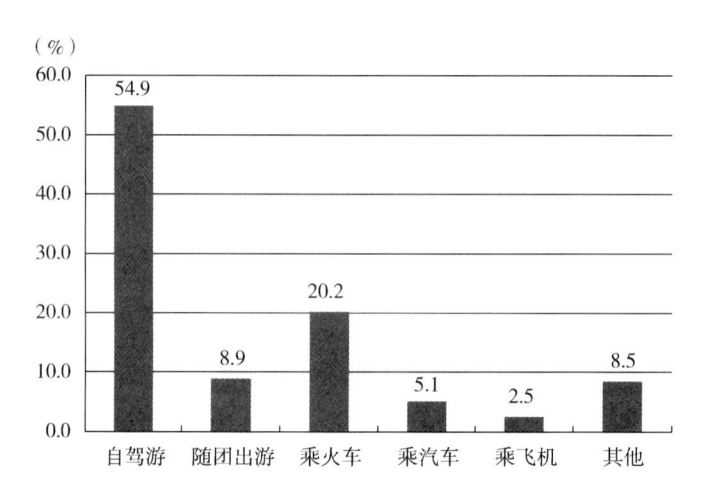

图 7-8 研究样本出游方式（N=610）

- 自驾游：54.9
- 随团出游：8.9
- 乘火车：20.2
- 乘汽车：5.1
- 乘飞机：2.5
- 其他：8.5

（三）出游天数和同行客群

据调查结果显示，在出游天数上，以2天（30.7%）和3天（23.3%）为主，当天往返的游客占了18.9%，这与乡村体验旅游以中短途旅游为主的特点相吻合，4天（7.7%）和5天及以上（19.5%）的游客，均有较多体现，这说明乡村体验旅游可能开始呈现较长时间的休闲度假和旅居，如图7-9所示。

在同行客群上，以家人为主，占到了65.6%，其次为朋友结伴同

第七章 乡村体验旅游情境下旅游者幸福感差异研究 / 229

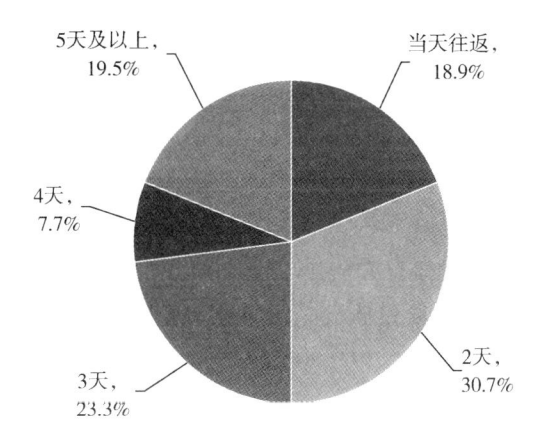

图 7-9 研究样本出游天数（N=610）

行（20.3%），同事（4.9%）、亲戚（3.3%）、合作伙伴（1.3%）、其他（4.6%）均有所体现，这说明乡村体验旅游大多是举家同游，家庭旅游占了较大比例，乡村体验旅游地应针对家庭旅游提供较多的亲子教育旅游产品、中年人休闲度假旅游产品、老年人健康疗养旅游产品等，如图 7-10 所示。

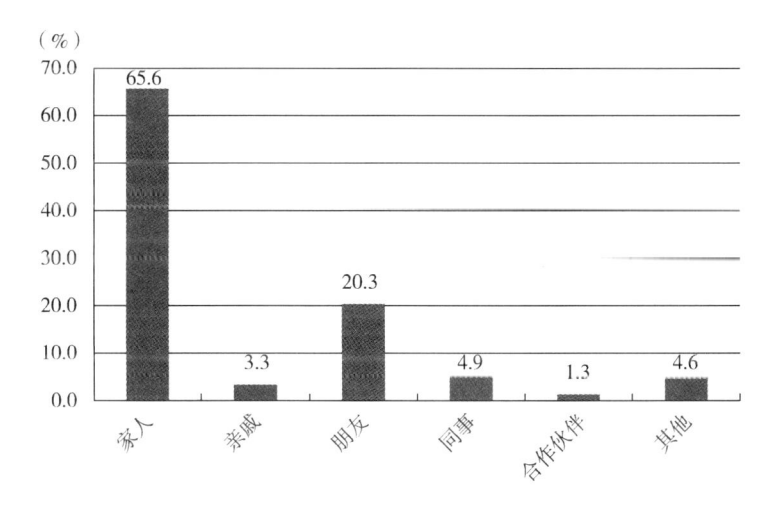

图 7-10 研究样本同行客群（N=610）

(四) 乡村体验旅游项目

据调查结果显示，610 份研究样本印象最为深刻的乡村体验旅游项目主要为田园观光（71.0%）、民俗文化体验（51.1%）、农（渔）家乐（45.1%）、登山览景（37.9%）、传统手工艺体验（33.0%），等等，这说明旅游者较为偏好亲近自然、体验文化等可参与的体验性项目。此外，表演娱乐（13.1%）、拓展训练（10.8%）、其他（7.4%）等旅游项目均有所体现，这说明乡村体验旅游产品需求往往以体验性产品为主，且正在向多元化发展，并应注重乡村环境氛围的营造以及旅游者多种感官刺激，如图 7-11 所示。

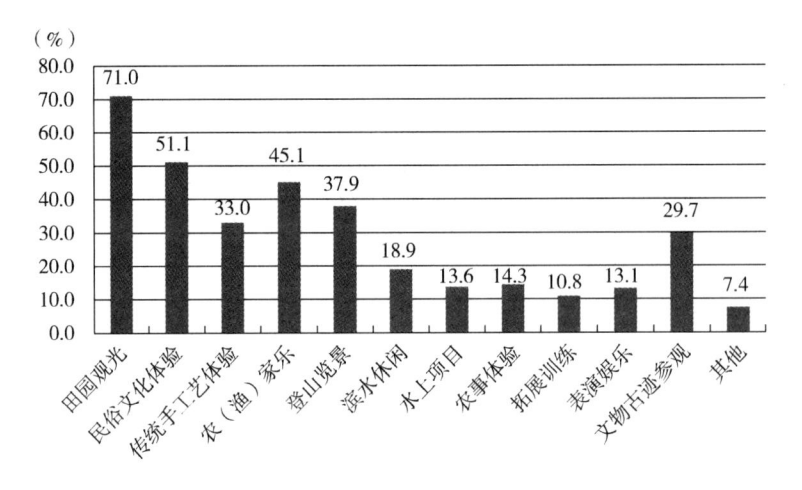

图 7-11 研究样本乡村体验旅游项目（N=610）

（五）人均花费和出游频次

据调查结果显示，研究样本人均花费 200 元以下的占了 20.7%，200—400 元的占了 30.7%，401—600 元的占了 23.6%，601—800 元的占了 9.3%，800 元以上的占了 15.7%，这与出游天数 5 天及以上的游客占 19.5% 相吻合，如图 7-12 所示。

在出游频次上，以 1 年 2 次比例最高，占了 38.4%，其次为 1 次（23.9%）和 3 次（18.5%），4 次与 5 次及以上的共占了 19.2%，这说明乡村体验旅游已成为旅游者经常性的出游行为，逐渐成为人们青睐的旅游方式，如图 7-13 所示。

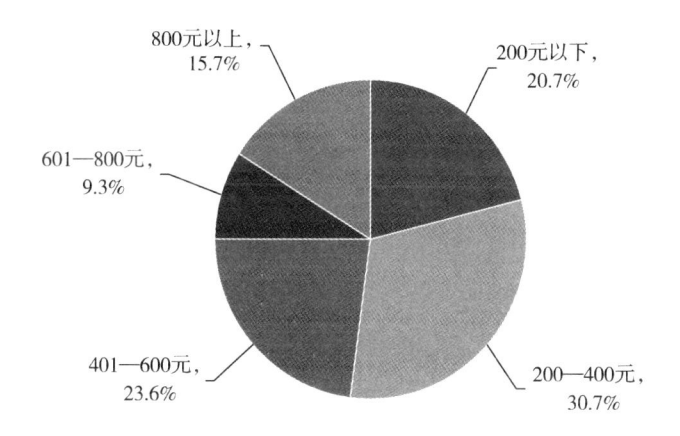

图 7-12 研究样本人均花费（N=610）

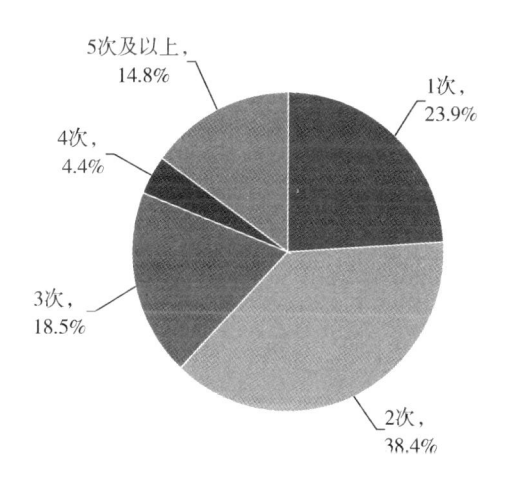

图 7-13 研究样本出游频次（N=610）

第三节 不同人口统计特征的旅游者幸福感差异分析

本书采用 SPSS21.0 分析软件，主要通过方差分析对不同人口统计特征的样本进行独立样本 T 检验和单因素方差分析，从而进一步明确乡村体验旅游情境下不同人口统计特征即性别、年龄、家庭结构、受教育程度、月收入、职业对旅游者幸福感影响的差异。

一 旅游者幸福感的性别组别差异

不同性别的旅游者是否对旅游幸福感的感知存在显著性差异？本书通过独立样本 T 检验，验证性别对旅游者幸福感影响的差异显著性，检验结果如表 7-1 所示。

表 7-1　　　　　　性别对旅游者幸福感的独立样本 T 检验

因子	方差分类	方差齐性 Levene 检验 F	Sig.	均值方程的 T 检验 t	df	Sig.
旅游者幸福感	方差相同	2.994	0.084	-1.098	608	0.273
	方差不同			-1.083	541.773	0.279

由表 7-1 可知，旅游者幸福感的 Levene 检验概率（外侧）高于 0.05，说明其方差具有齐性，应读取方差相同情况下的 T 检验结果；旅游者幸福感 T 检验结果对应的外侧概率（双尾）大于 0.05，说明性别在旅游者幸福感上的差异不显著。此外，由表 7-2 可知，女性旅游者幸福感略高于男性旅游者。

表 7-2　　　　　　　　　　组统计量

	性别	样本（个）	均值	标准差	均值的标准误
旅游者幸福感	男	269	4.951	1.2431	0.0758
	女	341	5.056	1.1088	0.0600

二 旅游者幸福感的年龄组别差异

本书通过单因素方差分析检验不同年龄段的旅游者对旅游幸福感感知水平差异的显著性，检验结果如表 7-3 所示。旅游者幸福感的显著性概率在 0.05 以上,表明不同年龄阶段的旅游者对旅游幸福感的感知不存在显著性差异。

表 7-3　年龄对旅游者幸福感的单因素方差分析结果

		平方和	df	均方	F	显著性
旅游者幸福感	组间	7.145	4	1.786	1.307	0.266
	组内	826.635	605	1.366		
	总数	833.780	609			

三　旅游者幸福感的家庭结构组别差异

本书通过单因素方差分析检验不同家庭结构的旅游者对旅游幸福感感知水平差异的显著性,检验结果如表 7-4 所示。旅游者幸福感的显著性概率大于 0.05,表明不同家庭结构的旅游者对旅游幸福感的感知不存在显著性差异。

表 7-4　家庭结构对旅游者幸福感的单因素方差分析结果

		平方和	df	均方	F	显著性
旅游者幸福感	组间	8.231	3	2.744	2.014	0.111
	组内	825.550	606	1.362		
	总数	833.781	609			

四　旅游者幸福感的受教育程度组别差异

本书通过单因素方差分析检验不同受教育程度的旅游者对旅游幸福感感知水平差异的显著性,检验结果如表 7-5 所示。旅游者幸福感的显著性概率在 0.05 以上,表明不同受教育程度的旅游者对旅游幸福感的感知不存在显著性差异。

表7-5　　受教育程度对旅游者幸福感的单因素方差分析结果

		平方和	df	均方	F	显著性
旅游者幸福感	组间	2.017	4	0.504	0.367	0.832
	组内	831.764	605	1.375		
	总数	833.781	609			

五　旅游者幸福感的月收入组别差异

本书通过单因素方差分析检验不同月收入的旅游者对旅游幸福感感知水平差异的显著性，检验结果如表7-6所示。旅游者幸福感的显著性概率在0.05以上，表明不同月收入的旅游者对旅游幸福感的感知不存在显著性差异。

表7-6　　月收入对旅游者幸福感的单因素方差分析结果

		平方和	df	均方	F	显著性
旅游者幸福感	组间	5.507	3	1.836	1.343	0.259
	组内	828.274	606	1.367		
	总数	833.781	609			

六　旅游者幸福感的职业组别差异

本书通过单因素方差分析检验不同职业的旅游者对旅游幸福感感知水平差异的显著性，检验结果如表7-7所示。旅游者幸福感的显著性概率小于0.05，表明不同职业的旅游者对旅游幸福感的感知存在显著性差异。

表7-7　　职业对旅游者幸福感各维度的单因素方差分析结果

		平方和	df	均方	F	显著性
旅游者幸福感	组间	58.761	9	6.529	5.055	0.000
	组内	775.020	600	1.292		
	总数	833.781	609			

第七章　乡村体验旅游情境下旅游者幸福感差异研究　/　235

为了进一步比较不同职业的旅游者对旅游幸福感的感知差异，本书采用多重比较分析进行进一步验证。根据多重比较分析的步骤，需先进行方差齐性检验，并根据检验结果，若样本具有齐性则通过 LSD 法对其进行检验；若样本不具有齐性，则通过 Tamhane T2 法进行两两比较分析，方差齐性检验见表 7-8。

表 7-8　　　　　　　　　方差齐性检验（职业）

	Levene 统计量	df1	df2	显著性
旅游者幸福感	3.657	9	600	0.000

由表 7-8 可知，旅游者幸福感的显著性概率低于 0.05，因此，样本不具有齐性，应采用 Tamhane T2 法进行两两比较分析，分析结果见表 7-9。研究结果表明，不同职业的旅游者在旅游幸福感上的感知差异具有显著性；企业经理旅游者对旅游幸福感的感知高于其他职业，其次分别为学生、政府公务员、自由职业者、公司职员、专业技术人员等，农民对旅游幸福感的感知最低。

表 7-9　　　　　　　　不同职业的比较（Tamhane T2）

因变量	（I）职业	（J）职业	平均值差值（I-J）	标准误	显著性	95% 置信区间 下限	95% 置信区间 上限
旅游者幸福感	公司职员	农民	1.4245*	0.3217	0.006	0.260	2.589
	企业经理	农民	1.6896*	0.3241	0.001	0.519	2.860
	专业技术人员	农民	1.3649*	0.3184	0.009	0.207	2.523
	政府公务员	农民	1.5361*	0.3314	0.003	0.349	2.723
	农民	公司职员	-1.4245*	0.3217	0.006	-2.589	-0.260
		企业经理	-1.6896*	0.3241	0.001	-2.860	-0.519
		专业技术人员	-1.3649*	0.3184	0.009	-2.523	-0.207
		政府公务员	-1.5361*	0.3314	0.003	-2.723	-0.349
		学生	-1.5762*	0.3292	0.002	-2.757	-0.395
		自由职业者	-1.4657*	0.3400	0.006	-2.672	-0.259
		其他	-1.2375*	0.3432	0.042	-2.452	-0.023

续表

因变量	(I) 职业	(J) 职业	平均值差值 (I−J)	标准误	显著性	95% 置信区间 下限	95% 置信区间 上限
旅游者幸福感	学生	农民	1.5762*	0.3292	0.002	0.395	2.757
	自由职业者	农民	1.4657*	0.3400	0.006	0.259	2.672
	其他	农民	1.2375*	0.3432	0.042	0.023	2.452

注：* 平均值差值的显著性水平为 0.05。

第四节　不同消费行为特征的旅游者幸福感差异分析

不同消费行为特征的旅游者是否对旅游幸福感的感知存在显著差异？本书采用SPSS21.0分析软件，首先通过单因素方差分析检验各消费行为特征（出游时间、出游方式、出游天数、同行客群、人均花费、出游频次）在旅游者幸福感上的均值差异显著性；其次，通过SPSS分层聚类、K-Mean聚类、判别分析完成聚类分析；最后，探究不同感知水平在不同消费行为特征上的分布特征。

一　旅游者幸福感差异显著性分析

本书采用SPSS21.0统计软件通过单因素方差分析检验出游时间、出游方式、出游天数、同行客群、人均花费、出游频次在旅游者幸福感上的均值差异显著性，检验结果如表7−10所示。

表7−10　不同消费行为特征旅游者幸福感差异显著性分析

	出游时间 F	出游时间 Sig.	出游方式 F	出游方式 Sig.	出游天数 F	出游天数 Sig.	同行客群 F	同行客群 Sig.	人均花费 F	人均花费 Sig.	出游频次 F	出游频次 Sig.
旅游者幸福感	2.900	0.021	0.888	0.489	5.023	0.001	1.317	0.255	1.896	0.109	0.217	0.929

通过表7-10可知，出游时间、出游天数在旅游者幸福感上的差异具有显著性（P<0.05）。根据差异显著性分析结果，本书将进一步通过聚类分析得出旅游者幸福感的高、中、低三种水平，并探讨不同幸福感水平在消费行为类型上的具体分布特征。

二 聚类分析

本书将对旅游者幸福感进行聚类分析，以归纳旅游者幸福感水平的不同类型。Hair、Anderson和Tatham（2009）研究认为，聚类分析需通过分层聚类、K-Mean聚类计算、判别分析验证三个步骤来完成。本书遵循此聚类分析步骤，对旅游者幸福感各维度进行聚类分析。

（一）分层聚类（Hierarchical）

本书在采用均值计算旅游者幸福感得分值的基础上，采用欧氏距离平方的测度方法进行分层聚类。如表7-11所示，聚类数从第1类开始到第2类，凝聚系数从41.785提高到62.323，因此，表明第2类是最佳聚类数。

表7-11 分层聚类的凝聚系数分析

聚类数	凝聚系数	凝聚系数改变量	凝聚系数改变率（%）
1	41.785	20.538	32.95
2	62.323		

（二）K-Mean聚类

本书将进一步采用K-Mean聚类计算最佳聚类中的样本特征。首先进行样本的单因素方差分析，分析结果如表7-12所示，旅游者幸福感在3个聚类下呈现显著性差异（P<0.001）。其次，再分析旅游者幸福感的标准化聚类中心，分别为0.65341、-2.61358、-0.26367。依照聚类中心的分布特征，将三类样本命名为"高水平型""中水平型""低水平型"。

表 7-12　　　　　　三类样本的单因素方差分析（C=3）

	聚类		误差		F	Sig.
	Mean square	df	Mean square	df		
旅游者幸福感	275.184	2	0.097	607	2848.946	0.000

（三）判别分析（Discriminant）

判别分析是在分类的基础上，根据样本特征值分析其所属类型。本书采用 SPSS 的判别分析对"高水平型""中水平型""低水平型"三类样本进行聚类可靠性检验。首先通过直接进入法得出判别分析散点图，如图 7-14 所示，散点图反映了旅游者幸福感水平的分布特征，图 7-15 判别函数的 Territorial Map 进一步验证了聚类的可靠性。同时，再进行判别函数预测结果分析，研究结果如表 7-13 所示，原始样本和混合样本均具有较高的预测精度，因此，聚类分析结果具有科学性和可靠性。

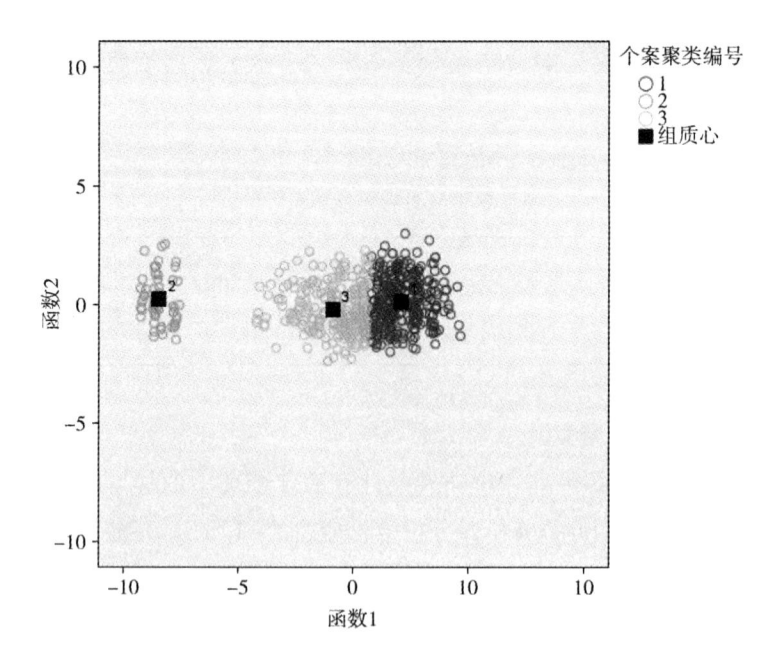

图 7-14　判别函数散点图

注：1 为高水平型，2 为低水平型，3 为中水平型。

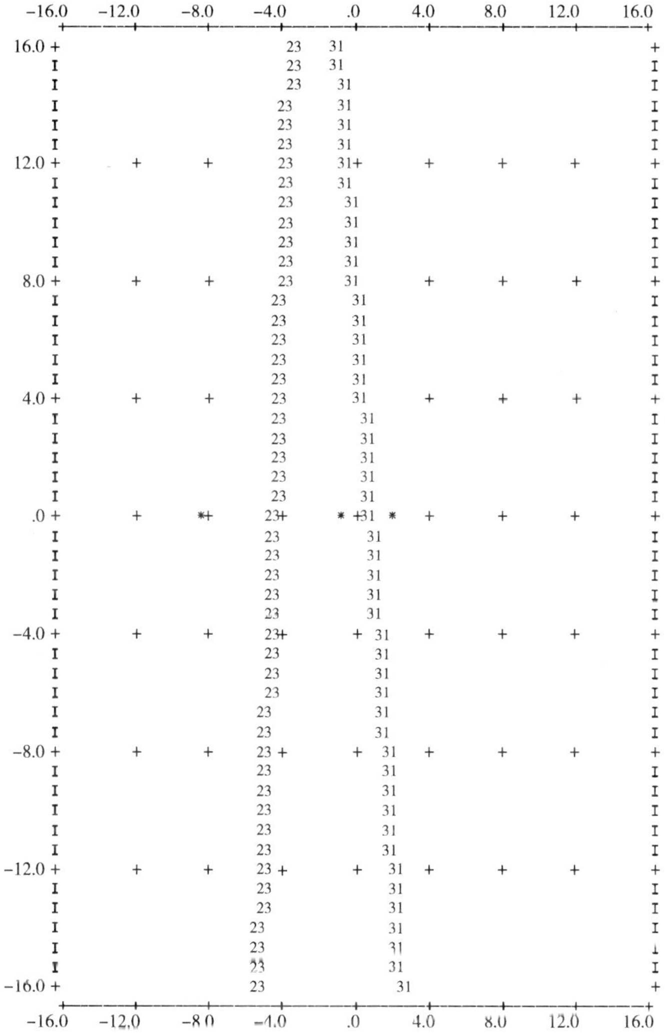

第七章 乡村体验旅游情境下旅游者幸福感差异研究

```
           -16.0   -12.0    -8.0    -4.0     .0     4.0     8.0    12.0    16.0
             +-------+-------+-------+-------+-------+-------+-------+-------+
        16.0 +                        23     31                              +
           I                          23     31                              I
           I                          23     31                              I
           I                          23     31                              I
           I                          23     31                              I
           I                          23     31                              I
        12.0 +       +       +        23     31+      +       +       +      +
           I                          23     31                              I
           I                          23     31                              I
           I                          23     31                              I
           I                          23     31                              I
           I                          23     31                              I
         8.0 +       +       +        23     31       +       +       +      +
           I                          23     31                              I
           I                          23     31                              I
           I                          23     31                              I
           I                          23     31                              I
           I                          23     31                              I
         4.0 +       +       +        23     31       +       +       +      +
           I                          23     31                              I
           I                          23     31                              I
           I                          23     31                              I
           I                          23     31                              I
           I                          23     31                              I
          .0 +       +       *+       23+     *+31    *+      +       +      +
           I                          23     31                              I
           I                          23     31                              I
           I                          23     31                              I
           I                          23     31                              I
           I                          23     31                              I
        -4.0 +       +       +        23+     +  31   +       +       +      +
           I                          23     31                              I
           I                          23     31                              I
           I                          23     31                              I
           I                          23     31                              I
           I                          23     31                              I
        -8.0 +       +       +        23 +    +  31   +       +       +      +
           I                          23     31                              I
           I                          23     31                              I
           I                          23     31                              I
           I                          23     31                              I
           I                          23     31                              I
       -12.0 +       +       +        23 +    +  31   +       +       +      +
           I                          23     31                              I
           I                          23     31                              I
           I                          23     31                              I
           I                          23     31                              I
           I                          23     31                              I
       -16.0 +                        23     31                              +
             +-------+-------+-------+-------+-------+-------+-------+-------+
           -16.0   -12.0    -8.0    -4.0     .0     4.0     8.0    12.0    16.0
```

图 7-15 判别函数的 Territoral Map

注:1 为高水平型,2 为低水平型,3 为中水平型。

表 7-13 聚类判别结果

样本类型	真实情况	计数	预测			准确率(%)
			高水平型	中水平型	低水平型	
原始样本	高水平型	324	324	0	0	100
	中水平型	228	0	0	228	100

续表

样本类型	真实情况	计数	预测 高水平型	预测 中水平型	预测 低水平型	准确率（%）
原始样本	低水平型	58	0	58	0	100
	合计					100
混合样本	高水平型	324	324	0	0	100
	中水平型	228	0	0	228	100
	低水平型	58	0	58	0	100
	合计					100

三 旅游者幸福感水平的分布特征

根据 K-Mean 聚类结果，研究分析旅游者幸福感高、中、低三种水平在不同消费行为特征上的分布特征。

本书通过单因素方差分析研究高水平型、中水平型和低水平型在出游时间和出游天数上的分布特征，三种水平均通过方差检验（$P < 0.001$），检验结果见表 7-14。在出游时间上，高水平型主要集中在休假和寒暑假，中水平型和低水平型主要集中在周末和节假日。在出游天数上，高水平型主要集中在 3—4 天，中水平型、低水平型主要集中在 2—3 天。

表 7-14　　　　　三种感知水平在出游天数上的特征比较

	感知程度 高水平型 均值	高水平型 标准差	中水平型 均值	中水平型 标准差	低水平型 均值	低水平型 标准差	F 统计量	P 值
出游时间	4.36	1.308	2.98	1.299	2.41	1.287	10.332	0.002
出游方式	2.17	1.641	2.09	1.487	2.47	1.635	1.316	0.269
出游天数	3.23	1.368	2.49	1.318	2.48	1.231	22.947	0.000
同行客群	1.95	1.455	1.86	1.303	1.50	1.143	2.629	0.073
人均花费	2.80	1.357	2.48	1.264	2.91	1.315	4.830	0.080
出游频次	2.51	1.325	2.46	1.295	2.41	1.257	0.211	0.810

注：出游时间选项值 1—5 分别表示工作日、周末、节假日、寒暑假、休假。
出游天数选项值 1—5 分别表示当天往返、2 天、3 天、4 天、5 天及以上。

第五节 研究结论

一 不同人口统计特征的旅游者幸福感差异

本书通过方差分析对不同人口统计特征的样本进行独立样本 T 检验和单因素方差分析，明确了性别、年龄、家庭结构、受教育程度、月收入等人口统计特征对旅游者幸福感影响的差异均不显著，而职业对旅游者幸福感影响的差异显著，主要表现为：（1）女性旅游者幸福感略高于男性旅游者；（2）不同职业的旅游者在旅游幸福感上的感知差异具有显著性，企业经理对旅游幸福感的感知高于其他职业，其次分别为学生、政府公务员、自由职业者、公司职员、专业技术人员等，农民对旅游幸福感的感知最低。

二 不同消费行为特征的旅游者幸福感差异

本书通过聚类分析将旅游者幸福感样本分为"高水平型""中水平型""低水平型"3 种旅游者幸福感水平，这 3 种旅游者幸福感水平在不同消费行为特征上表现出不同分布特征：（1）在出游时间上，高水平型主要集中在休假和寒暑假，中水平型和低水平型主要集中在周末和节假日；（2）在出游天数上，高水平型主要集中在 3—4 天，中水平型、低水平型主要集中在 2—3 天。

针对此结论，对比分析本章第二节乡村体验旅游者行为特征：在出游时间上，以节假日为主；在出游天数上，以 2 天和 3 天为主，当天往返的游客占 18.9%，3 天及以下的游客共占 72.8%，3 天以上的游客仅占 27.2%。因此，本书发现，通过聚类分析得出的高水平型幸福感消费行为特征与以上对目前乡村体验旅游者行为特征的分析存在明显差异。

乡村体验旅游者的旅游动机是亲近自然、休闲度假，却往往选择游客量较多的节假日出游，并且只停留 2 天左右，因此，可能会由于游客量较多且停留时间较短而达不到休闲度假的目的，从而导致游客满意度不高，以及旅游者幸福感水平未有明显提升。这一方面可能是由于旅游者不具备丰富的旅游经验，未能精心设计并合理安排乡村体验旅游活动；另一方面，也说明乡村体验旅游地缺少休闲度假旅游产品，缺乏让旅游者长时间逗留的吸引力。因此，乡村体验旅游地需营造独特的乡村氛围，业界需策划有吸引力的特色乡村体验旅游产品，同时，精心安排设计旅游活动项目并进行市场引导，让旅游者在较短的时间内实现休闲放松的旅游目的。

第八章 结论与展望

第一节 主要研究结论

本书基于乡村体验旅游情境，探究了"旅游何以让生活更幸福"的研究议题，并通过科学严谨的分析与论证，探讨了乡村旅游体验价值与旅游者幸福感的内在关系与作用机制，形成了4个方面的主要研究结论：一是乡村旅游体验价值由5个维度构成；二是乡村旅游体验价值与旅游者幸福感的关系存在嵌套作用机制；三是乡村体验旅游行为呈多元化发展趋势；四是乡村度假旅游者具有较高幸福感。

一 乡村旅游体验价值由5个维度构成

以往学者虽探讨了顾客体验价值的维度，但大多基于产品的功能性价值，然而，在乡村体验旅游情境下，旅游者更关注旅游产品的情境性、情感性、社会性等体验价值，因此，本书将"感知型"[①]和"情境关联型"[②]体验价值结构维度模型相结合，基于乡村体验旅游情境关联

[①] "感知型"体验价值结构维度模型基于内省式体验价值理论强调顾客的主观感知，以顾客的心理感知为基础，却往往忽略了环境因素与顾客体验价值的客观联系，此模型较适用于虚拟环境下的体验价值结构维度研究。张凤超、尤树洋：《顾客体验价值结构维度：DIY业态视角》，《华南师范大学学报》（社会科学版）2009年第4期。

[②] "情境关联型"体验价值结构维度模型基于顾客与消费情境如何关联，强调了体验价值维度的诸如趣味性、美感性、投资报酬、服务优越性等影响因素，却忽视了体验价值的变化与顾客间关联的影响作用。张凤超、尤树洋：《顾客体验价值结构维度：DIY业态视角》，《华南师范大学学报》（社会科学版）2009年第4期。

因素探讨乡村旅游体验价值的维度。本书从不同视角探讨了乡村旅游体验价值的结构维度，使得乡村旅游体验价值有了全新的价值组合，尤其具有了全面概括性。

本书在扎根理论分析的基础上，对深度访谈资料进行开放式编码、选择性编码、理论性编码，并通过与以往研究比较，得出乡村旅游体验价值的 5 维度结构，即乡村旅游体验价值由功能性价值、情境性价值、情感性价值、社会性价值、经济性价值 5 个维度构成。其中，功能性价值主要包括交通便利性、规划布局、基础设施、服务设施 4 个子维度；情境性价值包括环境氛围、感官享受、主题特色 3 个子维度；情感性价值主要包括吸引性、快乐感、遁世感、亲切感、融入感 5 个子维度；社会性价值主要包括文化感受、互动沟通、美好回忆 3 个子维度；经济性价值主要包括花费合理、省时省力、物有所值 3 个子维度。

并且，本书以子维度为测量基础，开发了包括 18 个题项的乡村旅游体验价值量表，严格遵循量表开发步骤，通过问卷调查方法对维度构思与原始量表进行了实证研究。首先，选取乡村体验旅游者为研究对象，并通过专家小组讨论，采用内容效度比（CVR）综合评判乡村旅游体验价值原始量表的内容效度，对量表题项进行删减与修改，形成初试量表；其次，对初试量表进行问卷调研，通过对 238 份有效问卷研究数据进行探索性因子分析，从量表中的 18 个题项中抽取 5 个特征值大于 1 的因素，因素结构与维度构思相近；再次，通过重新调研获得 305 份有效问卷，并对研究数据进行验证性因子分析，以检验乡村旅游体验价值的二阶 5 维度构思，通过组合信度（CR）与平均方差提取值（AVE）检验乡村旅游体验价值结构维度的收敛效度与区分效度，研究结果表明该量表信度与效度良好；最后，验证了乡村旅游体验价值的二阶 5 维度结构，并形成了包括 18 个题项的乡村旅游体验价值量表。在此基础上，本书构建了乡村旅游体验价值结构体系，此结论为乡村旅游体验价值的测量及评价提供了理论依据。

二 乡村旅游体验价值与旅游者幸福感的关系存在嵌套作用机制

通过理论构建与实证研究，本书提出并验证了乡村旅游体验价值与旅游者幸福感关系模型，深刻揭示了乡村旅游体验价值与旅游者幸福感的内在关系与作用机制。二者的内在关系主要表现为 4 个方面的嵌套作用机制：乡村旅游体验价值各维度直接正向影响旅游者幸福感各维度；游客满意度的中介作用；地方依恋的中介作用；旅游涉入的调节作用。

其一，乡村旅游体验价值各维度与旅游者幸福感的作用关系：（1）功能性价值直接正向影响旅游者幸福感；（2）情境性价值直接正向影响游客满意度；（3）情感性价值直接正向影响旅游者幸福感，并通过游客满意度、地方依恋间接影响旅游者幸福感，旅游涉入正向调节情感性价值对旅游者幸福感的影响；（4）社会性价值直接正向影响旅游者幸福感；（5）经济性价值直接正向影响旅游者幸福感，并通过游客满意度、地方依恋间接影响旅游者幸福感，旅游涉入负向调节经济性价值对旅游者幸福感的影响。

其二，乡村旅游体验价值各维度与游客满意度的作用关系：（1）情境性价值、情感性价值、经济性价值均直接正向影响游客满意度；（2）功能性价值、社会性价值对游客满意度的影响不显著；（3）游客满意度中介情感性价值、经济性价值对旅游者幸福感的影响。

其三，游客满意度与旅游者幸福感的作用关系：（1）游客满意度对旅游者幸福感有直接正向影响；（2）地方依恋中介游客满意度对旅游者幸福感的影响。

其四，乡村旅游体验价值各维度与地方依恋的作用关系：（1）情感性价值、经济性价值直接正向影响地方依恋；（2）游客满意度中介情感性价值、经济性价值对地方依恋的影响；（3）地方依恋中介情感性价值、经济性价值对旅游者幸福感的影响。

其五，地方依恋与旅游者幸福感的作用关系：地方依恋对旅游者幸福感有直接正向影响。

其六，旅游涉入、游客满意度与地方依恋的作用关系：（1）旅游涉入对游客满意度的影响不显著；（2）游客满意度直接正向影响地方依恋。

基于上述乡村旅游体验价值与旅游者幸福感嵌套作用机制的探讨，本书认为乡村旅游体验价值与旅游者幸福感之间存在作用机制与边界条件。乡村体验旅游地应开发优质乡村体验旅游产品，以提升旅游者乡村旅游体验价值，提高游客满意度；并基于情感性价值的提升，增强旅游者地方依恋，使旅游者对旅游地产生满意感、依恋感与归属感；同时，乡村体验旅游地应关注旅游者动机与兴趣被激活的心理状态，基于旅游者旅游涉入程度，把握旅游市场动态与发展趋势，供给符合旅游需求的旅游产品；从而提升旅游者愉悦生活的积极情感体验，让旅游者沉浸在美好的旅游生活中，使其获得较高的旅游价值以及持续不断的生活意义，在整体上提升旅游者幸福感水平。

三 乡村体验旅游行为呈多样化发展趋势

通过对第六章收集的 610 份研究样本进行消费行为特征分析，本书发现，乡村体验旅游以家庭自驾游为主，且在出游方式上，乘火车（20.2%）、乘汽车（5.1%）、乘飞机（2.5%）等都以一定比例呈现，这说明除了以中短途乡村休闲游为主以外，长途乡村体验旅游正在逐渐发展；乡村体验旅游者在旅游动机上，不仅包括亲近自然（83.9%）、休闲度假（71.0%）、了解文化（40.3%），而且包括获得新鲜独特感（27.7%）、亲子教育（27.2%）、健康疗养（25.4%）等，这说明旅游者旅游动机多样化；在出游天数上，以 2 天（30.7%）和 3 天（23.3%）为主，当天往返的游客占了 18.9%，停留 4 天和 5 天及以上的游客共占了 27.2%，并且，在人均花费上，200—400 元的占了 30.7%，401—600 元的占了 23.6%，200 元以下的占了 20.7%，并且，601—800 元的占了 9.3%，800 元以上的占了 15.7%，这说明乡村体验旅游除了短时间的乡村观光外，开始呈现较长时间的休闲度假与乡村旅居。

在乡村体验旅游项目上，田园观光（71.0%）、登山览景（37.9%）、滨水休闲（18.9%）等亲近自然的体验性项目，以及农（渔）家乐（45.1%）、传统手工艺体验（33.0%）、文物古迹参观（29.7%）、水上项目（13.6%）、农事体验（14.3%）等观光、休闲、参与性项目，表演娱乐（13.1%）、拓展训练（10.8%）等旅游活动均有所体现，这说明旅游者乡村体验旅游产品需求往往以体验性产品为主，且正在向多元化发展；在出游频次上，以1年2次比例最高，占了38.4%，其次为1年1次（23.9%）和1年3次（18.5%），1年4次与5次及以上的共占了19.2%，这说明乡村体验旅游已成为旅游者经常性的出游行为。因此，乡村体验旅游作为人们逐渐青睐的旅游方式呈多元化发展趋势。乡村体验旅游地应结合本地实际，以自然环境为基底，以本土文化为底蕴，营造特色乡村氛围，开发多元化乡村体验旅游产品，满足不同旅游者旅游动机、停留时间、人均花费以及体验项目的需要。

四 乡村度假旅游者具有较高幸福感

本书采用 SPSS 软件通过分层聚类、K-Mean 聚类、判别分析3个步骤对不同消费行为特征的旅游者幸福感进行聚类分析，得出"高水平型""中水平型""低水平型"三种旅游者幸福感类型，并探究了三种幸福感水平在出游时间和出游天数上的分布特征。研究结果显示：在出游时间上，高水平型主要集中在休假和寒暑假，中水平型和低水平型主要集中在周末和节假日；在出游天数上，高水平型主要集中在3—4天，中水平型和低水平型主要集中在2—3天。因此，本书认为选择休假时间出游且停留时间3—4天的乡村度假旅游者具有较高的幸福感水平。

本书将通过聚类分析得出的高水平型幸福感的旅游者行为特征与目前乡村体验旅游者行为特征进行对比分析。目前乡村体验旅游者行为特征在出游时间上，以节假日为主；在出游天数上，以2天和3天为主。因此，高水平型幸福感的旅游者行为特征与目前乡村体验旅游者行为特征二者之间存在明显差异，本书基于旅游者消费行为特征层面，初步解释了目前乡村体验旅游者幸福感水平未有明显提升的部分原因。

此外，乡村体验旅游地的体验性旅游产品仍未能进行深度开发，且未能深入体现并满足乡村深度体验、乡村休闲度假、乡村旅居等幸福感水平较高的旅游方式及其市场需求，这也为乡村体验旅游产品的进一步开发提供了方向。

第二节 理论进展

一 基于扎根理论分析建构了乡村旅游体验价值的维度结构

本书取得的第一个理论进展体现在：基于扎根理论分析方法构建了乡村旅游体验价值的多维度结构，将体验价值理论延伸至乡村体验旅游情境，拓展了乡村旅游体验价值的"理论版图"，同时推进了乡村旅游与体验价值研究的交叉融合。在乡村旅游景区数量急剧增长的现实背景下，"量"的发展背后亟须"质"的提升，如何测量及评价乡村旅游体验价值成为值得研究的议题。

以往学者大都基于不同的研究对象探讨体验价值的结构维度，因而其划分结果各异。总体而言，基于顾客视角学者们基本认同体验价值可大致分为内部价值（愉悦享乐价值）与外部价值（实用功能性价值）（Batra & Ahtola, 1991; Babin & Darden, 1994; Ruyter, 1997）。我国学者张凤超、尤树洋（2009）总结出"感知型""情境关联型""层次型"三种不同的体验价值维度模型。其中，"感知型"体验价值维度模型忽略了环境因素与顾客体验价值的客观联系，"情境关联型"体验价值维度模型则忽视了体验价值的变化与顾客间关联的影响作用，而"层次型"体验价值维度模型，虽较为准确地反映了顾客需求层次及其差异性，但忽视了时空差异性、变化规律与混合体验的作用规律。

鉴于此，本书将"感知型"和"情境关联型"体验价值结构维度模型相结合，在强调顾客心理感知的基础上，结合乡村体验旅游情境关联因素探讨乡村旅游体验价值。基于扎根理论分析并嵌入乡村旅游体验情境中捕捉乡村旅游体验价值特征，经过科学严谨的开放式编码、选择性编码与理论性编码得出乡村旅游体验价值由功能性价值、情境性价值、情感性价值、社会性价值、经济性价值5个维度构成。其中，功能性价值是旅游者对乡村旅游产品的功能性、实用性等属性的体验与感知评价；情境性价值是通过旅游者对特定乡村体验旅游情境体验而感知的价值；情感性价值是旅游者对情感体验是否被满足或提升的感知评价；社会性价值由旅游者在社区居民或游客群体中产生的关系联结而感知获得；经济性价值是旅游者对出行成本与投资报酬的感知评价。与以往的体验价值结构相比较，本书将体验价值与乡村体验旅游情境因素相关联，探讨乡村体验旅游情境下的顾客体验价值，是对以往研究的延伸。

此外，在以往的研究中，虽有国外学者探讨了产品体验价值量表的开发设计，但此类量表大多基于产品功能性价值，然而，乡村体验旅游者则更关注情感性、社会性等体验价值，因此，仍需完善已有量表并继续开发适合旅游情境的新量表。鉴于此，本书首先基于扎根理论分析结果，形成包括24个题项的乡村旅游体验价值原始量表；并通过专家小组讨论，采用内容效度比的方法，形成包含18个题项的乡村旅游体验价值量表；其次，基于238份乡村旅游体验价值调查问卷数据进行探索性因子分析，初步构建了由18个题项构成的因子结构；最后，基于重新选取的305份乡村旅游体验价值调查问卷数据进行验证性因子分析，验证了乡村旅游体验价值的二阶五维度结构。因此，本书的最主要贡献在于基于扎根理论分析方法建构了乡村旅游体验价值的多维度模型，为进一步研究乡村旅游体验价值与旅游者幸福感的关系以及乡村旅游体验价值的测量与评价提供了理论依据。

二 构建了乡村旅游体验价值与旅游者幸福感关系的嵌套作用机制

本书取得的第二个理论进展体现在：提出并验证了乡村旅游体验价值与旅游者幸福感关系的嵌套作用机制，解释了"旅游何以让生活更幸福"的内在影响关系。本书最重要的理论洞见是：基于顾客体验理论、顾客价值理论、幸福感理论、顾客满意理论与地方理论，深入探究乡村旅游体验价值与旅游者幸福感的关系，从游客满意度、地方依恋、旅游涉入三个影响因素探讨了乡村旅游体验价值与旅游者幸福感之间的作用机制与边界条件，即乡村旅游体验价值各维度直接正向影响旅游者幸福感，游客满意度、地方依恋与旅游涉入中介与调节二者之间的关系，从而构建了乡村旅游体验价值与旅游者幸福感关系的嵌套作用机制。

为使本书在全国范围内具有普适性，问卷调研采取网络问卷发放和实地问卷发放相结合的方式。在调研对象的选择上，不只局限于武汉市及其周边地区乡村体验旅游者，而是选取全国范围内在过去二个月内有乡村体验旅游经历且印象深刻的游客，采取网络问卷发放的方式进行问卷调研；同时，为保证受访者结构合理，并与网络调研问卷进行回答无偏性检验，本书仍采取了实地问卷发放的方式，两种问卷发放方式共收集有效问卷 610 份，基本体现了我国旅游者乡村旅游体验价值感知、幸福感、满意度、地方依恋、旅游涉入的基本情况，具有一定的代表性。

以往学者大多基于心理学、伦理学、社会学等学科领域，探讨旅游与幸福感的关系及影响作用（Lankford & Howard，1994；Uysal，Sirgy，Eunju，et al.，2016）。并且，在研究内容上，大多基于某一类型的旅游活动（如邮轮旅游、休闲活动、文化旅游等）探讨旅游与幸福感的关系（Hailin & Elsa，1999；Wilkinson，2005；郑华伟，2016；陈瑞霞，2018）。鉴于此，值得提出的是，本书将"旅游让生活更幸福"的研究议题拓展至乡村体验旅游情境下，探讨乡村旅游体验价值与旅游者幸福感的关系，不同于以往旅游与幸福感关系及影响机制的研究。

首先，本书探索了乡村旅游体验价值对旅游者幸福感的直接正向影响，并通过 AMOS21.0 软件对结构方程模型进行检验，研究结果显示，乡村旅游体验价值有助于提升旅游者幸福感。具体来看，功能性价值、情感性价值、社会性价值和经济性价值均直接正向影响旅游者幸福感。此外，情境性价值对旅游者幸福感的影响不显著。

其次，本书基于顾客满意理论和地方理论，并通过进一步研究证实，乡村体验旅游价值各维度不仅直接正向影响旅游者幸福感，而且通过游客满意度、地方依恋间接影响旅游者幸福感，即游客满意度与地方依恋中介乡村旅游体验价值各维度对旅游者幸福感的影响。具体来看，情境性价值、情感性价值、经济性价值均直接正向影响游客满意度；游客满意度对旅游者幸福感有直接正向影响；游客满意度通过地方依恋间接影响旅游者幸福感；情感性价值、经济性价值直接正向影响地方依恋；情感性价值、经济性价值通过游客满意度间接影响地方依恋；地方依恋对旅游者幸福感有直接正向影响；因此，乡村旅游体验价值各维度通过游客满意度与地方依恋间接影响旅游者幸福感的影响路径表现为：情感性价值与经济性价值均分别通过游客满意度、地方依恋间接影响旅游者幸福感。

最后，本书进一步揭示了乡村旅游体验价值影响旅游者幸福感的边界条件，即旅游涉入对乡村旅游体验价值各维度与旅游者幸福感的关系具有调节作用，旅游者旅游涉入的高低影响了乡村旅游体验价值各维度与旅游者幸福感的关系，并通过SPSS21.0软件采用层次回归方法对其进行了验证。具体来看，旅游涉入正向调节情感性价值对旅游者幸福感的影响，并负向调节经济性价值对旅游者幸福感的影响。

综上，本书对乡村旅游体验价值与旅游者幸福感的关系做了有益探索，填补了乡村旅游体验价值对旅游者幸福感影响机制研究的部分空缺，而且进一步完善了顾客体验价值理论的内容。本书通过理论分析与实证研究，提出并检验了乡村旅游体验价值与旅游者幸福感之间的作用机制与边界条件，研究结果证实了乡村旅游体验价值对旅游者幸福感的影响作用，以及游客满意度、地方依恋与旅游涉入的中介与调节作用，最终构建了乡村旅游体验价值与旅游者幸福感关系的嵌套作用机制，此结论为解释"旅游何以让生活更幸福"提供了理论依据，并为"如何提升旅游者幸福感"提供了方向指引。

三 基于"真实幸福感"理论拓展了旅游者幸福感相关研究

本书取得的第三个理论进展体现在：将"真实幸福感"理论引入乡村体验旅游者幸福感研究，是对以往旅游者幸福感研究的补充。以往学者对旅游者幸福感的研究大多基于主观幸福感，主观幸福感的理论基础是快乐论（hedonism），强调获得快乐的主观体验。本书将"真实幸福感"引入旅游者幸福感研究，认为旅游者真实幸福感不仅包含享乐等愉悦生活的积极情绪，也包括沉浸在美好的旅游生活中，通过参与而获得美好体验，并通过旅游体验最终获得较高的旅游价值以及持续不断的生活意义，从而获得比主观幸福感较为持久的幸福感（Seligman 等，2002；Filep，2012）。

鉴于此，本书认为在乡村体验旅游情境下，旅游者通过乡村体验旅游获得积极情绪，并沉浸到美好的旅游生活中，从而满足旅游者亲近乡村自然、体验乡土文化、享受乡村美食、参与乡村生活、慰藉乡愁等旅游需求，使得旅游者了解乡村、喜欢乡村、依恋乡村，从旅游中获取生活的意义并慰藉心灵，从而提升旅游者幸福感，真实幸福感较全面地反映了乡村体验旅游者幸福感。因此，本书采用 Peterson、Park 和 Seligman（2005）的"真实幸福感"模型研究乡村体验旅游者幸福感，采用真实幸福感理论探讨乡村旅游体验价值与旅游者幸福感的内在关系，并借鉴"幸福导向量"（OHS）对乡村体验旅游者幸福感进行测量。因此，本书基于"真实幸福感"理论探讨乡村体验旅游者幸福感，拓展了旅游者幸福感的研究视角，是本书重要的理论进展之一。

四 丰富了旅游者幸福感影响因素研究

本书取得的第四个理论进展体现在：基于以往学者对幸福感影响因素的研究，本书从人口统计特征和消费行为特征等两方面，探讨了乡村体验旅游者幸福感水平的差异。以往学者认为影响个体幸福感的因素可以分为内部因素和外部因素，并普遍认为影响幸福感的内部因素主要包括人格、基因、思想状态、观念、自尊等，外部因素主要有人口统计特征、经济、文化、生活、环境等，以往学者对其进行了深入研究和探讨（Diener & Oishi，2004；奉先武等，2010；Ettema 等，2011；Lee, Lin, Huang & Fredrickson，2012）。

基于此，本书通过实证研究发现性别、年龄、家庭结构、受教育程度、月收入等人口统计特征对乡村体验旅游者幸福感影响的差异均不显著，在性别上，女性乡村体验旅游者的幸福感略高于男性，职业对乡村体验旅游者幸福感影响的差异显著，不同职业的乡村体验旅游者其旅游幸福感水平有差异；在乡村体验旅游者消费行为特征的出游时间与出游天数上，乡村体验旅游者幸福感具有显著性差异，并且，高幸福感水平主要集中在休假和寒暑假，中水平型和低水平型主要集中在周末和节假日；在出游天数上，高水平型主要集中在3—4天，中水平型和低水平型主要集中在2—3天。因此，关于乡村体验旅游者幸福感差异的探讨丰富了旅游者幸福感影响因素的相关研究，也是本书的理论进展之一。

第三节 实践启示

在乡村旅游高速发展的背景下，基于"旅游让生活更幸福"的研究议题，如何提升乡村旅游者幸福感水平成为值得思考的实践问题。本书的研究成果对乡村体验旅游地为何及如何提高旅游者旅游体验价值、满意度、地方依恋、幸福感水平等，具有重要的实践启示。

一 开发优质乡村体验旅游产品，提高旅游者体验价值

通过文献述评，本书认为旅游体验价值是旅游者对其购买的旅游产品及服务的价值感知。旅游体验价值感知受到多种因素的影响，既包括旅游者主观与个性化特质（Baker，2000；Cole，2002；申光龙、彭晓东，2017），又包括环境、价格、服务及态度、项目设计、活动构思等客观因素（Ismail，2011；李丽娟，2012）。因此，就乡村体验旅游地而言，应关注影响旅游者旅游体验价值的环境、项目设计、活动构思等客观因素，开发优质乡村体验旅游产品，以提高旅游者体验价值的感知。随着乡村旅游的高速发展，"养心""养生""养老"等乡村体验旅游方式备受旅游市场关注，乡村生活方式、乡土文化、新鲜的空气、有机食材、山涧清泉溪流等乡村要素，成为乡村体验旅游者寻求的特色旅游资源。因此，乡村体验旅游地应基于旅游市场需求以及对旅游资源及其特色的认知，构建乡村旅游产品体系[①]。

[①] "乡村旅游产品体系构建"相关研究详见孟秋莉、邓爱民《全域旅游视阈下乡村旅游产品体系构建》，《社会科学家》2016年第10期。

(一) 乡村体验旅游的"产品观"

基于对乡村旅游资源及其特色的认知,重构乡村旅游资源。引入生态理念,保护乡村自然、文化、社会生态,构建乡村生态旅游产品体系;旅游产品链条式开发,对农林牧副渔产品生产、加工与营销等过程进行创意设计,构筑不同生产阶段的创意产品;旅游产品全层次开发,不仅包括满足游客基本旅游需求的核心产品,还包括旅游形象、品牌等产品,以及提供咨询、售后等服务的延伸产品;突出特色,"一乡一韵,一村一品",打造精品化乡村旅游产品;导入低碳理念,实现旅游生产低碳化,旅游消费低碳化;在传统乡村采摘、农家食宿的基础上,形成多元化乡村旅游业态,提供全方位乡村旅游体验。

第一,优质乡村体验旅游产品的开发应基于生态理念,从乡村自然、文化与社会生态的保护入手,以"乡村性"和"地方性"为核心,展现原生态乡村自然与文化景观以及传统的乡村生活生产方式。乡村体验旅游地有清新的空气、优质的水源、健康的食材,且传统村落密布,这些是乡村体验旅游地天然"乡村性"的重要体现,而"乡村性"正是游客追寻的乡村之魂。因此,乡村体验旅游产品开发要以"乡村性"为核心,一要展现原生态乡村景观,一村一湾一树一塘,一花一草一屋一坊,营造浓郁的乡村意境;二要展现原生态乡村文化,传统的习俗与节庆,营造难忘的乡村经历;三要保留乡村原有的生活状态和生活气息,乡村传统的生产生活方式,淳朴的民风、田间的农民、升起的炊烟、成群的家禽、金黄的稻田均是重要的旅游资源,营造有特色的乡村生产生活。

第二,在旅游活动的各个环节,设计深度体验乡村旅游产品,通过旅游项目活动带动旅游者参与,实现情感互动与共鸣,为旅游者留下美好回忆。构建全体验乡村旅游产品体系,在旅游活动的各个环节,贯穿游客的食住行游购娱,创意设计深度体验型旅游产品。旅游项目带动游客参与,旅游活动具有娱乐性,让游客体验有别于城市的乡村氛围和生活方式,达到情感互动,实现情感共鸣,收获美好回忆。以乡村美食、特色民宿、农家风情、农事体验、乡村手工作坊、亲子教育、养生养老等为主要内容,全方位打造深度体验性旅游产品。

第三，乡村体验旅游地应创新设计农产品生产环节，并以创意带动相关产业发展，形成创意性链条化产品体系。乡村体验旅游产品全链条开发，需厘清乡村农产品生产过程，从农产品生产、加工到营销，将创意策划植入每一个生产环节，并以创意为点辐射相关产业，加大产业带动性和产业辐射面，构建不同生产阶段、不同产业的创意产品体系。以花卉旅游产品为例，从花卉种植和观赏到鲜花的销售，然后到花卉的深加工，包括干花制作、化妆品、保健品研发，再到以花入食，制作花茶，建造花卉主题园，打造摄影基地，研发种苗培植与销售，等等，包括了花卉旅游产品的全链条开发，每一个生产环节都进行创意设计，打造全链条旅游产品。

第四，乡村体验旅游产品开发应找准亮点并突出特色，实现乡村旅游设施精品化设计，避免产品单一性与同质化。乡村体验旅游应按照旅游资源特点统筹整合，把旅游目的地作为整体进行规划开发。构建乡村旅游产品体系，应突出特色并找准亮点，实现"一乡一韵，一村一品"，彰显村落个性，提升村落体验，延续村落文脉，实现乡村景观全精品；以完善基础设施、突出乡村元素、融入乡土文化、注入科技手段、信息技术管理等为基础，实现乡村旅游设施全精品；提升乡村旅游产品品质，避免同质化、单一性、低效率，构建旅游吸引力和品牌体系，打造全精品乡村旅游产品。

第五，乡村旅游产品设计应导入低碳理念，通过旅游生产和旅游消费的低碳化，实现乡村体验旅游地低能耗、低污染、低排放发展。乡村体验旅游地生态环境较为脆弱，易受污染而被破坏。乡村旅游产品体系应实现旅游生产低碳化与旅游消费低碳化，食住行游购娱等环节都体现节约能源、降低污染的理念；乡村民宿、酒店、景区、餐饮、交通以及其他旅游经营户等应积极利用新能源新材料，使用清洁能源，实现节能减排，发展循环经济，在低资源消耗、低能源需求的前提下取得乡村旅游经济的发展；旅游者也应选择低碳出行，到低碳经营的旅游企业进行消费，选择低碳化的生活方式，最终实现乡村旅游低能耗、低污染、低排放。

（二）乡村体验旅游产品的"开发理念"

乡村旅游产品体系构建应以实现乡村经济社会协调发展为目的，整合规划旅游资源，创意设计旅游产品，实现产业联动、产业融合、产业交叉；打造全时化乡村旅游产品体系，旅游产品无淡旺季，运用四季模式、"白天+黑夜"模式，构筑全时化旅游吸引力；并提供全方位旅游服务、全链通旅游消费，全面打造食住行游购娱各环节旅游产品，实现旅游服务、旅游消费、旅游活动过程全位化；鼓励乡村居民参与旅游业发展，吸引"创客"进入乡村，将经营管理人才留在乡村，"全民化"共享共建。

第一，全域化。对乡村体验旅游地社会经济资源进行统筹管理，对旅游资源、相关产业、生态环境、公共服务、体制机制、政策法规、文明素质等进行全方位、系统化的优化提升，实现区域资源有机整合、产业融合发展、社会共建共享，形成以旅游业带动和促进经济社会协调发展的新型区域发展理念。乡村旅游产品体系的构建要体现"全域化"的理念，旅游产品开发要统筹乡村社会经济资源，以乡村旅游资源为基础，优化提升乡村生态环境、公共服务、体制机制、文明素质等，实现产业共融，促进乡村全域经济社会协调发展。

第二，全景化。乡村地区旅游资源丰富，种类齐全，既有田园、山林、溪水、河流等自然旅游资源，又有民俗、民族、建筑、手工艺、生产生活、乡村氛围等人文旅游资源，为乡村体验旅游地全景化打造提供了资源基础。乡村旅游产品体系的构建应转变传统的旅游资源观念，在全域空间上，对旅游者可能到达的场所进行整体策划设计，包括对田园、山林、溪水、民俗、文化、乡村生产生活等进行全景化创意打造，在遵循乡村原有自然与文化基底的基础上，构筑一个有主题、有内涵的乡村旅游共同体。

第三，全业化。全域旅游是以旅游业作为主导和依托产业，充分发挥"旅游+"的功能和作用，实现产业联动、产业融合、产业交叉，促进经济社会协调发展。在产品开发上，应找准创意点，以此为基础延伸产业链，加大产业辐射面，带动多个产业共同发展，点线面共促乡村旅游经济。乡村旅游产品体系的构建应遵循产业融合的理念，不断延伸产业链，增强产业带动力，"旅游+农业""旅游+林业""旅游+工业""旅游+房地产""旅游+商业"，实现一二三产业良性互动，相关产业发展共融。

第四，全时化。乡村旅游应构建"全时化"的旅游产品体系，在产品的开发设计上,一年四季、白天和夜晚、淡旺季,应有不同类型的旅游产品,相互交替支撑乡村旅游发展。比如花海景区,根据季节不同,种植不同种类的鲜花,白天赏花、摄影,晚上花海露营,配之以其他休闲度假项目,以花海为核心亮点,形成"花海+"、四季花海、"白+黑"等多种不同时段的旅游产品,延长游客逗留时间,打造"全时化"旅游产品体系,促进乡村旅游转型升级。

第五,全位化。构建乡村旅游产品体系,为游客提供全方位旅游服务、全链通旅游消费,全面打造食住行游购娱各环节旅游产品。乡村旅游产品应全方位为游客服务,从乡村民宿、乡村美食、乡村游赏到亲子教育、养生养老,尽可能满足游客全方位旅游需求。让游客从认识乡村到向往乡村,再到乡村旅游,最后发展为乡村旅居,实现旅游服务、旅游消费、旅游活动过程的"全位化"。

第六,全民化。乡村旅游发展应强调社区参与,共建共享。乡村居民是乡村旅游景观的缔造者,世代生活在乡村土地上,最了解本地自然和文化特色,在旅游开发中最具发言权。乡村旅游产品体系的构建应体现"全民化"的理念,鼓励村民参与旅游开发,从事旅游服务接待、乡村民宿经营、乡村美食开发、农副产品深加工等;乡村旅游开发为乡村居民提供更多就业机会,促进村民就地就业,吸引"空心村"村民回流;完善的配套政策,良好的发展氛围,吸引"乡村创客"、经营管理人才进入乡村,参与乡村旅游开发,促进乡村旅游经济发展。"全民化"为乡村旅游发展提供了人才数量和质量的"双保障",因此,乡村体验旅游产品开发应体现"全民化"理念。

(三)构建多元业态的乡村体验旅游产品体系

第一,基于农业并依据乡村资源特色和区位条件,以可持续发展理念为指导,结合旅游地农业发展思路,坚持"生态、休闲、体验、科普"的发展原则,建设以"生态农业、农事体验、农业科普、休闲度假"为主题的乡村旅游示范区;形成"可游、可览、可居"的环境景观,以及集"自然、生产、生态、休闲、体验、教育"于一体的生态农业景观综合体。开展农业观光,发展生态农业,体验农事活动,进行农业科普教育,带动农产品加工、销售,形成乡村旅游品牌依托,加强农业科技研发，打造"全链条"旅游产品体系。

第二，基于林业，以森林生态休闲、生态体育、生态养生、生态科普、森林种植、林下经济等为主要内容构建林业乡村旅游产品体系。建造生态景观长廊，开展森林徒步、林中漫步等旅游活动，满足游客森林生态休闲的需求；打造有氧运动、森林太极、森林瑜伽、林中骑行等森林生态体育旅游项目；开发森林生态养生旅游产品，建设森林浴场、森林 SPA 等旅游项目；建设森林生态科普中心、森林生态教育基地、森林树种科普点等，发挥旅游地森林生态科普功能；种植珍稀树种、药用植物，并发展林下经济，饲养药用动物，放养、圈养禽类，建设菌类生产基地等。构建基于林业的旅游产品体系，以旅游业为主导和依托，不断延伸产业链，实现产业联动。

第三，基于渔业，开发生态渔业观光、体验、美食、加工与销售、渔业科技研发等旅游产品。通过环塘观光廊道和亲水平台的设计，满足游客观光游览的基本需要；生态渔业体验主要包括垂钓、撒网捕鱼、泛舟喂鱼、鱼疗等旅游项目，以"渔"为核心，打造特色渔民生活体验，增加参与性、娱乐性；而户外烧烤、鱼香食坊等渔家乐的开发方式，展现了生态渔业美食特色；为了让游客更好地了解生态渔业科技，打造渔业科技馆、育苗中心、渔副产品加工中心以及渔业科技研发中心。

第四，基于文创产业，以大地景观艺术、乡村民宿、休闲娱乐场所、风情步行街、民俗体验活动等为主题，打造乡村特色文化旅游产品体系。大地景观艺术是以大地为画布，以不同颜色的植物种植为基础，通过景观种植绘制各种图案的生态艺术，体现了乡村旅游产品的文化创意特色；通过乡土建筑改造，建设乡村民宿、乡村客栈、乡村主题酒店，通过乡居模式，为游客提供独具特色的乡村民宿体验；以乡村文化特色为基础，为提升景区文化的可鉴赏性，可在充分挖掘当地文化资源的基础上，打造文化娱乐小广场、地方戏曲舞台、乡村酒吧、乡村咖啡厅、乡村茶馆等，满足游客特色休闲娱乐需求，"文化载体的碰撞与交流离不开物质载体的支撑"[1]。

---

[1] 丛振：《敦煌游艺文化研究》，中国社会科学出版社 2019 年版，第 263 页。

第五，基于休闲度假的市场需求，以乡村休闲、乡村露营、生态景观长廊、野奢度假、生态度假等为主题，形成乡村特色休闲度假旅游产品体系。建设乡村游步道，开展乡村骑行、田园漫步等旅游活动，打造环境优美的乡村氛围，满足游客乡村休闲体验；打造乡村露营地，建汽车营地及帐篷酒店，开发夜间项目，延长游客逗留时间，形成"白+黑"模式；以旅游房地产开发为基础，打造高端乡居主题酒店、生态度假酒店、休闲地产山地水岸怡墅、度假木屋、度假树屋、帐篷酒店，满足游客度假居住、旅居需求等。

第六，基于养生养老产业，以智慧养老度假营、康复疗养、养生食坊、中草药养生、长寿养生文化等为主题，开发乡村养生养老旅游产品体系。打造以智慧养老中心、智慧养老度假酒店等为主题的智慧养老度假营；建设康疗养生体验中心、康体养生中心、长寿养生文化园、养生文化博物馆等，向旅游者提供康复疗养服务，并普及长寿养生文化；通过中草药种植，建设中草药博物馆、养生食材药膳体验馆、中草药浴馆等，让旅游者体验传统中草药养生，把养生文化与养老相结合。通过养生养老旅游产品体系的构建，最终实现乡村旅游由观光游览到休闲度假，由旅游到旅居的转型升级。通过乡村体验旅游地优质乡村体验旅游产品的打造，最终实现旅游者体验价值感知的提升。

二 完善乡村体验旅游地软硬件设施，实施旅游者满意战略

通过上述理论研究与实证分析，本书认为游客满意度对旅游者地方依恋与幸福感水平的提升有重要影响，因此，游客满意度至关重要。并且，通过上述理论与实证研究，本书认为乡村旅游体验价值影响游客满意度，其中，情境性价值、情感性价值、经济性价值均直接正向影响游客满意度。鉴于此，乡村体验旅游地应完善乡村体验旅游地软硬件设施，实施旅游者满意战略。

（一）完善旅游地硬件设施建设

通过第七章旅游者行为特征分析可知，首先，目前乡村体验旅游者大多选择家庭自驾游，以自助游客为主，因此，乡村体验旅游地应科学

地进行景区规划，合理设计旅游地空间布局与功能分区，以便为旅游者提供优质服务；其次，由于乡村体验旅游地大多处于较为偏远的区域，道路交通设施仍不够完善，因此，乡村体验旅游地应加强道路交通建设，保证交通便利性，保持道路畅通、路况较好，尤其是道路两旁的交通标志一定要清楚完善；再次，由于乡村体验旅游者大多选择自驾出游，因此，乡村体验旅游地应完善景区停车场，保证车位充足，同时应加强厕所、供水供电、通信等基础设施的建设；最后，旅游服务设施是乡村体验旅游地旅游接待的基础条件，在加强基础设施建设的同时，应加强旅游地餐饮、住宿、娱乐、购物等服务设施建设，从总体上提高游客满意度。

（二）贯彻优质服务理念

乡村体验旅游地应提高旅游从业人员服务质量，强化服务人员与旅游者的友好互动沟通。因此，乡村体验旅游地应加强旅游从业人员服务培训，使其注重细节服务，在热情友好的同时，加强与游客互动，为游客提供快捷且优质的服务，从而缩短旅游者与旅游地之间的心理距离。并且，乡村体验旅游地应加强旅游市场监管，在经济性价值上，应让旅游者感知花费合理、物有所值，减少旅游者消费过程中的不满与疑虑，从而提高游客满意度。

（三）建立游客满意信息反馈机制

乡村体验旅游地在管理中应构建旅游者信息反馈机制，及时了解旅游者对旅游体验价值的满意情况，认真听取旅游者对旅游地的意见与建议，然后加以汇总分析，这是因为乡村旅游产品及其服务质量需要旅游者进行鉴定，旅游者是否满意及其建议可为旅游地的进一步发展提供指引和方向。此外，乡村体验旅游地还应做好游客满意度的跟踪调查，针对旅游服务中存在的问题进行总结并及时予以解决。以此为基础，实施游客满意战略，以游客满意为发展目标，不断完善旅游地的软硬件设施建设。

三 加强乡村体验旅游主客互动，增强旅游者地方依恋

通过上述理论研究与实证分析，本书认为情感性价值与经济性价值

不仅直接正向影响旅游者地方依恋,而且通过游客满意度间接影响地方依恋。地方依恋作为影响旅游者幸福感的重要因素之一,对旅游者幸福感有直接正向影响,但地方依恋同时受到旅游者与社区居民能否进行友好主客互动的影响。

(一) 促进旅游者建立与乡村的"情感联结"

基于地方理论,本书认为旅游者通过到达旅游地并参与体验旅游活动,使"空间"逐渐向"地方"转变,虽然旅游地的地方意义在旅游者到来之前就已存在,但旅游者又会通过自己的"经验构建"赋予地方独特的意义。随着旅游者地方感知的加深,不断建立与地方的情感联结,便会逐渐产生对旅游地的情感依附即地方依恋。然而,旅游者"经验建构"与"情感联结"的建立,在一定程度上受到与旅游地居民主客互动的影响。

(二) 强化积极主客互动以增强旅游者地方依恋

旅游人类学家在旅游行为研究中引入"他者"的概念,并认为主客互动受到游客与东道主所持观念的影响,有些影响是积极的,但也有些影响是消极的,旅游者与社区居民对"他者"与"自我"关系的认识影响了其旅游行为方式。因此,乡村体验旅游地应强化旅游者与社区居民的积极主客互动,从而强化旅游者情感性及社会性价值的感知,让旅游者产生快乐感、亲切感、遁世感,并通过与乡村体验旅游地居民进行友好的主客互动[1],增强旅游者对乡村体验旅游地的融入感与地方认同感;并让旅游者在乡村体验旅游过程中感知到花费合理、物有所值,从而增强其对乡村体验旅游地的地方依恋。

四 把握旅游者旅游动机与兴趣,关注旅游者涉入程度

通过上述理论研究与实证分析,本书认为旅游涉入干涉调节情感性

---

[1] 游客与东道主进行主客互动的行为方式受行为主体所持观念的影响,不同的观念催生不同的行为方式,而行为方式的差异则进一步影响主客双方的交往与互动,这些影响可能是积极的,也可能是消极的。陈莹盈、林德荣:《旅游活动中的主客互动研究——自我与他者关系类型及其行为方式》,《旅游科学》2015 年第 2 期。

价值对旅游者幸福感的影响,且负向调节经济性价值对旅游者幸福感的影响。旅游涉入作为旅游者旅游动机与兴趣被激活的心理状态,是旅游者所体验的旅游活动对其个人产生的意义与情感联系。以往学者也对旅游涉入的结果变量进行了大量研究,认为旅游涉入会影响游客满意度、旅游者游后行为意向以及地方依恋等(Hwang et al.,2005;Kim,2008),由于不同的旅游涉入程度可能会导致不同的游客满意度,因此,旅游涉入度已经成为游客满意度评价的一种衡量。

由于旅游涉入程度在一定程度上决定了旅游者的期望及其总体满意度,因此,乡村体验旅游地可通过访谈或问卷调查等方法,把握旅游者的旅游动机与兴趣被激活的状态,从而了解旅游者对乡村体验旅游地的涉入程度。同时,根据市场需求及其动态发展趋势,及时调整旅游产品供给,以提高旅游者幸福感。同时,乡村体验旅游地应转变市场营销策略,以稳定并扩大旅游市场份额,实现旅游地健康持续发展。

五 营造乡村度假与旅居环境,提升旅游者幸福感水平

本书通过聚类分析,得出"高水平型""中水平型""低水平型"三种旅游者幸福感类型。在出游时间上,高水平型主要集中在休假和寒暑假;在出游天数上,高水平型主要集中在3—4天。并且,通过问卷调研,本书得出旅游者乡村体验旅游的动机主要有亲近自然、休闲度假、体验文化、获得新鲜独特感、亲子教育、健康疗养等;旅游者选择的乡村体验项目主要有田园观光、农(渔)家乐、登山览景、传统手工艺体验、文物古迹参观等。因此,本书认为在休假时间出游且停留时间3—4天的乡村度假旅游者具有较高的幸福感水平。

鉴于此,乡村体验旅游地应在乡村体验旅游发展的基础上,营造乡村度假与乡村旅居的旅游环境。在旅游发展中,乡村体验旅游地应基于乡村资源特色,并以市场需求为导向,营造特色乡村旅游氛围与旅居环境,同时,开发多元化乡村休闲度假旅游产品,以延长游客在旅游地的逗留时间,并促进乡村休闲向乡村度假转变,不断提高乡村旅游服务质量,从而较大程度地满足并实现旅游者的乡村度假与乡村旅居,从而提

升乡村体验旅游者幸福感水平。

第四节 研究局限与展望

从总体上看，本书通过科学严谨的研究设计建构了乡村旅游体验价值多维度结构，构建并验证了乡村旅游体验价值与旅游者幸福感关系的嵌套作用机制，探究了乡村体验旅游者的行为特征及其幸福感水平的差异，并取得了一定的研究进展。但是，由于乡村旅游体验价值与旅游者"真实幸福感"研究正处于理论探索阶段，本书存在一定程度的研究局限，这也正是未来的研究方向。

第一，本书基于扎根理论分析方法并通过与以往研究成果进行比较，建构了乡村旅游体验价值多维度结构模型，开发了乡村旅游体验价值量表，虽在研究设计与研究内容上力求科学严谨，但由于访谈人数、时间、内容有限，可能无法全面体现乡村旅游者体验价值的感知，从而使得各测量指标未能全面反映乡村旅游体验价值。在今后的研究中，可通过增加不同人口统计特征及消费行为类型的乡村体验旅游者访谈，并增加相应的访谈内容，进一步补充并验证乡村旅游体验价值的维度、量表与价值结构体系，乡村旅游体验价值量表可进一步用于乡村体验旅游地体验价值评价。

第二，本书基于"旅游何以让生活更幸福"的研究议题，探究了乡村旅游体验价值与旅游者幸福感关系的作用机制，并认为乡村旅游体验价值影响旅游者幸福感，游客满意度、地方依恋与旅游涉入中介与调节二者之间的影响。但是，乡村旅游体验价值、游客满意度、地方依恋等仅是影响旅游者幸福感水平的部分因素，诸如旅游真实性感知、自我价值实现、安全感等因素亦会影响旅游者幸福感水平；并且，本书只单独考虑了游客满意度和地方依恋的中介效应，未能进一步探讨多个中介变量同时存在的情况下每个中介变量所占中介效应的比重；此外，在其他旅游情境下，诸如文化旅游、生态旅游、都市旅游等，旅游者幸福感水平是否亦受到这些因素的影响？不同旅游情境的旅游者幸福感水平是否有差异？以及哪些因素影响了这些差异？因此，仍需基于不同旅游情境进一步验证体验价值与旅游者幸福感关系的作用机制。

  第三，本书采取网络和实地问卷发放相结合的方式，尽可能在全国范围内进行大样本问卷调研。本书选取全国范围内在过去三个月内有乡村体验旅游经历且印象深刻的游客，采取网络问卷发放的方式；并考虑到受访者所在地区、所属行业、年龄段等个人基本情况，以尽可能保证在全国范围、不同行业、不同年龄段的乡村体验旅游者中进行调研；同时，考虑到网络问卷调研的弊端，本书仍采取了实地问卷发放的方式。但是，研究样本在全国各区域分布不均，有些省份比如西藏、青海等地，仅收集到 1 份研究样本，因此，仍需基于不同区域进一步验证本书研究结论。

参考文献

安贺新、张立晓:《论体验式乡村旅游的开发》,《中央财经大学学报》2010年第7期。

蔡秋阳、高翅:《园林博览园游客满意度影响因素及机理分析——基于结构方程模型的实证研究》,《中国园林》2016年第8期。

蔡文川:《地方感:环境空间的经验记忆与想像》,丽文文化事业股份有限公司2009年版。

陈瑞霞、周志民:《文化旅游真实性感知对旅游者忠诚的影响机制研究——基于旅游者幸福感的中介效应》,《商业经济与管理》2018年第1期。

陈晔、张辉、董蒙露:《同行者关乎己?游客间互动对主观幸福感的影响》,《旅游学刊》2017年第8期。

陈怡琛、柏智勇:《森林游憩者旅游体验与幸福感研究——以湖南天际岭国家森林公园为例》,《中南林业科技大学学报》(社会科学版)2017年第3期。

陈蕴真:《浅议地方理论在旅游研究中的应用》,《桂林旅游高等专科学校学报》2007年第3期。

邓爱民:《我国乡村体验式旅游项目开发研究——以武汉市石榴红村为例》,《农业经济问题》2010年第7期。

丁培卫:《近30年中国乡村旅游产业发展现状与路径选择》,《东岳论丛》2011年第7期。

董观志、杨凤影:《旅游景区游客满意度测评体系研究》,《旅游学刊》

2005 年第 1 期。

范钧、邱宏亮、吴雪飞：《旅游地意象、地方依恋与旅游者环境责任行为——以浙江省旅游度假区为例》，《旅游学刊》2014 年第 1 期。

范秀成、罗海成：《基于顾客感知价值的服务企业竞争力探析》，《南开管理评论》2003 年第 6 期。

方亮、韦张利、刘倩男：《基于层次分析法的黄山市乡村旅游资源评价研究》，《东华理工大学学报》（社会科学版）2016 年第 2 期。

冯娴慧、戴光全：《乡村旅游开发中农业景观特质性的保护研究》，《旅游学刊》2012 年第 8 期。

奉先武、黄柏兰：《农民工自尊与主观幸福感研究》，《社会心理科学》2010 年第 Z1 期。

高爱颖：《新型城镇化视阈下山东省旅游小镇建设问题初探》，《山东社会科学》2014 年第 7 期。

高良、郑雪、严标宾：《当代幸福感研究的反思与整合——幸福感三因素模型的初步建构》，《华南师范大学学报》（社会科学版）2011 年第 5 期。

郭风华、王琨、张建立等：《成都"五朵金花"乡村体验旅游地形象认知——基于博客游记文本的分析》，《旅游学刊》2015 年第 4 期。

郭红丽：《客户体验维度识别的实证研究——以电信行业为例》，《管理科学》2006 年第 1 期。

侯杰泰、温忠麟、成子娟：《结构方程模型及其应用》，教育科学出版社 2004 年版。

胡美娟、李在军、侯国林等：《江苏省乡村旅游景点空间格局及其多尺度特征》，《经济地理》2015 年第 6 期。

黄鹂、李启庚、贾国庆：《旅游购物体验要素对顾客价值及其满意和购买意向的影响》，《旅游学刊》2009 年第 2 期。

黄蓉蓉：《旅游涉入对游客主观幸福感的影响》，硕士学位论文，湖南师范大学，2015 年。

黄向、保继刚：《场所依赖（place attachment）：一种游憩行为现象的研究框架》，《旅游学刊》2006 年第 9 期。

黄向：《旅游体验心理结构研究——基于主观幸福感理论》，《暨南学报》（哲学社会科学版）2014年第1期。

加里·阿姆斯特朗、菲利普·科特勒：《市场营销教程》，俞利军译，华夏出版社2004年版。

贾衍菊、林德荣：《旅游者服务感知、地方依恋与忠诚度——以厦门为例》，《地理研究》2016年第2期。

贾衍菊、林德荣：《目的地品质对游客满意和游客忠诚的影响——地方依恋的中介作用与性别的调节作用》，《旅游科学》2017年第6期。

江宁、陈建明：《从游客涉入角度对生态旅游景区解说系统满意度研究》，《桂林旅游高等专科学校学报》2006年第5期。

蒋奖、秦明、克燕南等：《休闲活动与主观幸福感》，《旅游学刊》2011年第9期。

蒋廉雄、卢泰宏：《形象创造价值吗？——服务品牌形象对顾客价值—满意—忠诚关系的影响》，《管理世界》2006年第4期。

金锡钟：《中老年旅游者旅游动机、旅游经验、游客满意度对主观幸福感的影响》，硕士学位论文，延边大学，2017年。

阚洁琼、鞠嘉祎：《主观幸福感的影响因素及幸福值提升》，《社会心理科学》2012年第12期。

亢雄：《旅游者幸福研究》，科学出版社2014年版。

科特勒、洪瑞云等：《市场营销管理：亚洲版》，中国人民大学出版社2005年版。

雷嫚嫚：《不同性格的民俗节庆游客涉入程度及涉入前因差异研究》，硕士学位论文，华南理工大学，2013年。

李恒云、龙江智、程双双：《基于博物馆情境下的旅游涉入对游客游后行为意向的影响——旅游体验质量的中介作用研究》，《北京第二外国语学院学报》2012年第3期。

李建州、范秀成：《三维度服务体验实证研究》，《旅游科学》2006年第2期。

李丽娟：《旅游体验价值共创影响机理研究——以北京香山公园为例》，《地理与地理信息科学》2012年第3期。

李双双、张永春、李雪平：《公正世界信念与大学生心理幸福感：特质移情与利他行为的作用》，《中国临床心理学杂志》2017年第2期。

李英弘、林朝钦：《地方情感概念在户外游憩研究上之探讨》，"1997年休闲、游憩、观光研究成果研讨会"，1997年。

李玉新、靳乐山：《基于游客行为的乡村地区游憩价值研究——以北京市延庆县为例》，《旅游学刊》2016年第7期。

厉新建：《旅游体验研究：进展与思考》，《旅游学刊》2008年第6期。

连灵：《大学生领悟社会支持和感恩在尽责性和心理幸福感间的序列中介作用》，《心理技术与应用》2017年第3期。

连漪、汪侠：《旅游地顾客满意度测评指标体系的研究及应用》，《旅游学刊》2004年第5期。

刘晨：《基于ASEB栅格分析法的乡村旅游产品开发研究——以陕西渭南天刘村为例》，《建筑工程技术与设计》2017年第20期。

刘电芝、疏德明：《走进幸福：农民工城市融入与主观幸福感研究》，苏州大学出版社2012年版。

刘福承、刘爱利、刘敏等：《游客满意度的内涵、测评及形成机理——国外相关研究综述》，《地域研究与开发》2017年第5期。

刘研、仇向洋：《顾客价值理论综述》，《现代管理科学》2005年第5期。

卢锋华、王陆庄：《基于"流体验"视角的顾客网上购物行为研究》，《外国经济与管理》2005年第5期。

卢松、吴霞：《古村落旅游地写生游客满意度评价——以黟县宏村为例》，《地理研究》2017年第8期。

卢政营、张威、唐静：《乡村节事旅游活动品牌形象的实证研究——以罗平油菜花节为例》，《旅游学刊》2009年第5期。

陆敏、顾雪芝、姜辽：《居民城市公园游憩涉入与地方依恋——以江苏省常州市红梅公园为例》，《地域研究与开发》2014年第2期。

陆相林、孙中伟：《旅游涉入、满意度、地方依恋作用机制研究——以西柏坡红色旅游为例》，《干旱区资源与环境》2017年第7期。

罗慧敏、喻忠磊、张华：《文化创意型旅游地游客满意度测评及影响因子分析——以上海市田子坊、M50和红坊为例》，《资源科学》2016

年第 2 期。

罗明义：《云南发展乡村旅游的特点和模式》，《旅游学刊》2006 年第 5 期。

吕丽辉、李明辉：《基于体验经济视角的乡村旅游产品开发研究》，《哈尔滨商业大学学报》（社会科学版）2011 年第 6 期。

麻新华：《体验经济背景下明仕田园乡村生态旅游深度开发对策》，《经济论坛》2016 年第 1 期。

马鹏、张威：《游客互动、体验价值、主观幸福感关系研究——一个民宿旅居者视角的实证检验》，《消费经济》2017 年第 5 期。

马天、李想、谢彦君：《换汤不换药？——游客满意度测量的迷思》，《旅游学刊》2017 年第 6 期。

南剑飞、李蔚：《基于灰色系统理论的旅游景区游客满意度评价研究》，《商业研究》2008 年第 12 期。

彭晓东、申光龙：《虚拟社区感对顾客参与价值共创的影响研究——基于虚拟品牌社区的实证研究》，《管理评论》2016 年第 11 期。

皮平凡、关新华：《基于顾客体验价值的旅游目的地营销创新解析》，《渤海大学学报》（哲学社会科学版）2016 年第 2 期。

皮平凡、刘晓斌：《酒店顾客体验价值研究》，《商业研究》2009 年第 12 期。

史春云、孙勇、张宏磊等：《基于结构方程模型的自驾游客满意度研究》，《地理研究》2014 年第 4 期。

舒伯阳：《基丁体验经济的价值链分析及企业竞争策略》，《经济管理》2004 年第 21 期。

汤澍、汤淏、陈玲玲：《深度休闲、游憩专门化与地方依恋的关系研究——以紫金山登山游憩者为例》，《生态经济》2014 年第 12 期。

汤晓丹：《电信企业顾客满意与企业绩效关系研究》，硕士学位论文，南京邮电大学，2008 年。

唐文跃：《地方感研究进展及研究框架》，《旅游学刊》2007 年第 11 期

田芙蓉、杨韫、颜麒：《"顾客体验"理论及其在旅游应用研究中的发展与不足》，《经济问题探索》2013 年第 8 期。

田坤跃：《基于 Fuzzy-IPA 的景区游客满意度影响因素的实证研究》，《旅

游学刊》2010年第5期。

万红莲、张咪、宋海龙:《宝鸡市重点景区游客满意度评价研究》,《地域研究与开发》2017年第3期。

万基财、张捷、卢韶婧等:《九寨沟地方特质与旅游者地方依恋和环保行为倾向的关系》,《地理科学进展》2014年第3期。

汪侠、顾朝林、梅虎:《旅游景区顾客的满意度指数模型》,《地理学报》2005年第5期。

汪侠、梅虎:《旅游地顾客忠诚模型及实证研究》,《旅游学刊》2006年第10期。

王鉴忠、盖玉妍:《顾客体验理论逻辑演进与未来展望》,《辽宁大学学报》(哲学社会科学版)2012年第1期。

王俊文:《我国贫困地区乡村旅游发展的现实选择》,《社会科学辑刊》2012年第1期。

王坤、黄震方、方叶林等:《文化旅游区游客涉入对地方依恋的影响测评》,《人文地理》2013年第3期。

王锡秋:《顾客价值及其评估方法研究》,《南开管理评论》2005年第5期。

王祥武:《体验经济视角下皖西乡村体验旅游发展的SWOT分析》,《经济研究导刊》2012年第17期。

王云才:《中国乡村旅游发展的新形态和新模式》,《旅游学刊》2006年第4期。

魏遐、潘益听:《湿地公园游客体验价值量表的开发方法——以杭州西溪湿地公园为例》,《地理研究》2012年第6期。

温韬:《顾客体验对服务品牌忠诚度影响的实证研究——以电影放映业为例》,《统计与信息论坛》2009年第10期。

温忠麟、张雷、侯杰泰:《中介效应检验程序及其应用》,《心理学》2004年第5期。

温忠麟、侯杰泰、马什赫伯:《潜变量交互效应分析方法》,《心理科学进展》2003年第5期。

吴明隆:《结构方程模型》,重庆大学出版社2012年版。

吴明霞:《30年来西方关于主观幸福感的理论发展》,《心理学动态》2000

年第 4 期。

伍百军:《森林生态旅游游客满意度评价的 IPA 分析——以广东大王山国家森林公园为例》,《福建林业科技》2016 年第 2 期。

伍海琳:《体验式乡村旅游产品设计研究——以湖南长沙县团结乡为例》,《邵阳学院学报》(社会科学版)2011 年第 1 期。

伍卓:《论体验经济下的乡村体验旅游开发》,《求索》2010 年第 8 期。

武永红、范秀成:《基于顾客价值的企业竞争力理论的整合》,《经济科学》2005 年第 1 期。

夏芬:《基于 ASEB 栅格分析法对木兰清凉寨刘家山村体验旅游开发的研究》,《现代农业科技》2011 年第 9 期。

向坚持:《O2O 模式体验价值与顾客满意度、行为意向关系研究与实证分析——以酒店业为例》,《湖南师范大学社会科学学报》2017 年第 4 期。

谢彦君、吴凯:《期望与感受:旅游体验质量的交互模型》,《旅游科学》2000 年第 2 期。

谢彦君:《旅游体验的情境模型:旅游场》,《财经问题研究》2005 年第 12 期。

谢彦君:《旅游体验研究》,博士学位论文,东北财经大学,2005 年。

徐含笑:《大学生自尊对主观幸福感的影响》,《长春教育学院学报》2010 年第 3 期。

徐虹、李秋云:《主题公园顾客体验质量的评价维度及前因后果研究——基于迪士尼和欢乐谷携程网上评论的分析》,《旅游科学》2017 年第 1 期。

徐立红、黄正正、尹红:《O2O 模式中酒店消费体验价值与顾客满意度实证研究》,《商》2016 年第 13 期。

徐伟、景奉杰:《经济型酒店顾客价值与顾客满意、行为意向的关系研究》,《河北经贸大学学报》2008 年第 4 期。

许春晓、王亮:《城市居民主观幸福感与出游意向关系研究》,《北京第二外国语学院学报》2007 年第 9 期。

许峰、吕秋琳、秦晓楠等:《真实性视角下乡村旅游经济可持续开发研究》，《旅游科学》2011年第1期。

许文聪、郭海：《基于ASEB栅格分析法的传统村旅游发展研究——以阳泉市小河村为例》，《小城镇建设》2016年第2期。

杨敏、骆静珊：《昆明市团结乡乡村生态旅游调查研究》，《旅游学刊》2006年第2期。

杨新军、李佳：《乡村旅游客源结构分析——以西安市上王村农家乐为例》，《云南师范大学学报》（哲学社会科学版）2013年第1期。

杨艳、朱丽、石华瑀等：《基于体验价值视角的服务属性对顾客满意度影响研究》，《商业经济研究》2016年第19期。

尹鸾、冯成志：《大学生自我概念差异与主观幸福感关系探究》，《江苏技术师范学院学报》2012年第1期。

于锦华、张建涛：《体验价值、满意度及忠诚度关系研究——以温泉旅游为例》，《辽宁大学学报》（哲学社会科学版）2015年第2期。

余意峰、张春燕、曾菊新等：《民族旅游地旅游者原真性感知、地方依恋与忠诚度研究——以湖北恩施州为例》，《人文地理》2017年第2期。

俞海滨：《基于顾客价值导向的酒店服务竞争优势》，《江苏商论》2005年第11期。

张春花、卢松、魏军：《中国城市居民乡村旅游动机研究——以上海、南京为例》，《桂林旅游高等专科学校学报》2007年第5期。

张春晖、白凯：《乡村体验旅游地品牌个性与游客忠诚：以场所依赖为中介变量》，《旅游学刊》2011年第2期。

张凤超、尤树洋：《顾客体验价值结构维度：DIY业态视角》，《华南师范大学学报》（社会科学版）2009年第4期。

张宏梅、陆林：《基于游客涉入的入境旅游者分类研究——以桂林、阳朔入境旅游者为例》，《旅游学刊》2011年第1期。

张宏梅、陆林：《游客涉入对旅游目的地形象感知的影响——盎格鲁入境旅游者与国内旅游者的比较》，《地理学报》2010年第12期。

张立助：《体验式乡村旅游产品开发研究》，硕士学位论文，福建农林大学，2015年。

张启、董墨菲：《体验经济背景下河北省乡村旅游发展研究》，《河北学刊》2013 年第 5 期。

张荣、夏燕红：《茶馆行业顾客体验价值驱动因素分析——以杭州茶馆业为例》，《长春理工大学学报》（社会科学版）2010 年第 3 期。

张杉、赵川：《乡村文化旅游产业的供给侧改革研究——以大香格里拉地区为例》，《农村经济》2016 年第 8 期。

张天问、吴明远：《基于扎根理论的旅游幸福感构成——以互联网旅游博客文本为例》，《旅游学刊》2014 年第 10 期。

张文泮：《体验经济视角下的乡村体验旅游开发策略——以重庆市中梁村为例》，《农业经济》2016 年第 5 期。

张艳、张勇：《乡村文化与乡村旅游开发》，《经济地理》2007 年第 3 期。

赵承华：《基于文化体验的乡村旅游开发研究》，《社会科学辑刊》2011 年第 3 期。

赵飞、龚金红、李艳丽：《乡村游憩型绿道的使用者行为与体验满意度研究》，《地域研究与开发》2016 年第 5 期。

赵宏杰、吴必虎：《长城攀登者游憩专业化与地方依恋关系之研究》，《人文地理》2012 年第 1 期。

赵琴琴、许林玉、刘烊铭：《生态系统视角下的乡村旅游发展研究》，《农村经济》2017 年第 6 期。

郑海燕：《浅谈体验式乡村旅游产品开发》，《武汉职业技术学院学报》2010 年第 1 期。

郑华伟：《红色旅游价值观内化的网络文本研究——兼论国民幸福感的生成机制》，《旅游学刊》2016 年第 5 期。

郑辽吉：《乡村体验旅游开发探讨——以辽东山区为例》，《生态经济》（中文版）2006 年第 6 期。

郑锐洪、侯家麟、张妞：《地区体验价值结构维度及其指标体系研究——基于复杂顾客视角》，《河北经贸大学学报》（综合版）2016 年第 1 期。

钟士恩、章锦河、丁蕾等：《江南水乡游客满意度的多维度影响因素测量模型》，《地理科学》2016 年第 11 期。

周芳:《餐饮连锁业顾客体验价值影响因素实证研究》,《现代经济信息》2013年第16期。

周华、周水银:《基于顾客价值的供应链企业协同创新研究》,《管理学报》2016年第10期。

周尚意、杨鸿雁、孔翔:《地方性形成机制的结构主义与人文主义分析——以798和M50两个艺术区在城市地方性塑造中的作用为例》,《地理研究》2011年第9期。

周蜀溪:《社会支持与真实幸福感的关系:希望的中介作用》,《中国临床心理学杂志》2013年第3期。

周杨、何军红、荣浩:《我国乡村旅游中的游客满意度评估及影响因素分析》,《经济管理》2016年第7期。

朱竑、刘博:《地方感、地方依恋与地方认同等概念的辨析及研究启示》,《华南师范大学学报》(自然科学版)2011年第1期。

邹宏霞、李培红:《长沙城郊乡村体验旅游的开发探讨》,《经济地理》2007年第6期。

Addism, Holbrook, M. B., On the Conceptual Link between Mass Customisation and Experiential Consumption: An Explosion of Subjectivity, *Journal of Consumer Behaviour*, 2001, 1 (1).

Akama, J. S., Kieti, D. M., Measuring Tourist Satisfaction with Kenya's Wildlife Safari: a Case Study of Tsavo West National Park, *Tourism Management*, 2003, 24 (1): 73 – 8.

Alegre, J., Garau, J., Tourist Satisfaction and Dissatisfaction, *Annals of Tourism Research*, 2010, 37 (1): 52 – 73.

Alison, J., Beeho, Richard, C., Prentice, Evaluating the Experiences and Benefits Gained by Tourists Visiting a Socio-industrial Heritage Museum: An application of ASEB Grid Analysis to Blists Hill Open-air Museum, the Ironbridge Gorge Museum, United Kingdom, *Museum Management & Curatorship*, 1995, 14 (3): 229 – 251.

Almeida, A. M. M., Correia, A., Pimpão, A., Segmentation by Benefits Sought: the Case of Rural Tourism in Madeira, *Current Issues in Tourism*,

2014, 17 (9): 813 – 831.

Amoah, F. , Radder, L. , Eyk, M. V. , Perceived Experience Value, Satis Faction and Behavioural Intentions: a Guesthouse Experience, *African Journal of Economic & Management Studies*, 2016, 7 (3) .

Anderson, E. W. , Fornell, C. A. , *Customer Satisfaction Research Prospectus*, Service Quality: New Directions in Theory and Practice, 1994: 241 – 268.

Anderson, J. C. , Narus, J. A. , Business Marketing: Understand What Customers Value, *Harv Bus Rev.* , 1998, 76 (6): 53 – 55.

Anderson, R. E. , Consumer Dissatisfaction: The Effect of Disconfirmed Expectancy on Perceived Product Performance, *Journal of Marketing Research*, 1973, 10 (2): 38 – 44.

Andrades, L. , Dimanche, F, Prebensen, N. K. , et al. , *Cocreation of Experience Value: a Tourist Behaviour Approach*, Creating Experience Value in Tourism, 2014: 95 – 112.

Andrews, F. M. , Withey, S. B. , Developing Measures of Perceived Life Quality, *Social Indicators Research*, 1976, 3: 1 – 26.

Babin, B. J. , Darden, W. R. , Griffin, M. , Work and/or Fun: Measuring Hedonic and Utilitarian Shopping Value, *Journal of Consumer Research*, 1994, 20 (4): 644 – 656.

Baker, D. , Crompton, J. , Quality, Satisfaction and Behavioral Intentions, *Annals of Tourism Research*, 2000, 27 (3): 425 – 439.

Batra, R. , Ahtola, O. T. , Measuring the Hedonic and Utilitarian Sources of Consumer Attitudes, *Marketing Letters*, 1991, 2 (2): 159 – 170.

Bentler, P. M, Chou, C. P. , Practical Issues in Structural Equation Modeling, *Sociological Methods & Research*, 1987, 16 (1): 187 – 196.

Bentler, P. M. , Mooijaart, A. , Choice of Structural Model via Parsimony: a Rationale Based on Precision, *Psychological Bulletin*, 1989, 106 (2): 315 – 317.

Bessière, J. , Tibere, L. , Traditional Food and Tourism: French Tourist Experience and Food Heritage in Rural Spaces, *Journal of the Science of*

Food & Agriculture, 2013, 93 (14): 3420 – 3425.

Bessière, J., Tourism As a Strategy for Redeployment in the Local Agri-Food Supply: The Case of Midi-Pyrénées, 2017, 2 (4): 273 – 285.

Bigné, J. E., Andreu, L., Gnoth, J., The Theme Park Experience: An Analysis of Pleasure, Arousal and Satisfaction, *Tourism Management*, 2005, 26 (6): 833 – 844.

Blackwell, R. D., Miniard, P. W., Engel, J. F., *Consumer behavior*, Hinsdale: Dryden Press, 1990.

Bloom, J. D., Geurts, S. A. E., Taris, T. W., et al., Effects of Vacation from Work on Health and Well-being: Lots of Fun, Quickly Gone, *Work & Stress*, 2010, 24 (2): 196 – 216.

Bolton, R. N., Drew, J. H., A Multistage Model of Customers' Assessments of Service Quality and Value, *Journal of Consumer Research*, 1991, 17 (4): 375 – 384.

Boomsma, A., On the Robustness of LISREL Against Small Sample Size and Non-normality, University of Groningen, 1983.

Boorstin, D. J., *The Image, A Guide to Pseudo-Events in America*, New York: Athaneum, 1964.

Bosque, I. R. D., Martín, H. S., Tourist Satisfaction: a Cognitive-affective Model, *Annals of Tourism Research*, 2008, 35 (2): 551 – 573.

Bowen, D., Antecedents of Consumer Satisfaction and Dis-satisfaction (CS/D) on Long-haul Inclusive Tours—a Reality Check on Theoretical Considerations, *Tourism Management*, 2001, 22 (1): 49 – 61.

Bradburn, N. M., Noll, C. E., *The Structure of Psychological Well-being*, Aldine Pub, Co., 1969.

Brey, E. T., Lehto, X. Y., The Relationship Between Daily and Vacation Activities, *Annals of Tourism Research*, 2007, 34 (1): 160 – 180.

Bricker, K. S., Kerstetter, D. L., Level of Specialization and Place Attachment: An Exploratory Study of Whitewater Recreationists, *Leisure Sciences*, 2000, 22 (4): 233 – 257.

Brocato, E. D. , Place Attachment: An Investigation of Environments and Outcomes in a Service Context, *Business Administration*, 2006, 12 (4): 59 – 68.

Bryan, H. , Leisure Value Systems and Recreational Specialization: The Case of Trout Fishermen, *American Journal of Veterinary Research*, 1977, 44 (5): 861 – 864.

Bryman, A. , Cramer, D. , *Quantitative Data Analysis with Minitab*, Quantitative Data Analysis with MINITAB: A Guide for Social Scientists. Routledge, 1997: 397 – 400.

Bryman, A. , Stephens, M. , Campo, Cà. , The Importance of Context: Qualitative Research and the Study of Leadership, *Leadership Quarterly*, 1996, 7 (3): 353 – 370.

Bryman, A. , Qualitative Research on Leadership: A Critical But Appreciative Review, *Leadership Quarterly*, 2004, 15 (6): 729 – 769.

Buckley, R. , The Tourist Trap, *New Scientist*, 2012, 216 (2886): 28 – 29.

Campbell, N. C. , Elliott, A. M. , Sharp, L. , et al. , Impact of Deprivation and Rural Residence on Treatment of Colorectal and Lung Cancer, *British Journal of Cancer*, 2002, 87 (6): 584 – 585.

Cardozo, R. N. , An Experimental Study of Customer Effort, Expectation, and Satisfaction, *Journal of Marketing Research*, 1965, 2 (3): 244 – 249.

Caru, A. , Cova, B. , *Consuming Experiences: an Introduction*, Consuming Experiences, 2007: 3 – 16.

Charmaz, K. , Constructing Grounded Theory: A Practical Guide Through Qualitative Analysis, *International Journal of Qualitative Studies on Health and Well-Being*, 2006, 1 (3): 378 – 380.

Chen, C. F. , Chen, F. S. , Experience Quality, Perceived Value, Satisfaction and Behavioral Intentions for Heritage Tourists, *Tourism Management*, 2010, 31 (1): 29 – 35.

Chen, G. H. , Validating the Orientations to Happiness Scale in a Chinese sample of University Students, *Social Indicators Research*, 2010, 99 (3): 431-442.

Chen, H. J., Hwang, S. N., Lee, C., Visitors' Characteristics of Guided Interpretation Tours, *Journal of Business Research*, 2006, 59 (10): 1167-1181.

Chen, L. F., A Novel Framework for Customer-driven Service Strategies: A Case Study of a Restaurant Chain, *Tourism Management*, 2014, 41: 119-128.

Chen Y., Lehto X. R. Y., Cai L. P., Vacation and well-being: a Study of Chinese Tourists, *Annals of Tourism Research*, 2013, 42 (4): 284-310.

Cheng T. M., Wu H. C., How do Environmental Knowledge, Environmental sensitivity, and Place Attachment Affect Environmentally Responsible Behavior? An Integrated Approach for Sustainable Island Tourism, *Journal of Sustainable Tourism*, 2015, 23 (4): 557-576.

Chiu W., Zeng S., Cheng S. T., The Influence of Destination Image and Tourist Satisfaction on Tourist Loyalty: a Case Study of Chinese Tourists in Korea, *International Journal of Culture Tourism & Hospitality Research*, 2016, 10 (2): 223-234.

Choi, Si Young, Jun, et al., The Effect of Auto-camper's Visit Tourism Motivation on Utility Value and Satisfaction-Focusing on the Moderating Effect of Gender, *Journal of Tourism & Leisure Research*, 2018, (3): 319-336.

Chon, K., Understanding Recreational Travelers' Motivation, Attitude and Satisfaction, *Tourist Review*, 1989, 44 (1): 3-7.

Chon, K. S., Olsen, M. D., Functional Congruity and Self-Congruity Approaches to Consumer Satisfaction dissatisfaction in Tourism, *Journal of the International Academy of Hospitality Research*, 2005, (6): 23-31.

Choong ki, L., Yooshik, Y., Seungkon, L., Investigating the Relationships Among Perceived Value, Satisfaction, and Recommendations: the Case of the Korean DMZ, *Tourism Management*, 2007, 28 (1): 204 – 214.

Christina Geng-Qing Chi, Hailin Qu, Examining the Relationship Between tourists' Attribute Satisfaction and Overall Satisfaction, *Journal of Hospitality Marketing & Management*, 2009, 18 (1): 4 – 25.

Clark, A. E., Oswald, A., Status Risk-Aversion and Following Behaviour in Social and Economic Settings, *Warwick Economics Research Paper*, 1996, 70 (1): 133 – 155.

Cohen, E., Rethinking the Sociology of Tourism, *Annals of Tourism Research*, 1979, 6 (1): 18 – 35.

Cole, V., Sinclair, A. J., Measuring the Ecological Footprint of a Himalayan Tourist Center, *Mountain Research & Development*, 2002, 22 (2): 132 – 141.

Conger, J. A., Qualitative Research as the Cornerstone Methodology for Understanding Leadership, *Leadership Quarterly*, 1998, 9 (1): 107 – 121.

Crompton, J. L., Motivations for Pleasure Vacation, *Annals of Tourism Research*, 1979, 6 (4): 408 – 424.

Csikszentmihalyi, M., Happiness and Creativity: Going With the Flow, *Futurist*, 1997, 31 (5): 8 – 12.

Csikszentmihalyi, M., *The Flow Experience and its Significance for Human Psychology*, NY: Cambridge University Press, 1988.

Deci, E. L., Ryan, R. M., Hedonia, Eudaimonia, and Well-being: an Introduction, *Journal of Happiness Studies*, 2008, 9 (1): 1 – 11.

Deneve, K. M., Cooper, H., The Happy Personality: a Meta-analysis of 137 Personality Traits and Subjective Well-being, *Psychological Bulletin*, 1998, 124 (2): 197.

Dernoi, L. A., Canadian Country Vacations: the Farm and Rural Tourism in Canada, *Tourism Recreation Research*, 1991, (16): 15 – 20.

Dernoi, L. A., Prospects of Rural Tourism: Needs and Opportunities, *Tourism Recreation Research*, 2014, 16 (1): 89 – 94.

Devesa, M., Laguna, M., Palacios, A., The Role of Motivation in Visitor Satisfaction: Empirical Evidence in Rural Tourism, *Tourism Management*, 2010, 31 (4): 547 - 552.

Diener, E., Emmons, R. A., Larsen, R. J., et al., The Satisfaction With Life Scale, *J Pers Assess*, 1985, 49 (1): 71 - 75.

Diener, E., Oishi, S., Are Scandinavians Happier than Asians? Issues in Comparing Nations on Subjective Well-Being, 2004, (8): 75 - 86.

Diener, E., Suh, E. M., Lucus, R. E. & Smith, H. L., Subjective well-being: Three Decades of Progress, *Psychological Bulletin*, 1999, (125): 276 - 302.

Diener, E., Suh, E. M., *Culture and Subjective Well-Being*, Cambridge, MA: MIT Press, 2000: 87 - 112.

Diener, E., Suh, E. M., National Differences in Subjective Well being, *Well-being: The foundations of hedonic psychology*, 1999, (2): 434 - 450.

Diener, E., Guidelines for National Indicators of Subjective Well-Being and Ill-Being, *Journal of Happiness Studies*, 2006, 1 (2): 151 - 157.

Dolnicar, S., Yanamandram, V., Cliff, K., *The Contribution of Vacations to Quality of Life*, Faculty of Commerce-Papers, 2012: 59 - 83.

Dong, E. W., Wang, Y. W., Morais, D., et al., Segmenting the Rural Tourism Market: the Case of Potter County, Pennsylvania, USA., *Journal of Vacation Marketing*, 2013, 19 (2): 181 - 193.

Duman, T., Mattila, A. S., The Role of Affective Factors on Perceived Cruise Vacation Value, *Tourism Management*, 2005, 26 (3): 311 - 323.

Edmondson, A. C., Mcmanus, S. E., Methodological fit in Management Field Research, *Academy of Management Review*, 2007, 32 (4): 1155 - 1179.

Egri, C. P., Herman, S., Leadership in the North American Environmental Sector: Values, Leadership Styles and Contexts of Environmental Leaders and Their Organizations, *Academy of Management Journal*, 2000, 43 (4): 571 - 604.

Eid, R., El-Gohary, H., The Role of Islamic Religiosity on the Relationship Between Perceived Value and Tourist Satisfaction, *Tourism Management*, 2015, 46 (2): 477 – 488.

Eom, B. H., Preference of Experiential Activities and Behavioral Intention on Rural Tourism, *Journal of the Korean Society of Rural Planning*, 2015, 21 (4): 115 – 125.

Ettema, D., Gärling, T., Eriksson, L., et al., Satisfaction with Travel and subjective Well-being: Development and Test of a Measurement Tool, *Transportation Research Part F Psychology & Behaviour*, 2011, 14 (3): 167 – 175.

F. Amoah, L. Radder, MV Eyk, Experience Composite Worth: A Combination of Experience Quality and Experience Value, *Southern African Business Review*, 2017, 21: 292 – 310.

Farid, M., Lazarus, H., Subjective Well-being in Rich and Poor Countries, *Journal of Management Development*, 2008, 27 (10): 1053 – 1065.

Filep, S., Moving Beyond Subjective Well-being: a Tourism Critique, *Journal of Hospitality & Tourism Research*, 2012, 38 (2): 266 – 274.

Fornell, C., Johnson, M. D., Anderson, E. W., et al., The American Customer Satisfaction Index: Nature, purpose and findings, *Journal of Marketing*, 1996, 60 (4): 7 – 18.

Fornell, C., Larcker, D. F., Evaluating Structural Equation Models with Unobservable and Measuremenr Error, *Journal of Marketing Research*, 1981, 34 (2): 161 – 188.

Francken, D. A., Raaij, W. F. V., Satisfaction with Leisure Time Activities, *Journal of Leisure Research*, 1981, 13 (4): 337 – 352.

Gallarza, M. G., Gil Saura, I., Value Dimensions, Perceived Value, Satisfaction and Loyalty: an Investigation of University Students' Travel Behaviour, *Tourism Management*, 2006, 27 (3): 437 – 452.

Gallarza, M., Arteagamoreno, F., Gilsaura, I., Managers' Perceptions of Delivered Value in the Hospitality Industry, *Journal of Hospitality Mar-*

keting & Management, 2015, 24 (8): 857 –893.

Gentile, C., Spiller, N., Noci, G., How to Sustain the Customer Experience: An Overview of Experience Components that Co-create Value With the Customer, *European Management Journal*, 2007, 25 (5): 395 –410.

Gerard Kyle, Alan Graefe, Robert Manning, Satisfaction Derived Through Leisure Involvement and Setting Attachment, *Leisure/loisir*, 2003, 28 (3 –4): 277 –305.

Gieryn, T. F., A Space for Place in Sociology, *Annual Review of Sociology*, 2000, 26 (1): 463 –496.

Gilbert, C. C., Hay, I., Wellbeing and Competitive Employment for Adults With an Acquired Physical or Psychological Disability, *Australian Journal of Rehabilitation Counselling*, 2004, 10 (1): 27 –35.

Gilbert, D., Abdullah, J., Holidaytaking and the Sense of Well-being, *Annals of Tourism Research*, 2004, 31 (1): 103 –121.

Glaser, B. G., Theoretical Sensitivity: Advances In The Methodology of Grounded Theory, *Journal of Investigative Dermatology*, 1978, 2 (5): 368 –377.

Glaser, B. G., Strauss, A., *The Discovery of Grounded Theory: Strategies for Qualitative Research*, New York: Aldine Pub, Co., 1967.

Glaser, B. G., *Basics of grounded Theory*, Mill Valley, CA: Sociology Press, 1992.

Glaser, B. G., Doing, *Grounded Theory: Issues and Discussions*, CA: Sociology Press, 1998.

Glaser, B. G., *The Discoveryof Grounded Theory*, CA: Sociology Press, 2000.

Gray, H. P., *International Travel-International Trade*, Lexington: Heath Lexington Books, 1970.

Gross, M. J., Brown, G., An Empirical Structural Model of Tourists and places: Progressing Involvement and Place Attachment into Tourism, *Tourism Management*, 2008, 29 (6): 1141 –1151.

Gursoy, D. & E., Gavcar, International Leisure Tourists Involvement Profile, *Annals of Tourism Research*, 2003, 30 (4): 906 – 926.

Ha, J. Y., Jang, S. C., Perceived Values, Satisfaction and Behavioral Intentions: the Role of Familiarity in Korean Restaurants, *International Journal of Hospitality Management*, 2010, 29 (1): 2 – 13.

Hailin Qu, Elsa Wong, Yee Ping, A Service Performance Model of Hong Kong Cruise Travelers' Motivation Factors and Satisfaction, *Tourism Management*, 1999, 20: 237 – 244.

Hair, J., Anderson, R., Black, W., Babin, B., *Multivariate Data Analysis* (7th Ed.), NJ: Pearson/Prentice Hall, 2009: 478 – 483.

Hammitt, W. E., Cole, D. N., Wildland Recreation: Ecology and Management, *Journal of Range Management*, 1987, 43 (2).

Hammitt, W. E., Stewart, W. P., Sense of Place: A Call for Construct Clarity and Management, *The Sixth International Symposiumon Society and Resource Management*, 1996, 4: 23 – 35.

Havitz, M. E., Dimanche, F., Propositions for Testing the Involvement Construct in Recreational and Tourism Contexts, *Leisure Sciences*, 1990, 12: 179 – 195.

Havitz, M. E., Dimanche, F., Leisure Involvement Revisited: Conceptual Conundrums and Measurement Advances, *Journal of Leisure Research*, 1997, 29 (3): 245 – 278.

Heskett, J. L., Sasser, W. E., *Southwest Airlines: In a Different World*, Social Science Electronic Publishing, 2010 (4): 1 – 16.

Hidalgo, M. C., Hernández, B., Place Attachment: Conceptual and Empirical Questions, *Journal of Environmental Psychology*, 2001, 21 (3): 273 – 281.

Holbrook, M. B., Gardner, M. P., Illustrating a Dynamic Model of the Mood-updating Process in Consumer Behavior, *Psychology & Marketing*, 2000, 17 (3): 165 – 194.

Holbrook, M. B., Hirschman, E. C., The Experiential Aspects of Consumption: Consumer Fantasies, Feelings and Fun, *Journal of Consumer Research*, 1982, 9 (2): 132 – 140.

Holbrook, M. B., *Introduction to Consumer Value*, Consumer Value, 1999.

Holbrook, M. B., *The Nature of Customer Value: An Axiology of Services in the Consumption Experience*, In Service Quality: New Directions in Theory and Practices, Edited by R. Rust and R. L. Olive, CA: Newbury Park, 1994: 21 – 27.

Hou, L., Tang, X., Customer Churn Identifying Model Based on Dual Customer Value Gap, *Management Science & Financial Engineering*, 2010, 16 (2): 17 – 27.

Hsieh, A. T., Chang, J., Shopping and Tourist Night Markets in Taiwan, *Tourism Management*, 2006, 27 (1): 138 – 145.

Hummon, D. M., Community Attachment: Local Sentiment and Sense of Place, *Human Behavior & Environment Advances in Theory & Research*, 1992, 12: 253 – 278.

Hutchinson, J., Lai, F. J., Wang, Y. C., Understanding the Relationships of Quality, Value, Equity, Satisfaction and Behavioral Intentions Among golf Travelers, *Tourism Management*, 2009, 30 (2): 298 – 308.

Hwang, S. N., Lee, C., Chen, H. J., The Relationship Among Tourists' Involvement, Place Attachment and Interpretation Satisfaction in Taiwan's National Parks, *Tourism Management*, 2005, 26 (2): 143 – 156.

Hyelin, K., Seungwoo, L., Uysal, M., Nature-based Tourism: Motivation and Subjective Well-being, *Journal of Travel & Tourism Marketing*, 2015, (32): 76 – 96.

Ismail, A. F., Hashim, N. H., Gemignani, G., et al., Leapfrogging and Internet Implementation by Tourism Organizations, *Information Technology & Tourism*, 2011, 13 (3): 177 – 189.

Iso-Ahola, S. E., The Social Psychology of Leisure and Recreation, *Nutrition Journal*, 1980, 13: 46 (1): 1 – 8.

Iso-Ahola, S. E., Toward a Social Psychological Theory of Tourism Motivation:

A Rejoinder, *Annals of Tourism Research*, 1982, 9 (2): 256 - 262.

Ittner, C., Larcker, D., Taylor, D., Commentary-The Stock Market's Pricing of Customer Satisfaction, *Marketing Science*, 2009, 28 (5): 826 - 835.

Iwasaki, Y., Havitz, M. E., Examining Relationships Between Leisure Involvement, Psychological Commitment and Loyalty to a Recreation Agency, *Journal of Leisure Research*, 2004, 36 (1): 45 - 72.

Javier González Benito, óscar González Benito, The Role of Stakeholder Pressure and Managerial Values in the Implementation of Environmental Logistics Practices, *International Journal of Production Research*, 2006, 44 (7): 1353 - 1373.

Jeroen Nawijin, The Holiday Happiness Curve: a Preliminary Investigation into Mood During a Holiday Abroad, *International Journal of Tourism Research*, 2010, (12): 281 - 290.

Jew, J., *Links Between Cultural Heritage Tourism and Overall Sense of Tourist well-being*, Blacksburg: Virginia Polytechnic Institute and State University, 2015.

Jo, W. M., Choongki, L., Reisinger, Y., Behavioral Intentions of International Visitors to the Korean Hanok Guest Houses: Quality, Value and Satisfaction, *Annals of Tourism Research*, 2014, 47: 83 - 86.

Johnston, R. J., *A Question of Place: Exploring the Practice of Human Geography*, Blackwell, 1993.

Kastenholz, E., Carneiro, M. J., Marques, C. P., et al., Understanding and Managing the Rural Tourism Experience—The Case of a Historical Village in Portugal, *Tourism Management Perspectives*, 2012, 4 (4): 207 - 214.

Keyes, C., Waterman, M. B., Dimensions of Well-being and Mental Health in Adulthood, *Well-being: Positive Development Across the Life Course*, 2003, (3): 477 - 497.

Kim, B. A., Conceptual Framework for Leisure and Subjective Well-Being,

International Journal of Tourism Sciences, 2010, 10 (2): 85 – 116.

Kim, K. K., Analysis of Structural Equation Model for the Student Pleasure Travel Market: Motivation, Involvement, Satisfaction and Destination Loyalty, *Journal of Travel & Tourism Marketing*, 2008, 24 (4): 297 – 313.

Kim, W. G., Lee, C., Hiemstra, S. J., Effects of an Online Virtual Community on Customer Loyalty and Travel Product purchases, *Tourism Management*, 2004, 25 (3): 343 – 355.

Kim, B. A., *Conceptual Framework for Leisure and Subject Well-being*, Indiana University, 2009, 2 (13): 40 – 50.

Krugman, H. E., The Impact of Television Advertising: Learning Without Involvement, *Public Opinion Quarterly*, 1965, 29 (3): 349 – 356.

Kyle, G. T., Absher, J. D., Hammitt, W. E., et al., An Examination of the Motivation-involvement Relationship, *Leisure Sciences*, 2006, 28 (5): 467 – 485.

Kyle, G. T., Mowen, A. J., Tarrant, M., Linking Place Preferences with Place Meaning: An Examination of the Relationship between Place Motivation and Place Attachment, *Journal of Environmental Psychology*, 2004, 24 (4): 439 – 454.

Kyle, G. T., Mowen, A. J., An Examination of the Leisure Involvement-agency Commitment Relationship, *Journal of Leisure Research*, 2005, 37 (3): 342 – 363.

Kyle, G., Absher, J., Norman, W., et al., A Modified Involvement scale, *Leisure Studies*, 2007, 26 (4): 399 – 427.

Kyle, G., Chick, G., Enduring Leisure Involvement: the Importance of Personal Relationships, *Leisure Studies*, 2004, 23 (3): 243 – 266.

Kyle, G., Graefe, A., Manning, R., et al., An examination of the Relationship Between Leisure Activity Involvement and Place Attachment Among Hikers Along the Appalachian Trail, *Journal of Leisure Research*, 2003, 35 (3): 249 – 273.

Kyle, G., Graefe, A., Manning, R., et al., Effect of Activity Involvement and Place Attachment on Recreationists' Perceptions of Setting Density, *Journal of Leisure Research*, 2004, 36 (2): 209 – 231.

Lankford, S. V., Howard, D. R., Developing a Tourism Impact Attitude scale, *Annals of Tourism Research*, 1994, 21 (1): 121 – 139.

Laurent, G., Kapferer, J. N., Measuring Consumer Involvement Profiles, *Journal of Marketing Research*, 1985, 22 (1): 41 – 53.

Lee, H. S., The IPA on the Servqual of the Museum as a Cultural Tourist Product: The Case of the National Museum Visitors, *International Journal of Tourism & Hospitality Research*, 2008, 22: 39 – 42.

Lee, T. H., Shen, Y. L., The Influence of Leisure Involvement and Place attachment on Destination Loyalty: Evidence from recreationists walking their dogs in urban parks, *Journal of Environmental Psychology*, 2013, 33 (3): 76 – 85.

Lee, Y. and Chen, T., Traveling Motivation and Satisfaction of Tourists: an Empirical Study of Taroko National Park in Taiwan, *The Business Review Cambridge*, 2005, 4 (2): 175 – 181.

Lee, Y. C., Huang, C. L., Fredrickson, B. L., The Construct and Measurement of Peace of Mind, *Journal of Happiness Studies*, 2013, 14 (2): 571 – 590.

Li, Y. P., Geographical Consciousness and Tourism Experience, *Annals of Tourism Research*, 2000, 27 (4): 863 – 883.

Lischetzke, T., Eid, M., Is Attention to Feelings Beneficial or Detrimental to Affective Well-being? Mood Regulation as a Moderator Variable, *Emotion*, 2003, 3 (4): 61 – 77.

Lo, D., *The Theme Park Experience: Its Nature, Antecedents and Consequences*, Hong Kong: Hong Kong Polytechnic University, 2007.

Losier, G. F., Bourque, P. E., Vallerand, R. J., A Motivational Model of Leisure Participation in the Elderly, *J Psychol*, 1993, 127 (2): 153 – 170.

Lovelock, C. H., *Services Marketing: People, Technology, Strategy*, Prentice Hall, 2001.

Low, S. M., Altman, I., *Place Attachment*, Springer US, 1992.

Lu, C., Berchoux, C., Marek, M. W., Service Quality and Customer Satisfaction: Qualitative Research Implications for Luxury Hotels, *International Journal of Culture*, 2015, 9 (2): 168 – 182.

Lu, L., Chi, C. G., Liu, Y., Authenticity, Involvement and Image: Evaluating Tourist Experiences at Historic Districts, *Tourism Management*, 2015, 50: 85 – 96.

Lu, L., Culture Self and Subjective Well-being: Cultural Psychological and Social Change Perspectives, *Psychologia*, 2008, 51 (4): 290 – 303.

Luo Lu, Personality, Leisure Experience and Happiness, *Journal of Happiness Studies*, 2005, (6): 325 – 342.

MacCannell, D., Staged Authenticity: Arrangements of Social Space in Tourist Settings, *American Journal of Sociology*, 1973, 79 (3): 589 – 603.

Macnulty, P., *Establishing the Principles for Sustainable Rural Tourism*, Rural tourism in Europe: Experiences, Development and Perspectives, Belgrade, Serbia and Montenegro 24 – 25 June 2002, Kielce, Poland, 6 – 7 June 2003, Yaremcha, Ukraine, 25 – 26 September 2003.

Magnus, K., Diener, E., *Factors of Happiness A Longitudinal Analysis of Personality, Life Events, and Subjective Well-Being*, The 63rd Annual Meeting of the Midwestern Psychological Association. Chicago, 1991.

Mannell, R. C., Kleiber, D. A., A social Psychology of Leisure, *Annals of Leisure Research*, 1997, 17 (2): 239 – 240.

Marcheschi, E., Laike, T., Brunt, D., et al., Quality of Life and Place Attachment Among People with Severe Mental Illness, *Journal of Environmental Psychology*, 2015, 41: 45 – 154.

Mariëlle, E. H., Creusen, Jan, P. L., Schoormans, The Different Roles of Product Appearance in Consumer Choice, *Journal of Product Innovation Management*, 2010, 22 (1): 63 – 81.

Massimini, F., Carli, M., *The Systematic Assessment of Flow in Daily Experience*, New York: Cambridge University Press, 1988.

Mathwick, C., Malhotra, N., Rigdon, E., Experiential value: Conceptualization, Measurement and Application in the Catalog and Internet Shopping Environment, *Journal of Retailing*, 2001, 77 (1): 39 – 56.

Mathwick, C., Understanding the Online Consumer: A typology of Online Relational Norms and Behavior, *Journal of Interactive Marketing*, 2002, 16 (1): 40 – 55.

McCabe, S., Johnson, S., The happiness Factor in Tourism: Subjective well-being and Social Tourism, *Annals of Tourism Research*, 2013, 41 (1): 42 – 65.

McCabe, S., Joldersma, T., Li, C. X., Understanding the Benefits of Social tourism: Linking Participation to Subjective Well-being and Quality of Life, *International Journal of Tourism Research*, 2010, 12 (6): 761 – 773.

Mcintosh, A. J., Siggs, A., An Exploration of the Experiential Nature of Boutique Accommodation, *Journal of Travel Research*, 2005, 44 (1): 74 – 81.

Mcintosh, A. J., Thyne, M. A., Understanding Tourist Behavior Using Means-End Chain theory, *Annals of Tourism Research*, 2005, 32 (1): 259 – 262.

Melia, K. M., Rediscovering Glaser, *Qualitative Health Research*, 1996, 6 (3): 368 – 378.

Michie, S., Gooty, J., Values, Emotions and Authenticity: Will the Real Leader Please Stand Up?, *The Leadership Quarterly*, 2005, 16 (3): 441 – 457.

Mihaly Csikszentmihalyi, Jeremy Hunter, Happiness in Everyday Life: the Uses of Experience Sampling, *Journal of Happiness Studies*, 2003, (4): 185 – 199.

Milman, A., The Impact of Tourism and Travel Experience on Senior Travelers' Psychological Well-being, *Journal of Travel Research*, 1998,

37（2）：166 – 170.

Miniard, P. W., Consumer Behavior, *Parallel Processing*, 2001（5）：46 – 59.

Moital, M., Dias, N. R., Machado, D. F., A Cross National Study of Golf Tourists' Satisfaction, *Journal of Destination Marketing & Management*, 2013, 2（1）：39 – 45.

Moore, R. L., Graefe, A. R., Attachments to Recreation Settings: the Case of Rail-trail Users, *Leisure Sciences*, 1994, 16（1）：17 – 31.

Morris, T., Customer Relationship Management, *Cma Magazine*, 1994, 22（4）：22 – 25.

Murphy, L., Moscardo, G., Benckendorff, P., et al., Evaluating Tourist Satisfaction with the Retail Experience in a Typical Tourist Shopping Village, *Journal of Retailing & Consumer Services*, 2011, 18（4）：302 – 310.

Nam, J., Ekinci, Y., Whyatt, G., Brand Equity, Brand Loyalty and Consumer Satisfaction, *Annals of Tourism Research*, 2011, 38（3）：1009 – 1030.

Nasution, H. N., Mavondo, F. T., Customer Value in the Hotel Industry: what Managers Believe They Deliver and What customer Experience, *International Journal of Hospitality Management*, 2008, 27（2）：204 – 213.

Nawijn, J., Marchand, M. A., Veenhoven, R., et al., Vacationers Happier, but Most not Happier After a Holiday, *Applied Research in Quality of Life*, 2010, 5（1）：35 – 47.

Neal, J. D., Sirgy, M. J., Uysal, M., Measuring the Effect of Tourism Services on Travelers' Quality of Life: Further Validation, *Social Indicators Research*, 2004, 69（3）：243 – 277.

Neal, J. D., Sirgy, M. J., Measuring the Effect of Tourism Services on Travelers' Quality of Life: Future Validation, *Social Indicators Research*, 2004, 69（3）：243 – 277.

Niininen, O., Gilbert, D., Abdullah, J., *An Investigation of Changes in well-being in Relation to Holiday Taking*, CAUTHE 2004: Creating Tourism Knowledge, 2004.

Norman McIntyre, Pigram, Recreation Specialization Reexamined: The Case of Vehicle-based Campers, *Leisure Sciences*, 1992, 14 (1): 3 – 15.

Novak, T. P., Hoffman, D. L., Yung, Y. F., Measuring the Customer Experience in Online Environments: A Structural Modeling Approach, *Marketing Science*, 2000, 19 (1): 22 – 42.

Nunnally, J., Bernstein, I. H., *Psychometric Theory*, New York: McGraw-Hill, 1994.

Oliver, R. L., *Customer Satisfaction With Service*, CA: Sage publications, 2000.

Oliver, A., Cognitive Model for the Antecedents and Consequences of Satisfaction, *Journal of Marketing Research*, 1980, 17 (4): 460 – 469.

Organ, K., Koenig-Lewis, N., Palmer, A., et al., Festivals as Agents for Behaviour Change: A study of Food Festival Engagement and Subsequent Food Choices, *Tourism Management*, 2015, 48 (7): 84 – 99.

Otto, J. E., Ritchie, J. R. B., The Service Experience in Tourism, *Tourism Management*, 1996, 17 (3): 165 – 174.

Pearce, P. L., Moscardo, G., Visitor evaluation: an Appraisal of Goals and Techniques, *Evaluation Review*, 1985, 9 (3): 281 – 306.

Pendleton, L., Martin, N., Webster, D. G., Public Perceptions of Environmental Quality: a Survey Study of Beach Use and Perceptions in Los Angeles County, *Marine Pollution Bulletin*, 2001, 42 (11): 1155.

Peterson, C., Park, N., Seligman, M. E. P., Orientations to Happiness and Life Satisfaction: the Full Life Versus the Empty Life, *Journal of Happiness Studies*, 2005, 6 (1): 25 – 41.

Pine, B. J., Gilmore, J. H., *The Experience Economy*, Harvard: Harvard University Press, 1999.

Pine II, B. J., Gilmore, J. H., Welcome to the Experience Economy,

Harvard Business Review, 1998, 76 (7 – 8).

Pizam, A., Tourism's Impacts: the Social Costs to the Destination Community as Perceived by Its Residents, *Journal of Travel Research*, 1978, 16 (4): 8 – 12.

Porter, M. E., Technology and Competitive Advantage, *Journal of Business Strategy*, 1985, 5 (3): 60 – 78.

Poter, M. E., *Competitive Advantage: Creating and Sustaining Superior Performance*, New York: Free Press, 1985.

Prayag, G., Ryan, C., Antecedents of Tourists' Loyalty to Mauritius: The Role and Influence of Destination Image, Place Attachment, Personal Involvement and Satisfaction, *Journal of Travel Research*, 2012, 51 (3): 342 – 356.

Prebensen, N. K., Kim, H., Uysal, M., Cocreation as Moderator between the Experience Value and Satisfaction Relationship, *Journal of Travel Research*, 2016, 55 (7).

Prebensen, N. K., Woo, E. J., Chen, J. S., et al., Experience Quality in the Different Phases of a Tourist Vacation: a Case of Northern Norway, *Tourism Analysis*, 2012, 17 (5): 617 – 627.

Prebensen, N. K., Woo, E. J., Uysal, M. S., Experience Value: Antecedents and Consequences, *Current Issues in Tourism*, 2014, 17 (10): 910 – 928.

Priatmoko, S., Working Rural Eco Tourism Planning in Yogyakarta Using MSP + DM Analysis, *E-Journal of Tourism*, 2018, 5 (1): 22 – 29.

Proshansky, H. M., The City and Self-identity, *Environment & Behavior*, 1978, 10 (2): 147 – 169.

Pyke, S., Hartwell, H., Blake, A., et al., Exploring Well-being as a Tourism Product Resource, *Tourism Management*, 2016, 55: 94 – 105.

Qu, H. L., Ping, E. W. Y., A Service Performance Model of Hong Kong Cruise travelers' Motivation Factors and Satisfaction, *Tourism Manage-*

ment, 1999, 20 (2): 237-244.

Quan, S., Wang, N., Towards a Structural Model of the Tourist Experience: an Illustration from Food Experiences in Tourism, *Tourism Management*, 2004, 25 (3): 297-305.

Ravald Gronroos, The Value Concept and Relationship Marketing, *Eur J Mark*, 1996, (30): 19-30.

Relph, Edward, *Place and Placelessness*, London: Pion, 1976.

Rese, M., Bliemel, F., Eggert, A., et al., Theoretical Foundations of customer Relationship Marketing: the Informational Impact of Customer Satisfaction, 2002, 112 (1): 664-667.

Reynolds, T. J., Gengler, C. E., Howard, D. J., A Means-end Analysis of brand Persuasion Through Advertising, *International Journal of Research in Marketing*, 1995, 12 (3): 257-266.

Rid, W., Ezeuduji, I. O., Pröbstlhaider, U., Segmentation by Motivation for Rural Tourism Activities in The Gambia, *Tourism Management*, 2014, 40 (2): 102-116.

Rigdon, E. E., *Structural Equation Modeling: Nontraditional Alternatives, Encyclopedia of Statistics in Behavioral Science*, John Wiley & Sons, Ltd., 2005.

Rintamaki, T., Kanto, A., Kuusela, H., Spence, M. T., Article Information: Competing in the 21st Century Supply Chain Through Supply Chain Management and Enterprise Resource, *International Journal of Retail & Distribution Mangement*, 2006, 34 (1): 6-24.

Rodríguezd, B. I. A., San Martín, H., Collado, J., The Role of Expectations in the Consumer Satisfaction Formation Process: Empirical Evidence in the Travel Agency Sector, *Tourism Management*, 2006, 27 (3): 410-419.

Roig, J. C. F., Garcia, J. S., Tena, M. A. M., et al., Customer Perceived Value in Banking Services, *International Journal of Bank Marketing*, 2006, 24 (5): 266-283.

Rothschild, M. L. , Perspectives on Involvement: Current Problems and Future Directions, *Advances in Consumer Research*, 1984, 11 (4): 216 – 217.

Ruyter, K. D. , Lemmink, J. , Wetzels, M. , et al. , Carry-over Effects in the Formation of Satisfaction: The Role of Value in a Hotel Service Delivery Process, *Advances in Services Marketing Research & Practice*, 1997, 7: 61 – 78.

Ruyter, K. D. , Wetzels, M. , Lemmink, J. , et al. , The Dynamics of the Service Delivery Process: A Value-based Approach, *International Journal of Research in Marketing*, 1997, 14 (3): 231 – 243.

Ryan, C. , The Tourist Experience: a New Introduction, *Tourist Experience A New Introduction*, 1997, (6): 39 – 51.

Ryan, R. M. , Deci, E. L. , On Happiness and Human Potentials: a Review of Research on Hedonic and Eudaimonic Well-being, *Annual Review of Psychology*, 2001, 52 (1): 141 – 166.

Ryff, C. D. , Keyes, C. , The Structure of Psychological Well-Being Revisited, *J Pers Soc Psychol*, 1995, 69 (4): 719 – 727.

Ryff, C. D. , Singer, B. H. , Love, G. D. , Positive Health: Connecting well-being With Biology, *Philos Trans R Soc Lond B Biol Sci*, 2004, 359 (1449): 1383 – 1394.

Ryff, C. D. , Singer, B. H. , Know Thyself and Become What You Are: A Eudaimonic Approach to Psychological Well-being, *Journal of Happiness Studies*, 2008, 9 (1): 13 – 39.

Scannell, L. , Gifford, R. , Defining Place Attachment: A Tripartite Organizing Framework, *Journal of Environmental Psychology*, 2010, 30 (1): 1 – 10.

Schimmack, U. , Schupp, J. , Wagner, G. G. , The Influence of Environment and Personality on the Affective and Cognitive Component of Subjective Well-being, *Social Indicators Research*, 2008, 89 (1): 41 – 60.

Schlesinger, L. A., Heskett, J., Sasser, W. E., People, Service, Success: The Service Profit Link, Harvard Business Publishing, Video (Volume 1 – The Service Profit Link, Volume 2 – Mobilizing People for Breakthrough Service, Volume 3 – The Lifetime Value of Customers, Volume 4 – Listening to Customers, Volume 5 – Saving Customers with Service Recovery), 1993.

Schmitt, B. H., *Experiential Marketing: How to Get Customers to Sense, Feel, Think, Act and Relate to Your Company and Brands*, New York: The Free Press, 1999.

Schmitt, B., *Customer Experience Management*, International Conference on Services in Emerging Markets, IEEE, 2009: 44 – 49.

Seligman, *Authentic Happiness: Using the New Positive Psychology to Realize Your Potential for Lasting Fulfillment*, Random House Australia, 2002.

Selin, S. W., Howard, D. R., Ego Involvement and Leisure Behavior: A Conceptual Specification, *Journal of Leisure Research*, 1988, 20 (3): 237 – 244.

Sharpley, R., Rural Tourism and the Challenge of Tourism Diversification: the Case of Cyprus, *Tourism Management*, 2002, 23 (3): 233 – 244.

Sherif, M., Cantril, H., *The Psychology of Ego-involvements: Social Attitudes and Identifications*, New York: Wiley, 1947.

Sheth, J. N., Newman, B. I., Gross, B. L., Why We Buy What We Buy: A Theory of Consumption Values, *Journal of Business Research*, 1991, 22 (2): 159 – 170.

Shiuhnan, H., Chuan, L., Chen, H. J., The Relationship Among Tourists' Involvement, Place Attachment and Interpretation Satisfaction in Taiwan's National Parks, *Tourism Management*, 2005, 26 (2): 143 – 156.

Shumacker, R., Lomax, R. A., *Beginner's Guide to Structural Equation Modeling*, New Jersey: Lawrence Erlbaum Associates, 1996: 87.

Smith, W. L., Experiential Tourism Around the World and at Home: Definitions and Standards, *International Journal of Services & Standards*, 2006, 2 (1): 1 – 14.

Spreng, R. A., Mackenzie, S. B., Olshavsky, R. W., A Reexamination of the Determinants of Consumer Satisfaction, *Journal of Marketing*, 1996, 60 (3): 15 – 32.

Stamboulis, Y., Skayannis, P., Innovation Strategies and Technology for Experience-based Tourism, *Tourism Management*, 2003, 24 (1): 35 – 43.

Stedman, R. C., Toward a Social Psychology of Place: Predicting Behavior from Place-Based Cognitions, Attitude, and Identity, *Environment & Behavior*, 2016, 34 (5): 561 – 581.

Steel, P., Schmidt, J., Shultz, J., Refining the Relationship Between Personality and Subjective Well-being, *Psychological Bulletin*, 2008, 134 (1): 138 – 161.

Strauss, A., Corbin, J., Basics of Qualitative Research: Techniques and Procedures Fordeveloping Grounded Theory, *Thousand Oaks Ca Sage Tashakkori A. & Teddlie C.*, 2014, 36 (100): 129.

Strauss, A., Corbin, J., *Basics of Qualitative Research: Techniques and Procedures Fordeveloping Grounded Theory*, Landon: sage, 1990.

Strauss-Blasche, G., Ekmekcioglu, C., Marktl, W., Does Vacation Enable Recuperation? Changes in Well-being Associated With Time Away from Work, *Occup Med*, 2000, 50 (3): 167 – 172.

Suess, C., Baloglu, S., Busser, J. A., Perceived Impacts of Medical tourism Development on Community Wellbeing, *Tourism Management*, 2018, 69: 232 – 245.

Swan, J. E., Trawick, I. F., Disconfirmation of Expectations and Satisfaction with a Retail Service, *Journal of Retailing*, 1981, 57 (3): 49 – 67.

Sweeney, J. C., Soutar, G. N., Consumer Perceived Value: The Development of a Multiple Item Scale, *Journal of Retailing*, 2001, 77 (2): 203 – 220.

Takatalo, J., Nyman, G., Laaksonen, L., Components of Human Experience in Virtual Environments, *Computers in Human Behavior*, 2008, 24 (1): 1 – 15.

Toffler, A., Future Shock, *American Journal of Sociology*, 1970, 429 (1): 103 – 104.

Tsunghung, L., How Recreation Involvement, Place Attachment and Conservation Commitment affect Environmentally Responsible Behavior, *Journal of Sustainable Tourism*, 2011, 19 (7): 895 – 915.

Tuan, Y. F., The Significance of the Artifact, *Geographical Review*, 1980, 70, 462 – 472.

Tuan, Y. F., *Topophilia: A Study of Environmental Perception, Attitudes and Values*, Englewood Cliffs, NJ: Prentice-Hall, Inc., 1974.

Uysal, M., Sirgy, M. J., Woo, E., et al., Quality of Life (QOL) and Well-being Research in Tourism, *Tourism Management*, 2016, 53: 244 – 261.

Velicer, W. F., Fava, J. L., Affects of Variable and Subject Sampling on Factor Pattern Recovery, *Psychological Methods*, 1998, 3 (2): 231 – 251.

Vogt, C., Jordan, E., Grewe, N., et al., Collaborative Tourism Planning and Subjective Well-being in a Small Island Destination, *Journal of Destination Marketing & Management*, 2016, 5 (1): 36 – 43.

Watson, D., Clark, L. A., Tellegen, A., Watson, D., Clark, L. A., Tellegen, A., Development and Validation of Brief Measures of Positive and Negative Affect-the Panas Scales, *J Pers Soc Psychol*, 1988, 54 (6): 1063 – 1070.

Wertz, F. J., Charmaz, K., Mcmullen, L. M., *Five Ways of Doing Qualitative Analysis: Phenomenological Psychology, Grounded Theory, Discourse analysis, Narrative Research and Intuitive Inquiry*, New York:

Guilford, 2011.

Wiley, C. G. E., Shaw, S. M., Havitz, M. E., Men's and Women's Involvement in Sports: an Examination of the Gendered Aspects of Leisure Involvement, *Leisure Sciences*, 2000, 22 (1): 19 – 31.

Wilkinson, P. F., Ocean Travel and Cruising: A Cultural Analysis, *Annals of Tourism Research*, 2005, 32 (2): 503 – 505.

Williams, D. R., Patterson, M. E., Roggenbuck, J. W., et al., Beyond the Commodity Metaphor: Examining Emotional and Symbolic Attachment to place, *Leisure Sciences*, 1992, 14 (1): 29 – 46.

Williams, D. R., Roggenbuck, J. W., Measuring Place Attachment: Some Preliminary Results, *Proceeding of NRPA Symposium on Leisure Research*, San Antonio, TX, 1989.

Williams, D. R., Notes on Measuring Recreational Place Attachment, *Unpublished Working Paper*, http://www.fs.fed.us/rm/value/docs/pattach_notes.pdf., 2000.

Williams, D. R., Vaske, J. J., Kruger, L. E., et al., The Measurement of Place Attachment: Validity and Generalizability of a Psychometric Approach, *Forest Science*, 2003, 49 (49): 830 – 840.

Williams, P., Soutar, G. N., Value, Satisfaction and Behavioral Intentions in an Adventure Tourism Context, *Annals of Tourism Research*, 2009, 36 (3): 413 – 438.

Wilson, W., Kawamura, W., Rigidity, Adjustment and Social Responsibility as Possible Correlates of Religiousness: A Test of Three Points of View, *Journal for the Scientific Study of Religion*, 1967, 6 (2): 279.

Woo, E. J., Kim, H. L., Uysal, M., Life Satisfaction and Support for Tourism Development, *Annals of Tourism Research*, 2015, 50: 84 – 97.

Woodruff, R. B., Customer value: The Next Source for Competitive Advantage, *Journal of the Academy of Marketing Science*, 1997, 25 (2): 139.

Wu, H. C. , Cheng, C. C. , Ai, C. H. , A Study of Experiential Quality, Equity, Happiness, Rural Image, Experiential Satisfaction and Behavioral Intentions for the Rural Tourism Industry in China, *International Journal of Hospitality & Tourism Administration*, 2017, 18 (4): 393 – 428.

Wynveen, C. J. , Kyle, G. T. , Sutton, S. G. , Natural Area Visitors' Place Meaning and Place Attachment ascribed to a Marine Setting, *Journal of Environmental Psychology*, 2012, 32 (4): 287 – 296.

Yeh, D. Y. , Cheng, C. H. , Recommendation System for Popular Tourist Attractions in Taiwan Using Delphi Panel and Repertory Grid Techniques, *Tourism Management*, 2015, 46 (46): 164 – 176.

Yi, Y. , A Critical Review of Customer Satisfaction, *Duke University American Marketing Association*, 1990, 4: 68 – 123.

Yoon, Y. K. , Im, K. S. , An Evaluation System for IT Outsourcing Customer Satisfaction Using the Analytic Hierarchy Process, *Journal of Global Information Management*, 2005, 13 (4): 55 – 76.

Yooshik, Y. , Uysal, M. , An Examination of the Effects of Motivation and Satisfaction on Destination Loyalty: a Structural Model, *Tourism Management*, 2005, 26 (1): 45 – 56.

Yuksel, F. , Yuksel, A. , Perceived Clientelism: Effects on Residents' Evaluation of Municipal Services and Their Intentions for Participation in Tourism Development Projects, *Journal of Hospitality & Tourism Research*, 2008, 32 (2): 187 – 208

Zabkar, V. , Brencic, M. M. , Dmitrovic T. , Modelling Perceived Quality, Visitor Satisfaction and Behavioural Intentions at the Destination Level, *Tourism Management*, 2010, 31 (4): 537 – 546.

Zaichkowsky, J. L. , Familiarity: Product Use, Involvement or Expertise, *Advances in Consumer Research*, 1985, 12 (1): 296 – 299.

Zeithaml, V. A. , Consumer Perceptions of Price, Quality and Value: A means-end Model and Synthesis of Evidence, *Journal of Marketing*, 1988, 52 (3): 2 – 22.

附　　录

附录一

乡村旅游体验价值深度访谈提纲

尊敬的女士/先生：

　　非常感谢您对本次访谈的支持和帮助！本次访谈的目的主要是对您乡村体验旅游的感受进行了解。

　　本书的乡村体验旅游强调旅游者在乡村旅游活动中的参与性，重视人际互动及旅游者的情绪、情感体验，是指旅游者在乡村体验旅游地回归自然、体验文化与乡村氛围，全方位体验异于惯常环境的乡村生活方式，从而获得精神享受并产生内心情感共鸣。

一　访谈内容

1. 请您回忆并讲述此次乡村体验旅游过程。
2. 您选择乡村体验旅游的动机。
3. 请您描述旅游结束后的感受、情绪与情感。
4. 哪些乡村体验旅游活动让您印象深刻？
5. 您认为哪些因素可能会影响您的乡村旅游体验？
6. 您期待乡村体验旅游给您带来何种体验与感受？
7. 您在乡村体验旅游活动中最大的收获是什么？

8. 乡村体验旅游有没有达到您的期望值？为什么？

9. 您会不会重游或重新选择其他乡村体验旅游地？

10. 您会不会向其他人推荐自己去过的乡村体验旅游地？

二　受访者基本情况

1. 性别：
2. 年龄：
3. 学历：
4. 职业：
5. 您的收入水平：
   ○一般
   ○较高
   ○很高
6. 您来自哪个城市：

附录二

问卷编号：＿＿＿＿＿＿

关于乡村旅游体验价值的问卷调查

尊敬的女士/先生：

您好！我是中南财经政法大学的博士研究生，正在完成我的博士学位论文。非常感谢您能接受我的问卷调查，本次调查的目的是对您乡村旅游体验价值感知进行了解，请您根据实际情况和您的真实想法在相应选项上打"√"。

本书的乡村体验旅游强调旅游者在乡村旅游活动中的参与性，重视人际互动及旅游者的情绪、情感体验，是指旅游者在乡村体验旅游地回归自然、体验文化与乡村氛围，全方位体验异于惯常环境的乡村生活方式，从而获得精神享受并产生内心情感共鸣。

一 受访者基本情况

1. 性别
   ○男
   ○女
2. 年龄
   ○20—29 岁
   ○30—39 岁
   ○40—49 岁
   ○50 岁及以上
3. 家庭结构
   ○未婚
   ○已婚无子女
   ○子女未成年
   ○子女已成年
4. 受教育程度
   ○初中
   ○高中
   ○专科
   ○本科
   ○研究生
5. 月收入
   ○4000 元以下
   ○4000—6999 元
   ○7000—9999 元
   ○10000 元及以上
6. 您此次乡村体验旅游的出游天数是：
   ○当天往返
   ○2 天

○3 天

○4 天

○5 天及以上

7. 您此次乡村体验旅游的人均消费是：

○200 元及以下

○201—400 元

○401—600 元

○601—800 元

○800 元以上

二 您对此次乡村体验旅游的感受

（请您在每题后所列您认为合适的分数上打"√"。"1"代表"完全不符合"，"2"代表"不符合"，"3"代表"有点不符合"，"4"代表"中立"，"5"代表"有点符合"，"6"代表"符合"，"7"代表"完全符合"）

FV1. 乡村体验旅游地交通便利

完全不符合	○1	○2	○3	○4	○5	○6	○7	完全符合

FV2. 乡村体验旅游地规划设计布局合理

完全不符合	○1	○2	○3	○4	○5	○6	○7	完全符合

FV3. 乡村体验旅游地基础设施完善

完全不符合	○1	○2	○3	○4	○5	○6	○7	完全符合

FV4. 乡村体验旅游地服务设施完善

完全不符合	○1	○2	○3	○4	○5	○6	○7	完全符合

CV1. 乡村体验旅游地环境氛围和谐

完全不符合	○1	○2	○3	○4	○5	○6	○7	完全符合

CV2. 乡村体验旅游让我获得了视觉、听觉、嗅觉、味觉等感官享受

完全不符合	○1	○2	○3	○4	○5	○6	○7	完全符合

CV3. 乡村体验旅游地主题特色鲜明

| 完全不符合 | ○1 | ○2 | ○3 | ○4 | ○5 | ○6 | ○7 | 完全符合 |

EMV1. 乡村体验旅游地有吸引力

| 完全不符合 | ○1 | ○2 | ○3 | ○4 | ○5 | ○6 | ○7 | 完全符合 |

EMV2. 在乡村体验旅游活动中我感觉很快乐

| 完全不符合 | ○1 | ○2 | ○3 | ○4 | ○5 | ○6 | ○7 | 完全符合 |

EMV3. 乡村体验旅游让我暂时忘记了烦恼和压力

| 完全不符合 | ○1 | ○2 | ○3 | ○4 | ○5 | ○6 | ○7 | 完全符合 |

EMV4. 乡村体验旅游地让我倍感亲切

| 完全不符合 | ○1 | ○2 | ○3 | ○4 | ○5 | ○6 | ○7 | 完全符合 |

EMV5. 我感觉我融入了当地生活

| 完全不符合 | ○1 | ○2 | ○3 | ○4 | ○5 | ○6 | ○7 | 完全符合 |

SV1. 我感受并了解了特色乡土文化

| 完全不符合 | ○1 | ○2 | ○3 | ○4 | ○5 | ○6 | ○7 | 完全符合 |

SV2. 当地居民和旅游者都与我友好互动沟通

| 完全不符合 | ○1 | ○2 | ○3 | ○4 | ○5 | ○6 | ○7 | 完全符合 |

SV3. 乡村体验旅游给我留下了美好回忆

| 完全不符合 | ○1 | ○2 | ○3 | ○4 | ○5 | ○6 | ○7 | 完全符合 |

ECV1. 乡村体验旅游花费合理

| 完全不符合 | ○1 | ○2 | ○3 | ○4 | ○5 | ○6 | ○7 | 完全符合 |

ECV2. 乡村体验旅游时间、精力等出行成本低

| 完全不符合 | ○1 | ○2 | ○3 | ○4 | ○5 | ○6 | ○7 | 完全符合 |

ECV3. 乡村体验旅游物有所值

| 完全不符合 | ○1 | ○2 | ○3 | ○4 | ○5 | ○6 | ○7 | 完全符合 |

问卷到此结束，感谢您的支持与帮助！

附录三

问卷编号：_____

关于乡村旅游体验价值与旅游者幸福感关系的调查问卷

尊敬的女士/先生：

您好！我是中南财经政法大学的博士研究生，正在完成我的博士学位论文。非常感谢您能接受我的问卷调查！本问卷主要是对您的乡村旅游体验价值感知进行提问，目的是研究乡村旅游体验价值感知对您个人幸福感的影响，请您根据实际情况和您的真实想法在相应选项上打"√"。

本问卷匿名填写，仅供学术研究之用，衷心感谢您的理解和支持！您可根据此次乡村体验旅游或是回顾过去三个月中印象最为深刻的一次乡村体验旅游填写问卷！

一　您的基本信息（此部分信息对研究很重要，绝对保密，请放心，谢谢！）

1. 性别
   ○男
   ○女
2. 年龄
   ○18 岁以下
   ○18—29 岁
   ○30—39 岁
   ○40—49 岁
   ○50 岁及以上
3. 家庭结构
   ○未婚
   ○已婚无子女

○子女未成年

○子女已成年

4. 受教育程度

○初中

○高中

○专科

○本科

○研究生

5. 月收入

○4000 元以下

○4000—6999 元

○7000—9999 元

○10000 元及以上

6. 职业

○公司职员

○企业经理

○专业技术人员（含教师、医生、律师、建筑师、会计师、歌手、演员等）

○政府公务员

○农民

○军人

○学生

○离退休人员

○自由职业者

○其他

二　您的消费行为特征

7. 您进行乡村体验旅游的主要原因是：[多选题]

□亲近自然

☐了解文化

☐休闲度假

☐健康疗养

☐新鲜独特感

☐探亲访友

☐亲子教育

☐商务会议

☐购买土特产

☐慰藉乡愁

☐其他

8. 您进行乡村体验旅游的时间是：

○工作日

○周末

○节假日

○寒暑假

○休假

9. 您的出游方式是：

○自驾游

○随团出游

○乘火车

○乘汽车

○乘飞机

○其他

10. 您此次乡村体验旅游的出游天数是：

○当天往返

○2 天

○3 天

○4 天

○5 天及以上

11. 您此次乡村体验旅游的同行者是：
    ○家人
    ○亲戚
    ○朋友
    ○同事
    ○合作伙伴
    ○其他

12. 您此次乡村体验旅游印象最深的活动项目是：[多选题]
    □田园观光
    □民俗文化体验
    □传统手工艺体验
    □农（渔）家乐
    □登山览景
    □滨水休闲
    □水上项目
    □农事体验
    □拓展训练
    □表演娱乐
    □文物古迹参观
    □其他

13. 您此次乡村体验旅游的人均消费是：
    ○200元及以下
    ○201—400元
    ○401—600元
    ○601—800元
    ○800元以上

14. 您在一年内会进行几次乡村体验旅游：
    ○1次
    ○2次
    ○3次

○4 次

○5 次及以上

15. 如果下次还进行乡村体验旅游，您会选择的体验项目是：[多选题]

□田园观光

□民俗文化体验

□传统手工艺体验

□农（渔）家乐

□登山览景

□滨水休闲

□水上项目

□农事体验

□拓展训练

□表演娱乐

□文物古迹参观

□其他

三 您对乡村旅游体验价值的感知与评价（RTEV）

（请您在每道题后所列您认为合适的分数上打"√"。"1"代表"完全不符合"，"2"代表"不符合"，"3"代表"有点不符合"，"4"代表"中立"，"5"代表"有点符合"，"6"代表"符合"，"7"代表"完全符合"）

FV1. 乡村体验旅游地交通便利

完全不符合	○1	○2	○3	○4	○5	○6	○7	完全符合

FV2. 乡村体验旅游地规划设计布局合理

完全不符合	○1	○2	○3	○4	○5	○6	○7	完全符合

FV3. 乡村体验旅游地基础设施完善

完全不符合	○1	○2	○3	○4	○5	○6	○7	完全符合

FV4. 乡村体验旅游地服务设施完善

完全不符合	○1	○2	○3	○4	○5	○6	○7	完全符合

CV1. 乡村体验旅游地环境氛围和谐

完全不符合	○1	○2	○3	○4	○5	○6	○7	完全符合

CV2. 乡村体验旅游让我获得了视觉、听觉、嗅觉、味觉等感官享受

完全不符合	○1	○2	○3	○4	○5	○6	○7	完全符合

CV3. 乡村体验旅游地主题特色鲜明

完全不符合	○1	○2	○3	○4	○5	○6	○7	完全符合

EMV1. 乡村体验旅游地有吸引力

完全不符合	○1	○2	○3	○4	○5	○6	○7	完全符合

EMV2. 在乡村体验旅游活动中我感觉很快乐

完全不符合	○1	○2	○3	○4	○5	○6	○7	完全符合

EMV3. 乡村体验旅游让我暂时忘记了烦恼和压力

完全不符合	○1	○2	○3	○4	○5	○6	○7	完全符合

EMV4. 乡村体验旅游地让我倍感亲切

完全不符合	○1	○2	○3	○4	○5	○6	○7	完全符合

EMV5. 我感觉我融入了当地生活

完全不符合	○1	○2	○3	○4	○5	○6	○7	完全符合

SV1. 我感受并了解了特色乡土文化

完全不符合	○1	○2	○3	○4	○5	○6	○7	完全符合

SV2. 当地居民和旅游者都与我友好互动沟通

完全不符合	○1	○2	○3	○4	○5	○6	○7	完全符合

SV3. 乡村体验旅游给我留下了美好回忆

完全不符合	○1	○2	○3	○4	○5	○6	○7	完全符合

ECV1. 乡村体验旅游花费合理

完全不符合	○1	○2	○3	○4	○5	○6	○7	完全符合

ECV2. 乡村体验旅游时间、精力等出行成本低

| 完全不符合 | ○1 | ○2 | ○3 | ○4 | ○5 | ○6 | ○7 | 完全符合 |

ECV3. 乡村体验旅游物有所值

| 完全不符合 | ○1 | ○2 | ○3 | ○4 | ○5 | ○6 | ○7 | 完全符合 |

四 您对个人幸福感的感知与评价（TE）

（请您在每道题后所列您认为合适的分数上打"√"。"1"代表"完全不符合"，"2"代表"不符合"，"3"代表"有点不符合"，"4"代表"中立"，"5"代表"有点符合"，"6"代表"符合"，"7"代表"完全符合"）

TW1. 乡村体验旅游让我不由自主地感到欣喜

| 完全不符合 | ○1 | ○2 | ○3 | ○4 | ○5 | ○6 | ○7 | 完全符合 |

TW2. 在选择乡村体验旅游的时候，我总是考虑它是否会令人愉快

| 完全不符合 | ○1 | ○2 | ○3 | ○4 | ○5 | ○6 | ○7 | 完全符合 |

TW3. 我喜欢能刺激我感官的乡村体验旅游地

| 完全不符合 | ○1 | ○2 | ○3 | ○4 | ○5 | ○6 | ○7 | 完全符合 |

TW4. 我认为满意的乡村体验旅游就是快乐的旅游

| 完全不符合 | ○1 | ○2 | ○3 | ○4 | ○5 | ○6 | ○7 | 完全符合 |

TW5. 乡村体验旅游的时间总是过得很快

| 完全不符合 | ○1 | ○2 | ○3 | ○4 | ○5 | ○6 | ○7 | 完全符合 |

TW6. 在选择乡村体验旅游的时候，我总是会考虑我是否会沉浸其中

| 完全不符合 | ○1 | ○2 | ○3 | ○4 | ○5 | ○6 | ○7 | 完全符合 |

TW7. 在乡村体验旅游过程中，我很少为周围发生的事心烦意乱

| 完全不符合 | ○1 | ○2 | ○3 | ○4 | ○5 | ○6 | ○7 | 完全符合 |

TW8. 乡村体验旅游能带给我持续不断的生活意义

| 完全不符合 | ○1 | ○2 | ○3 | ○4 | ○5 | ○6 | ○7 | 完全符合 |

TW9. 我有责任让乡村体验旅游地变成更美好的地方

| 完全不符合 | ○1 | ○2 | ○3 | ○4 | ○5 | ○6 | ○7 | 完全符合 |

TW10. 我花了很多时间思考乡村体验旅游的意义以及如何获得意义

| 完全不符合 | ○1 | ○2 | ○3 | ○4 | ○5 | ○6 | ○7 | 完全符合 |

五 您对旅游满意度的感知与评价（TSD）

（请您在每道题后所列您认为合适的分数上打"√"。"1"代表"完全不符合"，"2"代表"不符合"，"3"代表"有点不符合"，"4"代表"中立"，"5"代表"有点符合"，"6"代表"符合"，"7"代表"完全符合"）

TSD1. 乡村体验旅游让我非常开心

| 完全不符合 | ○1 | ○2 | ○3 | ○4 | ○5 | ○6 | ○7 | 完全符合 |

TSD2. 乡村体验旅游是一个明智的选择

| 完全不符合 | ○1 | ○2 | ○3 | ○4 | ○5 | ○6 | ○7 | 完全符合 |

TSD3. 乡村体验旅游满足了我的旅游需求

| 完全不符合 | ○1 | ○2 | ○3 | ○4 | ○5 | ○6 | ○7 | 完全符合 |

TSD4. 我对乡村体验旅游总体感到满意

| 完全不符合 | ○1 | ○2 | ○3 | ○4 | ○5 | ○6 | ○7 | 完全符合 |

六 您对乡村体验旅游地产生地方依恋的感知与评价（PA）

（请您在每道题后所列您认为合适的分数上打"√"。"1"代表"完全不符合"，"2"代表"不符合"，"3"代表"有点不符合"，"4"代表"中立"，"5"代表"有点符合"，"6"代表"符合"，"7"代表"完全符合"）

PA1 乡村体验旅游地的设施能满足我的需求

| 完全不符合 | ○1 | ○2 | ○3 | ○4 | ○5 | ○6 | ○7 | 完全符合 |

PA2. 我喜欢这个乡村体验旅游地胜过其他

完全不符合	○1	○2	○3	○4	○5	○6	○7	完全符合

PA3. 我感觉我是这个乡村体验旅游地的一部分

完全不符合	○1	○2	○3	○4	○5	○6	○7	完全符合

PA4. 我非常留恋这个乡村体验旅游地

完全不符合	○1	○2	○3	○4	○5	○6	○7	完全符合

七 您对个人旅游涉入程度的感知与评价（TI）

（请您在每道题后所列您认为合适的分数上打"√"。"1"代表"完全不符合"，"2"代表"不符合"，"3"代表"有点不符合"，"4"代表"中立"，"5"代表"有点符合"，"6"代表"符合"，"7"代表"完全符合"）

TI1. 乡村体验旅游让我感到愉悦

完全不符合	○1	○2	○3	○4	○5	○6	○7	完全符合

TI2. 对我来说，乡村体验旅游是重要的

完全不符合	○1	○2	○3	○4	○5	○6	○7	完全符合

TI3. 我的活动大多与乡村体验旅游有关

完全不符合	○1	○2	○3	○4	○5	○6	○7	完全符合

TI4. 我有些朋友是在乡村体验旅游中认识的

完全不符合	○1	○2	○3	○4	○5	○6	○7	完全符合

问卷到此结束，感谢您的支持与帮助！

后　记

　　随着我国经济高速发展以及城乡居民消费结构升级，旅游已成为大众生活的必需消费，旅游业肩负起了时代赋予的历史使命——满足人们美好生活的需要。人们在旅游过程中愉悦心灵、增长知识、开阔眼界、陶冶情操，旅游作为健康生活的标志，体现了人们的生活心态，是衡量大众生存条件、大众生活质量的重要标准，成为人们实现美好生活最直接的方式。作为幸福产业的旅游业，在满足"人民日益增长的美好生活需要"并提升人们幸福感中发挥着至关重要的作用。"旅游让生活更幸福"成为旅游业的使命与产业方向，也是人们对美好生活的诉求。

　　近年来，在美丽乡村、精准扶贫、乡村振兴战略等宏观政策背景下，乡村旅游通过进一步继承和挖掘乡村乡土景观价值、乡村文化价值、自然生态价值与土地利用价值等，盘活了乡村旅游经济，乡村旅游业凭借其特色产业优势和资源优势得到高速发展，悠闲的生活方式、淳朴的民风民俗、传统的乡土文化、特色的乡村民宿、健康的有机食材、优美的生态环境等成为多数旅游者寻求或慰藉乡愁的特色旅游资源；乡村休闲度假、民俗风情体验、生态餐厅、养生度假、智慧养老、亲子农场等不断满足多元化客源市场需求，"养心""养生""养老"等乡村体验旅游备受关注。乡村旅游作为一种重要的大众旅游休闲方式，正在成为人们新的生活方式，对满足人民美好生活的向往、提升人民幸福感有极其重要的作用。

　　正是基于这样的研究背景，本书历时3年多，终于完成终稿。在写作过程中，笔者通读千余篇国内外参考文献，并多次反复归纳梳理，才形成了书中的理论框架与假设模型；多次进行实地考察与问卷调研，进行数据的处理与结论归纳，才完成了假设模型的实证检验与分析，最终形成了30余万字的专著文稿。在撰写过程中，本书得到了众多专家、学者、老师的帮助与支持，感谢广西民族大学陈永清教授，桂林旅游学院李肇荣教授，南宁学院朱鹏飞教授，聊城大学陈德正教授、丛振副教授，为本书的完成提供了思想交流与启发；本书还得到了武汉黄陂区旅游局及各乡村旅游景区的帮助，对笔者实地考察与问卷调研工作的开展给予大力支持。总之，本书的完成离不开各方的支持与帮助，再次表示衷心感谢。同时，由于研究存在局限性，本书难免存在不足与错误，望广大读者批评指正。

本书受广西民族大学人才引进科研启动项目（项目编号：2019SKQD02）、"广西高等学校千名中青年骨干教师培育计划"第三期、广西民族大学旅游管理特色专业与实验实训一体化建设项目（301670807）联合资助。

孟秋莉

于广西民族大学相思湖畔

2020年6月5日